新しい
マンション標準管理委託契約書の手引き

●編著／管理委託契約書研究会

平成22年5月1日施行
条文とコメントを見開き掲載！

大成出版社

はしがき

　マンションの管理委託契約に係る標準的な管理委託契約書の指針としては、昭和57年に住宅宅地審議会より答申された「中高層共同住宅標準管理委託契約書」及び「中高層共同住宅標準管理委託契約書コメント」が最初に作成されたものです。

　その後、約20年の間、大幅な見直しは行われませんでしたが、平成13年にマンション管理適正化法が施行され、消費者保護等の観点から管理委託契約に関する様々な規定が設けられたことや、中高層共同住宅標準管理委託契約書が通知されてから相当期間を経過し、その間に委託業務の範囲や処理方法等も多様化していること等の状況を踏まえ、平成15年4月9日国土交通省総合政策局長通知により、表題を「マンション標準管理委託契約書」及び「マンション標準管理委託契約書コメント」と改め、自動更新条項の削除、財産の分別管理等マンション管理適正化法との整合を踏まえた改訂が行われました。

　さらに、マンション管理適正化法施行規則の一部を改正する省令が平成21年5月1日に公布され、出納業務に係る財産の分別管理の方法が変更されたことからこれとの整合を図る必要があること、及び管理委託契約に関するトラブル実態などを踏まえ、平成21年10月2日付国土交通省建設流通政策審議官通知により必要な見直しが行われたところです。

　本書は、この平成21年10月の最新改訂に対応しています。また、マンション標準管理委託契約書の本文と該当部分のコメントを見開きで同時に確認できるように工夫しました。本書が管理組合で役員をされている方やマンション管理業者として管理事務に従事している方などマンションの管理に携わる皆様の間で、マンション管理の適正化の一助として活用いただければ、編者として幸甚です。

　平成22年4月

管理委託契約書研究会

目　次

はしがき

|1| マンション管理の現状とマンション管理適正化法 …………………………… 1
|2| マンション標準管理委託契約書改訂のポイント ……………………………… 7
|3| マンション標準管理委託契約書 …………………………………………………… 13
|4| マンション標準管理委託契約書（新旧対照表） ……………………………… 73

参考資料

1　マンション標準管理委託契約書の改訂について
　○マンション標準管理委託契約書の改訂について ………………………………141

2　マンションの管理の適正化に関する法令
　○マンションの管理の適正化の推進に関する法律 ………………………………142
　○マンションの管理の適正化の推進に関する法律施行令 ………………………163
　○マンションの管理の適正化の推進に関する法律施行規則 ……………………164
　○マンション管理業者登録閲覧所の場所を定める件 ……………………………189
　○マンション管理業者登録閲覧規則を定める件 …………………………………190
　○マンションの管理の適正化の推進に関する法律施行規則第69条第1項第一号の規定に基づく講習の実施要領を定める件 …………………………191
　○マンションの管理の適正化の推進に関する法律施行規則附則第2条第1項第一号及び第二号の規定に基づく講習の実施要領を定める件 …………192
　○マンションの管理の適正化の推進に関する法律施行規則第2条第1項第三号の同項第一号又は第二号に掲げる者と同等以上の知識及び実務の経験を有すると認められる者を定める件 …………………………………193
　○マンションの管理の適正化の推進に関する法律施行規則附則第3条第1項第一号及び第二号の規定に基づく講習会の実施要領を定める件 …………………………………………………………………………………194
　○マンションの管理の適正化の推進に関する法律の規定に基づき、マ

ンション管理適正化推進センターを指定する件……………………………… 195
　○マンションの管理の適正化の推進に関する法律第95条第1項の規定
　　に基づきマンション管理業者の団体を指定した件………………………… 195
　○マンションの管理の適正化の推進に関する法律第60条第2項の講習
　　の時間等を定める件……………………………………………………………… 196
　○民間事業者等が行う書面の保存等における情報通信の技術の利用に
　　関する法律施行令（抜粋）……………………………………………………… 197
　○国土交通省の所管する法令に係る民間事業者等が行う書面の保存等
　　における情報通信の技術の利用に関する法律施行規則（抜粋）………… 198

3　マンション管理適正化指針
　○マンションの管理の適正化に関する指針……………………………………… 200

4　マンション管理適正化法関係通達
　○マンションの管理の適正化の推進に関する法律の施行について………… 203
　○マンションの管理の適正化の推進に関する法律の施行について………… 204
　○マンションの管理の適正化の推進に関する法律の施行に伴う新規分
　　譲マンションの売買時における暫定的な管理受託契約の適正化につ
　　いて………………………………………………………………………………… 208
　○マンション管理業務主任者の登録に係る「実務経験」について………… 209
　○マンションの管理の適正化の推進に関する法律第72条に規定する重
　　要事項の説明等について………………………………………………………… 211
　○マンションの管理の適正化の推進に関する法律に基づく財産の分別
　　管理等について…………………………………………………………………… 214
　○マンションの管理の適正化の推進に関する法律施行規則の一部を改
　　正する省令の施行等について…………………………………………………… 215
　〔新旧対照表〕

5　マンション管理担当部局一覧……………………………………………………… 222

1 マンション管理の現状とマンション管理適正化法

I マンションを取り巻く環境の変化とマンション管理適正化法の制定

1 マンション（2以上の区分所有者が存する建物であって、人の居住の用に供する専有部分のある建物をいう。以下同じ）については、建物を高層化し土地を効率的に使用することが可能なため、我が国の国民の持家指向の高まりの中、マンションの建設・購入に対する融資制度や税制の整備を背景に、都市型居住形態として定着しており、ストック数としても、昭和40年代後半頃より急激に増加し、平成20年末で約545万戸に達している。

 とくに築30年以上のマンションのストック数が70万戸を超えるなど、今後、建築後相当の年数を経たマンションが急激に増大していくものと見込まれることから、これらに対して適切な修繕がなされないままに放置されると、老朽化したマンションは、居住者にとって自らの居住環境の低下や資産価値の下落につながりかねず、ひいては周辺の住環境や都市環境の低下なども懸念される。

 マンションが適正に管理されることの重要性は、一般にも認識が広まっており、今やマンションを買う際には、「マンションの管理を買え」とさえ言われるまでになっている。

2 しかしながら、マンションについては、一つの建物を多くの人が区分して所有するため、各区分所有者の共同生活に対する意識の相違、多様な価値観をもった区分所有者の意思決定の難しさ、利用形態の混在による権利・利用関係の複雑さ、建設構造上の技術的判断の難しさなど、建物を維持管理していく上で、多くの課題を有している。

 また、マンションは、多数の区分所有者によって構成される管理組合が、住戸である専有部分を除く建物並びにその敷地及び附属施設といった多くの共用部分を管理する必要がある。しかしながら、一般的に管理組合にはマンションの管理に関しては専門的なノウハウが無く、区分所有者の多くも管理に専念できないのが通常である。したがって、大部分のマンションでは、管理事務の全部又は一部を専門のマンション管理業者に

委託して行っている。「平成20年度マンション総合調査」によれば、管理事務の全部をマンション管理業者に委託している割合は、74.9％にのぼっている。

3　このようにマンションの管理は、広くマンション管理業者に委託されている状況にあるが、管理組合とマンション管理業者との管理委託契約をめぐって、過去に次のようなトラブルが発生していた。
　　① 　修繕積立金等の預金口座を巡るトラブル
　　② 　委託契約内容の説明不足に伴うトラブル
　　③ 　契約書面交付を巡るトラブル
　　こうした状況を踏まえ、マンションの管理に関する課題の解決、マンション管理業者と管理組合とのトラブルの発生の防止を図り、マンションにおける良好な居住環境の確保を実現させるため、平成12年12月8日「マンションの管理の適正化の推進に関する法律」（以下「マンション管理適正化法」という。）が公布（平成13年8月1日施行）され、マンション管理士の資格の創設、マンション管理業者の登録制度の創設、専任の管理業務主任者の設置等のマンション管理業者への業務規制などが定められた。

4　マンション管理業者の登録数は、平成22年3月末現在では約2,400業者にのぼっている。
　　管理業務主任者については、平成13年12月に第1回の試験が実施されており、管理業務主任者として国土交通大臣の登録を受けている者は、平成22年3月末現在で約54,500人にのぼっており、このうち、約33,500人が管理業務主任者証の交付を受けている。

Ⅱ　マンション管理適正化法の概要

　マンション管理適正化法は、マンションの適正な管理を推進するための措置を講ずることにより、マンションにおける良好な居住環境の確保を図り、もって国民生活の安定向上等に寄与することを目的としている。
　マンション管理適正化法で定められた概要は以下のようになっている。
　(1)　管理組合による適正な管理を確保するための施策
　　　① 　国土交通大臣によるマンションの管理の適正化に関する指針の策定
　　　② 　管理組合、区分所有者による適正な管理に関する努力義務規定
　　　③ 　国・地方公共団体による情報提供等の措置

(2) マンション管理士の資格の創設
① マンション管理士
マンション管理士試験に合格後、国土交通大臣の登録を受けて、管理組合の運営その他マンションの管理に関し、管理組合の管理者等や区分所有者の相談に応じ、助言・指導等を業として行う者

② マンション管理士の義務等
名称使用制限、秘密保持義務、講習受講義務、信用失墜行為の禁止

(3) マンション管理業の適正化のための措置
① マンション管理業登録制度の創設
ⅰ) 国土交通大臣への登録の義務付け

ⅱ) 一定数の管理業務主任者（管理業務主任者試験に合格後、国土交通大臣の登録を受けた者であって5年ごとに更新される管理業務主任者証の交付を受けた者）の設置を義務付け

ⅲ) 重要事項説明

マンション管理業者は、管理組合との間に管理委託契約を締結しようとする場合は、あらかじめ説明会を開催し、マンションの区分所有者及び管理組合の管理者等に対して、管理業務主任者をして、管理委託契約の内容及び履行に関する一定の重要事項について説明させることが義務付けられた。

なお、更新契約の場合も重要事項説明は必要だが、従前と同一の条件で更新しようとするときは、管理組合の管理者等への説明及び区分所有者全員への重要事項説明書の交付で足りる。

ⅳ) 契約の成立時の書面（委託契約書等）の交付

マンション管理業者は、管理組合と管理委託契約を締結した場合、管理組合の管理者等に対して、遅滞なく、管理委託契約の対象、管理事務の内容及び実施方法、管理事務に要する費用及びその支払方法など、委託契約の内容を記載した書面を交付することが義務付けられた。

また、この書面には、管理業務主任者をして記名押印させることとされている。

ⅴ) 財産の分別管理

マンション管理業者は、管理組合から委託を受けて修繕積立金等の管理組合財産を管理する場合、一定の方法により、マンション管理業者の固有財産及び他の管理組合の財産と分別して管理しなければならないとされている。

財産の分別管理の方法については、管理組合の修繕積立金等の毀損などの事案に対応するため、「マンションの管理の適正化の推進に関する法律施行規則の一部を改正する省令」（平成21年国土交通省令第35号。以下「財産の分別管理等に関する一部改正省令」という。）が平成21年5月1日に公布され、出納業務に係る財産の分別管理の方法が変更された。
　変更後の財産の分別管理の方法の概要は以下のとおりとなっている。

○　**財産の分別管理（マンション管理適正化法施行規則（以下「規則」という。）第87条第2項関係）**
　規則第87条第2項第一号においては、修繕積立金等が金銭である財産の分別管理の方法として、
　イ　区分所有者等から徴収された修繕積立金等金銭を収納口座に預入し、毎月、その月分の修繕積立金等金銭から当該月中の管理事務に要した費用を控除した残額を、翌月末日までに、収納口座から保管口座（管理組合を名義人とするものとする。以下同じ。）に移し換える方法
　ロ　区分所有者等から徴収された修繕積立金を保管口座に預入し、預貯金として管理するとともに、管理費用に充当する金銭を収納口座に預入し、毎月、その月分の管理費用から当該月中の管理事務に要した費用を控除した残額を、翌月末日までに収納口座から保管口座に移し換える方法
　ハ　修繕積立金等を、管理組合等を名義人とする収納・保管口座において預貯金として管理する方法
の3種類のいずれかの方法とすること。

○　**保証契約の締結（規則第87条第3項関係）**
　マンション管理業者が規則第87条第2項第一号イ又はロの方法により修繕積立金等金銭を管理する場合にあっては、原則として、当該方法により区分所有者等から徴収される一月分の修繕積立金等金銭（ロの方法による場合にあっては、管理費用に充当する金銭）の額の合計額以上の額につき有効な保証契約を締結していなければならないこと。

○　**印鑑等の管理の禁止（規則第87条第4項関係）**
　修繕積立金等金銭を規則第87条第2項第一号イからハまでの方法により管理する場合の保管口座又は収納・保管口座に係る管理組合等の印鑑、預貯金の引出用のカード等に

ついて、原則としてマンション管理業者が管理してはならないこと。

○ 会計の収支状況に関する書面の交付等（規則第87条第5項関係）

　マンション管理業者が修繕積立金等を管理する場合にあっては、毎月、その月における管理組合の会計の収支状況に関する書面を作成し、翌月末日までに当該管理組合の管理者等に交付しなければならないこと。

　本書面の保存、作成、縦覧、交付については、電磁的記録により行うことも可能であるが、電磁的記録による交付を行う場合には、あらかじめ、管理組合等の承諾を得る必要がある。

（参考）規則第87条第2項第一号に規定する財産の分別管理の方法

	イ	ロ	ハ
収納口座	①保証契約を前提に、管理組合等名義又は管理業者名義のどちらでも可 ②保証契約を前提に、管理業者による印鑑等の保管可 ③管理業者による通帳の保管可	同　　左	
保管口座	①管理組合等名義のみ可 ②管理業者による印鑑等の保管禁止 ③管理業者による通帳の保管可	同　　左	
収納・保管口座			①管理組合等名義のみ可 ②管理業者による印鑑等の保管禁止 ③管理業者による通帳の保管可
保証契約の額	1月分の修繕積立金等金銭の合計額以上	1月分の管理費用に充当する金銭の合計額以上	
収納口座から保管口座への移し換えの対象金銭	修繕積立金等金銭から管理事務に要した費用を控除した残額	管理費用に充当する金銭から管理事務に要した費用を控除した残額	

1　マンション管理の状況とマンション管理適正化法

> ※修繕積立金等金銭とは、修繕積立金及び規則第87条第1項に規定する財産（管理組合又はマンションの区分所有者等から受領したもので、敷地及び共用部分等の管理に要する費用に充当する金銭）である。
> ※イとロの方法の違いは、イの場合は修繕積立金が収納口座を経由して保管口座へ預入されるが、ロの場合は修繕積立金は収納口座を経由せず保管口座に直接預入される。このことから規定上必要な保証契約の額及び収納口座から保管口座へ移し換える金銭が修繕積立金の分だけ少なくなるのがロの方法である。

　　　ⅵ）マンション管理業者の情報開示（管理実績、財務諸表等）

　② マンション管理業者の団体の指定等
　　・団体に属する者の業務に関する苦情解決
　　・管理業務主任者などのマンション管理業に従事する者に対する研修等

(4) マンション管理適正化支援センターの指定
　① 管理組合へのマンションの管理に関する情報提供
　② マンションの管理に関する苦情処理ための指導、助言等

(5) 分譲段階における適正化の措置
　　・竣工図書の管理組合への引渡の徹底等

2 マンション標準管理委託契約書改訂のポイント

I　マンション標準管理委託契約書の改訂概要

1　これまでの経緯

　マンションの管理委託契約に係る標準的な管理委託契約書の指針としては、これまで昭和57年に住宅宅地審議会より答申された「中高層共同住宅標準管理委託契約書」及び「中高層共同住宅標準管理委託契約書コメント」について、建設省（現国土交通省）からマンションの管理委託契約を締結する際に活用されるよう通知（昭和57年5月21日建設省計動発第69号、建設省住民発第31号）されてきた。

　その後、約20年の間、大幅な見直しは行われなかったが、

① マンション管理適正化法が施行され、消費者保護等の観点から管理委託契約に関する様々な規定が設けられたこと

② 中高層共同住宅標準管理委託契約書が通知されてから相当期間を経過し、その間に委託業務の範囲や処理方法等も多様化していること

等の状況を踏まえ、平成15年4月9日国土交通省総合政策局長通知により、表題を「マンション標準管理委託契約書」及び「マンション標準管理委託契約書コメント」と改め、自動更新条項の削除、財産の分別管理等マンション管理適正化法との整合を踏まえた改訂が行われた。

　さらに、財産の分別管理等に関する一部改正省令が平成21年5月1日に公布（別記様式関係の改正を除き平成22年5月1日施行）され、出納業務に係る財産の分別管理の方法が変更されたことからこれとの整合を図る必要があること、及び管理委託契約に関するトラブル実態などを踏まえ、必要な見直しが行われ、平成21年10月2日、国土交通省建設流通政策審議官より通知された。

2　平成21年10月改訂の検討経緯

　標準管理委託契約書の見直しに当たっては、従来の標準管理委託契約書（平成15年4月に改訂された標準管理契約書。以下「旧標準管理委託契約書」という。）に対する見直し要望を把握するため、管理組合、管理組合団体、マンション管理業者を対象としてアン

ケート調査を実施するとともに、幅広い関係者からの意見を取り入れるべく、学識経験者、弁護士、管理組合団体、マンション管理業者等を委員とするマンション標準管理委託契約書見直し検討会（座長　鎌野邦樹早稲田大学大学院法務研究科教授）において、平成20年11月から平成21年3月まで検討が行われた。

　その後、国土交通省において、平成21年6月1日から同月30日までパブリックコメントが実施され、提出された意見を踏まえ、必要な修正が行われ、平成21年10月に改訂後の標準管理委託契約書（以下「改訂標準管理委託契約書」という。）が公表された。

3　改訂のポイント

　改訂標準管理委託契約書の主な改訂点は以下のとおりとなっている。

(1)　財産の分別管理等に関する一部改正省令との整合を踏まえた改訂

①　財産の分別管理の方法について

　財産の分別管理等に関する一部改正省令により、従来の原則方式、収納代行方式、支払一任代行方式の3方式による分類が廃止され、規則第87条第2項第一号イからハまでのいずれかの方法によることとされた。具体的には、収納口座、保管口座、収納・保管口座を規則上定義し、収納口座と保管口座を設ける場合には、同号イ又はロの方法として、管理事務のために支払った残額を翌月末日までに収納口座から保管口座へ移し換えることが義務付けられた。一方、収納口座や保管口座を設けない場合には、収納・保管口座において預貯金として管理する同号ハの方法とされた。

　上記を踏まえ、旧標準管理委託契約書（別表第1）では、出納の分類を原則方式、収納代行方式、支払一任代行方式の3分類とされていたが、改訂標準管理委託契約書（別表第1）では、従来の原則方式を「収納・保管口座で管理する場合」と「保証契約を締結する必要がないときに甲の収納口座と甲の保管口座を設ける場合」の2つのパターンに分けて、さらに従前の収納代行方式及び支払一任代行方式に相当する管理方式として、「乙の収納口座と甲の保管口座を設ける場合」及び「保証契約を締結して甲の収納口座と甲の保管口座を設ける場合」の2つのパターンを加えた4分類（図－1参照）が示された。

　また、収納口座と保管口座を設ける場合の出納の方法として、毎月徴収された修繕積立金等金銭から当月分の管理事務に要した費用を控除した残額を、翌月末日までに収納口座から保管口座へ移し換えることが改訂標準管理委託契約書上にも明記された。

【図-1】 標準管理委託契約書（財産の分別管理方法の改訂イメージ）

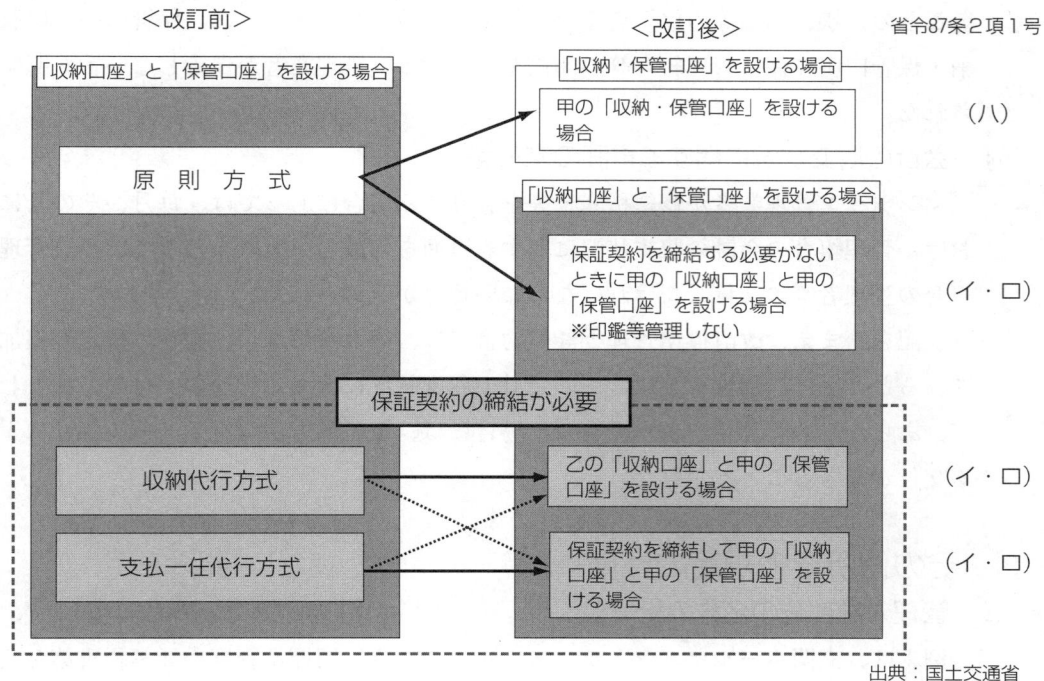

出典：国土交通省

② 保証契約の締結について

　財産の分別管理等に関する一部改正省令により、マンション管理業者が規則第87条第２項第一号イ又はロの方法により修繕積立金等金銭を管理する場合にあっては、原則として、当該方法により区分所有者等から徴収される一月分の修繕積立金等金銭（ロの方法による場合にあっては、管理費用に充当する金銭）の額の合計額以上の額につき有効な保証契約を締結していなければならない旨が定められた。

　上記を踏まえ、旧標準管理委託契約書（別表第１）の保証契約に関する記載事項について、保証する第三者の名称、保証契約の名称に加え、改訂標準管理委託契約書では、保証契約の具体的な内容として、保証契約の額及び範囲、保証契約の期間、更新に関する事項等が追加された。

③ 印鑑等の管理の禁止

　財産の分別管理等に関する一部改正省令により、修繕積立金等金銭を規則第87条第２項第一号イからハまでの方法により管理する場合の保管口座又は収納・保管口座に係る管理組合等の印鑑、預貯金の引出用のカード等について、原則としてマンション管理業者が管理してはならない旨が定められた。

上記を踏まえ、改訂標準管理委託契約書（別表第１）では、収納口座、保管口座等ごとの通帳、印鑑等の保管者を分かりやすく明示するとともに、保管口座又は収納・保管口座に係る管理組合等の印鑑をマンション管理業者が保管しない旨が明記された。

④　会計の収支状況に関する書面の交付等

　　　マンション管理業者が修繕積立金等を管理する場合にあっては、毎月、その月における管理組合の会計の収支状況に関する書面を作成し、翌月末日までに当該管理組合の管理者等に交付しなければならない旨等が定められた。

　　　上記を踏まえ、改訂標準管理委託契約書では、第９条第２項に同旨の規定が追加されるとともに、別表第１に、この会計の収支状況に関する書面の交付の方法として、あらかじめ管理組合が承諾をした場合には、電磁的方法（電子メール等）による交付ができることとされた。

(2) その他所要の規定の整備

① 管理対象部分の名称の統一

　　　例えば、玄関ホールとエントランスホールのように旧標準管理委託契約書第２条第五号で規定する管理対象部分の名称と別表第３及び第４で使用されている名称の不整合があったことから、管理対象部分の名称の統一が図られた。（改訂標準管理委託契約書第２条等）

② 事務管理業務の一部の再委託

　　　旧標準管理委託契約書第４条では、基幹事務を含む事務管理業務を第三者に再委託することはできなかったが、マンション管理業者が管理組合から委託を受けて出納事務を行う際に、修繕積立金等の徴収事務を集金代行会社に再委託するということが一般的に行われていること、また、基幹事務を一括して再委託することはマンション管理適正化法上禁止されているが、一部を再委託することは認められていること等を踏まえ、事務管理業務の一部を第三者に再委託することができるように定められた。（改訂標準管理委託契約書第４条）

③ 宅地建物取引業者に提供する事項の追加

　　　宅地建物取引業者が、マンションの購入予定者など依頼を受けた相手方に対して重要事項の説明を行うため、宅地建物取引業法施行規則に定める事項についてマンション管理業者に確認を求めてくることがある。

　　　宅地建物取引業法施行規則の改正（平成18年３月）により、当該規則に定める事項に石綿使用調査結果の記録、耐震診断の記録等の事項が追加になったことから、

宅地建物取引業法施行規則の定めにならって、宅地建物取引業者に提供すべき事項の追加等が行われた。（改訂標準管理委託契約書第14条）

④ 個人情報保護に関する規定の追加

　マンション管理業者は、その業務に関して個人情報に接する機会が多く、個人情報の保護に関する法律の適用を受ける事業者が本法令等を遵守することはもとより、適用を受けない小規模事業者等も「国土交通省所管分野における個人情報保護に関するガイドライン」に準じて、個人情報の適正な取扱いの確保に努めるものとされていることを踏まえ、規定が追加された。（改訂標準管理委託契約書第16条）

⑤ 長期修繕計画案の作成業務及び当該計画の見直し業務の本委託契約からの分離

　マンションの快適な居住環境を確保し、資産価値の維持・向上を図るためには、適時適切な維持修繕を行うことが重要である。とくに、経年による劣化に対応するため、あらかじめ長期修繕計画を策定し、必要な修繕積立金を積み立てておくことが必要である。このため、長期修繕計画の策定及び見直しは、「マンションの管理の適正化に関する指針」（平成13年国土交通省告示第1288号）等により、その必要性が指摘されていたが、作成者ごとに異なった様式で策定されていたため、管理組合等が内容を理解し比較検討することは容易ではなく、また、長期修繕計画の内容に必要な修繕工事項目が漏れていたことにより、修繕積立金が不足するといった問題を防ぐ必要があった。このため、平成20年6月、長期修繕計画標準様式、長期修繕計画作成ガイドライン及び同コメント（以下「長期修繕計画作成ガイドライン等」という。）が国土交通省から公表された。

　こうしたことから、改訂標準管理委託契約書コメントにおいて、長期修繕計画案の作成及び見直しに当たっては、この長期修繕計画作成ガイドライン等を参考にして作成することが望ましいとされた。この長期修繕計画作成ガイドライン等に基づいて当該業務を実施するには、マンションの劣化状況などを把握するための調査・診断等を実施する必要があり経費も相当な額を要するものとなるなど業務内容の独立性が高く、また、長期修繕計画の見直し業務は必要な年度に特別に行われるものであることから、本管理委託契約とは別個の契約とすることが原則とされた。ただし、本管理委託契約により建物・設備管理業務等を実施する上でマンション管理業者が把握した劣化等の状況を長期修繕計画に反映させることが重要であることから、こうした劣化等の状況について管理組合に助言する業務は改訂標準管理委託契約書に残された。なお、この助言業務に加え、長期修繕計画案の作成業務及び当該計画の見直し業務もマンション管理業者に併せて委託することも、当然想定されている。

(3) コメントの充実

改訂標準管理委託契約書の趣旨等を明確化するため、条項ごとにその考え方等についてコメントしている。

① 委託契約期間が1年で3年ごとに実施する特殊建築物定期調査のように、契約期間をまたいで実施する管理事務の契約方法については、本契約と別個の契約とする方法、定額委託業務費以外の業務費とする方法又は定額委託業務費に含める方法の3方法を示し、定額委託業務費に含める場合は、契約上のトラブル防止の観点から、実施時期や費用を明示し、管理事務を実施しない場合の精算方法をあらかじめ明らかにするよう求めている。(第6条関係)

② 管理組合がマンション管理業者とは別の業者に本マンションの維持又は大規模以外の修繕を行わせる場合のマンション管理業者が行う業務を、「実施の調整」から「見積書の受理」、「発注補助」、「実施の確認」に改訂し内容の明確化を図るとともに、「実施の確認」の内容としては、別表第2　2(3)一に定める管理員が外注業務の完了の立会いにより確認できる内容のものとコメントしている。(別表第1関係)

上記のほか、事務管理業務を再委託する場合の取扱(第4条関係)、宅地建物取引業者に提供・開示できる範囲の考え方(第14条関係)等についてもコメントしている。

Ⅱ　マンション標準管理委託契約書の活用

マンション標準管理委託契約書は、管理組合とマンション管理業者の間で管理委託契約を締結する場合の指針として作成されたものであるが、典型的な住居専用の単棟型マンションに共通する管理事務に関する標準的な契約内容を定めたものであり、実際の契約書の作成に当たっては、個々の状況や必要性に応じて内容の追加、修正を行い活用されるべきものである。

また、個々の契約においては、マンションの管理の具体の内容について、管理組合とマンション管理業者の間で協議が行われ、合意された内容を契約書面として明文化するものであるので、管理組合、マンション管理業界が、このマンション標準管理委託契約書を有効に活用して、マンション管理の適正化の推進に資することが期待されるものである。

3 マンション標準管理委託契約書

「マンション標準管理委託契約書」及び
「マンション標準管理委託契約書コメント」対照表

マンション標準管理委託契約書

○○マンション管理委託契約書

　○○マンション管理組合（以下「甲」という。）と○○マンション管理会社（以下「乙」という。）とは、○○マンション（以下「本マンション」という。）の管理に関し、次のとおり管理委託契約（以下「本契約」という。）を締結する。

（総　則）
第１条　甲は、本マンションの管理に関する業務を、次条以下に定めるところにより、乙に委託し、乙はこれを受託する。

（本マンションの表示及び管理対象部分）
第２条　本マンションの表示及び管理事務（本マンションの管理に関する業務のうち、甲が乙に委託する業務をいう。以下同じ。）の対象となる部分は、次のとおりである。
　一　名　称
　二　所在地
　三　敷　地
　　　面　積
　　　権利形態
　四　建　物
　　　構造等　○○造地上○階建地下○階建共同住宅
　　　建築面積　　　　　　㎡
　　　延床面積　　　　　　㎡
　　　専有部分　住宅○戸
　五　管理対象部分
　　イ　敷　地
　　ロ　専有部分に属さない建物の部分（規約共用部分を除く。）

マンション標準管理委託契約書コメント

マンション標準管理委託契約書コメント

1　全般関係

① 　この契約書は、マンションの管理組合（以下「管理組合」という。）とマンション管理業者の間で協議がととのった事項を記載した管理委託契約書を、マンションの管理の適正化の推進に関する法律（平成12年法律第149号。以下「適正化法」という。）第73条に規定する「契約成立時の書面」として交付する場合の指針として作成したものである。

② 　この契約書は、典型的な住居専用の単棟型マンションに共通する管理事務に関する標準的な契約内容を定めたものであり、実際の契約書作成に当たっては、個々の状況や必要性に応じて内容の追加、修正を行いつつ活用されるべきものである。

③ 　この契約では、適正化法第2条第6号に定める管理事務をマンション管理業者に委託する場合を想定しており、警備業法に定める警備業務、消防法に定める防火管理者が行う業務は、管理事務に含まれない。

2　第2条関係

① 　本条でいう管理対象部分とは、管理規約により管理組合が管理すべき部分のうち、マンション管理業者が受託して管理する部分をいい、区分所有者が管理すべき部分を含まない。この管理対象部分は、名称を含めて、個々の状況や必要性に応じて適宜加除、修正すべきものである。

② 　専用使用部分（バルコニー、トランクルーム、専用庭等）については、管理組合が行うべき管理業務の範囲内においてマンション管理業者が管理事務を行う。

③ 　管理事務の対象となるマンションが以下に掲げるものである場合、又は共用部分の設備等の故障等発信機器やインターネット等の設備等が設置され、当該設備等の維持・管理業務をマンション管理業者に委託するときは、本条を適宜追加、修正をすることが必要である。

　　一　単棟で、大多数の区分所有者がマンション外に住所地を有する「リゾートマンション」、専有部分の用途が住居以外の用途（事務所等）が認められている「複合用途型マンション」

　　二　数棟のマンションが所在する団地

マンション標準管理委託契約書

　　　　エントランスホール、廊下、階段、エレベーターホール、共用トイレ、屋上、屋根、塔屋、ポンプ室、自家用電気室、機械室、受水槽室、高置水槽室、パイプスペース、内外壁、床、天井、柱、バルコニー
　　ハ　専有部分に属さない建物の附属物
　　　　エレベーター設備、電気設備、給水設備、排水設備、テレビ共同受信設備、消防・防災設備、避雷設備、各種の配線・配管
　　ニ　規約共用部分
　　　　管理事務室、管理用倉庫、清掃員控室、集会室、トランクルーム、倉庫
　　ホ　附属施設
　　　　塀、フェンス、駐車場、通路、自転車置場、ゴミ集積所、排水溝、排水口、外灯設備、植栽、掲示板、専用庭、プレイロット

（管理事務の内容及び実施方法）
第3条　管理事務の内容は、次のとおりとし、別表第1から第4に定めるところにより実施する。
　一　事務管理業務（別表第1に掲げる業務）
　二　管理員業務（別表第2に掲げる業務）
　三　清掃業務（別表第3に掲げる業務）
　四　建物・設備管理業務（別表第4に掲げる業務）

（第三者への再委託）
第4条　乙は、前条第1号の管理事務の一部又は同条第2号、第3号若しくは第4号の管理事務の全部若しくは一部を、第三者に再委託することができる。
2　乙が前項の規定に基づき管理事務を第三者に再委託した場合においては、乙は、再委託した管理事務の適正な処理について、甲に対して、責任を負う。

マンション標準管理委託契約書コメント

3　第3条関係
① 　第1号から第4号までの管理事務の具体的な内容及び実施方法は別表で示している。なお、実際の契約書作成に当たっては、次のような業務をマンション管理業者に委託する場合等個々の状況や必要性に応じて本条を適宜追加、修正するものとする。
　一　共用部分の設備等の監視・出動業務
　二　インターネット、CATV等の運営業務
　三　除雪・排雪業務
　四　植栽管理業務（施肥、剪定、消毒、害虫駆除等）
　五　管理組合から委託を受けて行うコミュニティー支援業務
② 　第1号の事務管理業務には、適正化法第2条第6号に定める基幹事務が含まれている。

4　第4条関係
① 　第1項は、適正化法第74条で基幹事務の一括再委託を禁止していることを踏まえ、第3条第1号の事務管理業務の一括再委託ができないよう定めたものである。
② 　本契約は、甲と乙の信頼関係を基礎とするものであるから、管理事務を第三者に再委託する場合においても、乙は、自らの責任と管理体制の下で処理すべきものである。
　　第2項の規定により再委託した場合の最終的な責任を乙が負うにしても、再委託業者が業務を執行する上で直接甲に接触すること等もあることから、契約締結時に再委託する管理事務及び再委託先の名称（以下「再委託事務等」という。）が明らかな場合には、事前に甲に通知することが望ましい。また、これを変更又は追加する時も同

マンション標準管理委託契約書

（善管注意義務）
第5条　乙は、善良なる管理者の注意をもって管理事務を行うものとする。

（管理事務に要する費用の負担及び支払方法）
第6条　甲は、管理事務として乙に委託する事務（別表第1から別表第4までに定める事務）のため、乙に委託業務費を支払うものとする。
2　甲は、前項の委託業務費のうち、その負担方法が定額でかつ精算を要しない費用（以下「定額委託業務費」という。）を、乙に対し、毎月、次のとおり支払うものとする。
　一　定額委託業務費の額
　　　合計月額〇〇円
　　　　消費税及び地方消費税抜き価格　〇〇円
　　　　消費税額及び地方消費税額（以下、本契約において「消費税額等」という。）〇〇円
　　　内訳は、別紙1のとおりとする。
　二　支払期日及び支払方法
　　　毎月〇日までにその〇月分を、乙が指定する口座に振り込む方法により支払う。
　三　日割計算
　　　期間が一月に満たない場合は当該月の暦日数によって日割計算を行う。（1円未満は四捨五入とする。）
3　第1項の委託業務費のうち、定額委託業務費以外の費用の額（消費税額等を含む。）は別紙2のとおりとし、甲は、各業務終了後に、甲及び乙が別に定める方法により精算の上、乙が指定する口座に振り込む方法により支払うものとする。
4　甲は、第1項の委託業務費のほか、乙が管理事務を実施するのに伴い必要となる水道光熱費、通信費、消耗品費等の諸費用を負担するものとする。

マンション標準管理委託契約書コメント

様とし、諸事情により事前に通知できない場合は、事後速やかに甲に報告することが望ましい。

　ただし、第3条第1号の管理事務のうち出納に関する事務は極めて重要であるので、管理費等（別表第1　1（2）①において定義するものをいう。以下同じ。）の収納事務を集金代行会社に再委託する場合その他の出納に関する事務を再委託する場合は、再委託事務等を事前に甲に通知すべきである。

5　第5条関係

　本条は、管理委託契約が民法第656条の準委任契約の性格を有することを踏まえ、同法第644条の善管注意義務を契約書上も明文化したものである。

　本契約書の免責条項（第8条、第10条、第11条、第13条、第17条）の規定により、マンション管理業者が免責されるには、各規定に適合するほか本条の善管注意義務を果たしていることが必要である。

6　第6条関係

① 　第2項で定額委託業務費の内訳を明示することにより、第3条に規定する管理事務の範囲・内容と定額委託業務費の関係を明確化することとしたものである。

　ただし、適正化法第72条に基づき管理委託契約締結前に行う重要事項説明等の際に、マンション管理業者が管理組合に対して見積書等であらかじめ定額委託業務費の内訳を明示している場合であって、当事者間で合意しているときは、管理委託契約に定額委託業務費の内訳を記載しないことができる。

② 　第2項第2号で定める支払方法以外の方法で、委託業務費の支払いをする場合には、同号を適宜修正するものとする。

③ 　甲は、管理事務として乙に委託する事務（別表第1から別表第4までに定める事務）のため、乙に委託業務費を支払う。この委託業務費は、実施する業務の性格によって、第2項で定める定額委託業務費（その負担が定額でかつ実施内容によって価格に変更を生じる場合がないため精算を要しない費用）と、第3項の定額委託業務費以外の費用（実施内容によって価額に変更が生じる場合があるため各業務終了後に甲乙で精算を行う費用）とに分けられる。

④ 　第3項の定額委託業務費以外の業務費とは、例えば、業務の一部が専有部分内で行われる排水管の清掃業務、消防用設備等の保守点検業務などが想定される。

　なお、管理委託契約上定額委託業務費以外の業務費が存在しないときは、本項は不要である。

⑤ 　契約期間が1年で3年ごとに実施する特殊建築物定期調査のように、契約期間をまた

3 マンション標準管理委託契約書

マンション標準管理委託契約書

（管理事務室等の使用）
第7条 甲は、乙に管理事務を行わせるために不可欠な管理事務室、管理用倉庫、清掃員控室、器具、備品等（次項において「管理事務室等」という。）を無償で使用させるものとする。
2　乙の管理事務室等の使用に係る費用の負担は、次のとおりとする。
　一　○○○○費　甲（又は乙）の負担とする。
　二　○○○○費　甲（又は乙）の負担とする。
　三　○○○○費　甲（又は乙）の負担とする。
　四　○○○○費　甲（又は乙）の負担とする。

（緊急時の業務）
第8条 乙は、第3条の規定にかかわらず、次の各号に掲げる災害又は事故等の事由により、甲のために、緊急に行う必要がある業務で、甲の承認を受ける時間的な余裕がないものについては、甲の承認を受けないで実施することができる。この場合において、乙は、速やかに、書面をもって、その業務の内容及びその実施に要した費用の額を甲に通知しなければならない。
　一　地震、台風、突風、集中豪雨、落雷、雪、噴火、ひょう、あられ等
　二　火災、漏水、破裂、爆発、物の飛来若しくは落下又は衝突、犯罪等
2　甲は、乙が前項の業務を遂行する上でやむを得ず支出した費用については、速やかに、乙に支払わなければならない。ただし、乙の責めによる事故等の場合はこの限りでない。

（管理事務の報告等）
第9条 乙は、甲の事業年度終了後○月以内に、甲に対し、当該年度における管理事務の処理状況及び甲の会計の収支の結果を記載した書面を交付し、管理業務主任者をして、

マンション標準管理委託契約書コメント

いで実施する管理事務の取扱いについては、本契約と別個の契約とする方法、定額委託業務費以外の業務費とする方法又は定額委託業務費に含める方法とし、定額委託業務費に含める場合は、実施時期や費用を明示し、管理事務を実施しない場合の精算方法をあらかじめ明らかにすべきである。

⑥　契約期間内に実施する管理事務であっても、消防用設備等の点検のように１年に１、２回実施する管理事務の取扱いについては、定額委託業務費以外の業務費とする方法又は定額委託業務費に含める方法とし、定額委託業務費に含める場合は、実施時期や費用を明示し、管理事務を実施しない場合の精算方法をあらかじめ明らかにすべきである。

7　第７条関係

①　管理事務室等は、通常、管理組合がマンション管理業者にマンションの管理事務を行わせるのに不可欠であるため、無償で使用させるものとしている。

②　第２項は、管理事務室等の使用に係る諸費用（水道光熱費、通信費、備品、消耗品費等）の負担区分について、その内容を規定するものとする。

③　管理事務室等の資本的支出が必要となった場合の負担については、別途、管理組合及びマンション管理業者が協議して決定することとなる。

8　第８条関係

①　本条で想定する災害又は事故等とは、天災地変による災害、漏水又は火災等の偶発的な事故等をいい、事前に事故等の発生を予測することが極めて困難なものをいう。

②　第１号及び第２号に規定する災害及び事故の例等については、当該マンションの地域性、設備の状況等に応じて、内容の追加・修正等を行うものとする。

9　第９条関係

①　第１項の「甲の会計の収支の結果を記載した書面」は、別表第１　１（１）②に定める「収支決算案の素案」を提出することで代えることができる。なお、本報告は適正化

マンション標準管理委託契約書

報告をさせなければならない。
2　乙は、毎月末日までに、甲に対し、前月における甲の会計の収支状況に関する書面を交付しなければならない。
3　乙は、甲から請求があるときは、管理事務の処理状況及び甲の会計の収支状況について報告を行わなければならない。
4　前3項の場合において、甲は、乙に対し、管理事務の処理状況及び甲の会計の収支に係る関係書類の提示を求めることができる。

（管理費等滞納者に対する督促）
第10条　乙は、第3条第1号の業務のうち、出納業務を行う場合において、甲の組合員に対し別表第1　1（2）②の督促を行っても、なお当該組合員が支払わないときは、その責めを免れるものとし、その後の収納の請求は甲が行うものとする。
2　前項の場合において、甲が乙の協力を必要とするときは、甲及び乙は、その協力方法について協議するものとする。

（有害行為の中止要求）
第11条　乙は、管理事務を行うため必要なときは、甲の組合員及びその所有する専有部分の占有者（以下「組合員等」という。）に対し、甲に代わって、次の各号に掲げる行為の中止を求めることができる。
　一　法令、管理規約又は使用細則に違反する行為
　二　建物の保存に有害な行為
　三　所轄官庁の指示事項等に違反する行為又は所轄官庁の改善命令を受けるとみられる違法若しくは著しく不当な行為
　四　管理事務の適正な遂行に著しく有害な行為
　五　組合員の共同の利益に反する行為
　六　前各号に掲げるもののほか、共同生活秩序を乱す行為
2　乙が、前項の規定により中止を求めても、なお甲の組合員等がその行為を中止しないときは、乙はその責めを免れるものとし、その後の中止等の要求は甲が行うものとする。

（通知義務）
第12条　甲及び乙は、本マンションにおいて滅失、き損、瑕疵等の事実を知った場合においては、速やかに、その状況を相手方に通知しなければならない。
2　甲及び乙は、次の各号に掲げる場合においては、速やかに、書面をもって、相手方に

マンション標準管理委託契約書コメント

法第77条に基づく報告であるので、管理業務主任者をして行う必要がある。
② 第1項の報告期限は、甲の総会の開催時期等を考慮し、管理組合の運営上支障がないように定めるものとする。
③ 第3項の報告については、当事者間の合意により、あらかじめ期日を定めて行う方法とすることも考えられる。

10 第10条関係
　弁護士法第72条の規定を踏まえ、債権回収はあくまで管理組合が行うものであることに留意し、第2項のマンション管理業者の協力について、事前に協議が整っている場合は、協力内容（甲の名義による配達証明付内容証明郵便による督促等）、費用の負担等に関し、具体的に規定するものとする。

11 第12条関係
　管理規約等に組合員の住所変更や長期不在等について届出義務を設けている場合は、本条第2項に適宜追加することが望ましい。

マンション標準管理委託契約書

通知しなければならない。
一 甲の役員又は組合員が変更したとき
二 甲の組合員がその専有部分を第三者に貸与したとき
三 乙が商号又は住所を変更したとき
四 乙が合併又は会社分割したとき
五 乙がマンションの管理の適正化の推進に関する法律(平成12年法律第149号)の規定に基づき処分を受けたとき
六 乙が第18条第2項第1号及び第2号に掲げる事項に該当したとき

(専有部分等への立入り)
第13条 乙は、管理事務を行うため必要があるときは、甲の組合員等に対して、その専有部分又は専用使用部分(以下「専有部分等」という。)への立入りを請求することができる。
2 前項の場合において、乙は、甲の組合員等がその専有部分等への立入りを拒否したときは、その旨を甲に通知しなければならない。
3 第1項の規定にかかわらず、乙は、第8条第1項各号に掲げる災害又は事故等の事由により、甲のために緊急に行う必要がある場合、専有部分等に立ち入ることができる。この場合において、乙は、甲及び乙が立ち入った専有部分等に係る組合員等に対し、事後速やかに、報告をしなければならない。

(管理規約の提供等)
第14条 乙は、宅地建物取引業者が、甲の組合員から、当該組合員が所有する専有部分の売却等の依頼を受け、その媒介等の業務のために管理規約の提供及び次の各号に掲げる事項の開示を求めてきたときは、甲に代わって、当該宅地建物取引業者に対し、管理規約の写しを提供し、及び各号に掲げる事項を書面をもって開示するものとする。
一 当該組合員の負担に係る管理費及び修繕積立金等の月額並びに滞納があるときはその金額
二 甲の修繕積立金積立総額並びに管理費及び修繕積立金等に滞納があるときはその金額
三 本マンション(専有部分を除く。)の修繕の実施状況
四 本マンションの石綿使用調査結果の記録の有無とその内容
五 本マンションの耐震診断の記録の有無とその内容(当該マンションが昭和56年6月1日以降に新築の工事に着手した場合を除く。)
2 前項の場合において、乙は、当該組合員が管理費及び修繕積立金等を滞納していると

マンション標準管理委託契約書コメント

12　第13条関係
　　第1項に規定する管理事務は、その都度管理組合の承認の下で行われるものであり、管理組合の協力が不可欠なものである。
　　組合員等が、正当な理由なく、マンション管理業者（又は再委託先の業者）の立入りを拒否したときは、第2項によりマンション管理業者はその部分に係る管理事務の実施が不可能である旨を管理組合に通知するものとする。

13　第14条関係
①　本条は、宅地建物取引業者が、媒介等の業務のために、宅地建物取引業法施行規則第16条の2等に定める事項について、マンション管理業者に当該事項の確認を求めてきた場合の対応を定めたものである。
　　本来宅地建物取引業者への管理規約等の提供・開示は管理組合又は売主たる組合員が行うべきものであるため、これらの事務をマンション管理業者が行う場合には、管理規約等においてその根拠が明確に規定されていることが望ましい。
　　また、マンション管理業者が提供・開示できる範囲は、原則として管理委託契約書に定める範囲となる。一般的にマンション内の事件、事故等の情報は、売主又は管理組合に確認するよう求めるべきである。
②　管理規約が電磁的記録により作成されている場合には、記録された情報の内容を書面に表示して開示することとする。
③　開示する情報としては、管理費等の改定の予定及び修繕一時金の徴収の予定並びに大規模修繕の実施予定（理事会で改定等が決議されたものを含む。）がある場合にはこれ

マンション標準管理委託契約書

きは、甲に代わって、当該宅地建物取引業者に対し、その清算に関する必要な措置を求めることができるものとする。

（乙の使用者責任）
第15条　乙は、乙の従業員が、その業務の遂行に関し、甲又は甲の組合員等に損害を及ぼしたときは、甲又は甲の組合員等に対し、使用者としての責任を負う。

（守秘義務等）
第16条　乙及び乙の従業員は、正当な理由がなく、管理事務に関して知り得た甲及び甲の組合員等の秘密を漏らしてはならない。この契約が終了した後においても、同様とする。
2　乙は、甲の組合員等に関する個人情報について、その適正な取扱いの確保に努めなければならない。

（免責事項）
第17条　乙は、甲又は甲の組合員等が、第8条第1項各号に掲げる災害又は事故等（乙の責めによらない場合に限る。）による損害及び次の各号に掲げる損害を受けたときは、その損害を賠償する責任を負わないものとする。
　一　乙が善良なる管理者の注意をもって管理事務を行ったにもかかわらず生じた管理対象部分の異常又は故障による損害
　二　乙が、書面をもって注意喚起したにもかかわらず、甲が承認しなかった事項に起因する損害
　三　前各号に定めるもののほか、乙の責めに帰することができない事由による損害

（契約の解除）
第18条　甲及び乙は、その相手方が、本契約に定められた義務の履行を怠った場合は、相

マンション標準管理委託契約書コメント

を含むものとする。
④ マンション管理業者が受託した管理事務の実施を通じて知ることができない過去の修繕の実施状況等がある場合には、マンション管理業者は管理組合から情報の提供を受けた範囲でこれらの事項を開示することとなる。
⑤ 管理規約の提供等に係る費用については、誰が負担するのか（宅地建物取引業者等）、その金額、負担方法等について、別途、明らかにしておくことが望ましい。

14　第16条関係
① 第1項は、適正化法第80条及び第87条の規定を受けて、マンション管理業者及びその使用人の守秘義務を定めたものである。なお、適正化法第80条及び第87条の規定では、マンション管理業者でなくなった後及びマンション管理業者の使用人でなくなった後にも守秘義務が課せられている。
② 第2項は、マンション管理業者は、その業務に関して個人情報に接する機会が多く、個人情報の保護に関する法律の適用を受ける事業者が本法令等を遵守することはもとより、適用を受けない小規模事業者等も「国土交通省所管分野における個人情報保護に関するガイドライン」に準じて、個人情報の適正な取扱いの確保に努めるものとされていることを踏まえた規定である。

15　第18条関係
　　第2項第1号に規定する「銀行の取引を停止されたとき」とは、「手形交換所の取引

マンション標準管理委託契約書

当の期間を定めてその履行を催告し、相手方が当該期間内に、その義務を履行しないときは、本契約を解除することができる。この場合、甲又は乙は、その相手方に対し、損害賠償を請求することができる。
2　甲は、乙が次の各号のいずれかに該当するときは、本契約を解除することができる。
　一　乙が銀行の取引を停止されたとき、若しくは破産、会社更生、民事再生の申立てをしたとき、又は乙が破産、会社更生、民事再生の申立てを受けたとき
　二　乙が合併又は破産以外の事由により解散したとき
　三　乙がマンション管理業の登録の取消しの処分を受けたとき

（解約の申入れ）
第19条　前条の規定にかかわらず、甲及び乙は、その相手方に対し、少なくとも三月前に書面で解約の申入れを行うことにより、本契約を終了させることができる。

（本契約の有効期間）
第20条　本契約の有効期間は、〇〇年〇月〇日から〇〇年〇月〇日までとする。

（契約の更新）
第21条　甲又は乙は、本契約を更新しようとする場合、本契約の有効期間が満了する日の三月前までに、その相手方に対し、書面をもって、その旨を申し出るものとする。
2　本契約の更新について申出があった場合において、その有効期間が満了する日までに更新に関する協議がととのう見込みがないときは、甲及び乙は、本契約と同一の条件で、期間を定めて暫定契約を締結することができる。

（法令改正に伴う契約の変更）
第22条　甲及び乙は、本契約締結後の法令改正に伴い管理事務又は委託業務費を変更する必要が生じたときは、協議の上、本契約を変更することができる。
　　　ただし、消費税法等の税制の制定又は改廃により、税率等の改定があった場合には、委託業務費のうちの消費税額等は、その改定に基づく額に変更する。

停止処分を受けたとき」、また、「破産、会社更生、民事再生の申立て」とは、それぞれ「破産手続開始、更生手続開始、再生手続開始の申立て」のことである。

16　第19条関係

　本条は、民法第651条の規定を踏まえ、契約当事者双方の任意解除権を規定したものである。解約の申入れの時期については、契約終了に伴う管理事務の引継等を合理的に行うのに通常必要な期間を考慮して設定している。

17　第20条関係

　契約の有効期間は、管理組合の会計期間、総会開催時期、重要事項説明時期等を勘案して設定することが必要である。

18　第21条関係

①　第１項は、管理委託契約を更新しようとする場合の申入れ期限及び方法を規定したものである。マンション管理業者は、適正化法第72条により、管理委託契約を更新しようとするときは、あらかじめ重要事項説明を行うと定められていることを踏まえ、三月前までに更新の申入れを行うこととしたものである。

②　契約の有効期間が満了する日までに更新に係る協議がととのわない場合、既存の契約は終了し、当該マンションの管理運営に支障を及ぼすため、第２項では暫定契約の手続きを定めている。ただし、この場合にも適正化法第72条に規定する、同一の条件で契約を更新しようとする場合の重要事項説明等の手続きは必要である。

③　暫定契約の期間は、協議状況を踏まえて当事者間で適切な期間を設けるものとする。

19　第22条関係

　本条は、設備の維持管理に関する法令等の制定又は改廃により、第３条の管理事務の内容や第６条の委託業務費の額の変更が必要となった場合について定めたものである。

マンション標準管理委託契約書

（誠実義務等）
第23条 甲及び乙は、本契約に基づく義務の履行について、信義を旨とし、誠実に行わなければならない。
2　本契約に定めのない事項又は本契約について疑義を生じた事項については、甲及び乙は、誠意をもって協議するものとする。

（合意管轄裁判所）
第24条 本契約に起因する紛争に関し、訴訟を提起する必要が生じたときは、本マンションの所在地を管轄する○○地方（簡易）裁判所を第一審管轄裁判所とするものとする。

　本契約の成立の証として契約書二通を作成し、甲及び乙が記名押印したうえ、各自一通を保有するものとする。

○○年　　月　　日
　　　　　甲　住　所
　　　　　　　名　称
　　　　　　　代表者　　　　　　　　　　　印
　　　　　乙　住　所
　　　　　　　商　号
　　　　　　　代表者　　　　　　　　　　　印
　　　　　　　管理業務主任者　　　　　　　印

マンション標準管理委託契約書コメント

20　第24条関係
　支払督促を申し立てる裁判所については、本条の規定にかかわらず、民事訴訟法の定めるところにより、債務者の住所地等を管轄する簡易裁判所においてするものとする。

マンション標準管理委託契約書

別紙1

【内訳明示例1】　第一号から第四号までの各業務費には一般管理費及び利益が含まれておらず、第五号で別に表示されているもの

定額委託業務費月額内訳
- 一　事務管理業務費　　　　月額　　円
- 二　管理員業務費　　　　　月額　　円
- 三　清掃業務費　　　　　　月額　　円
- 四　建物・設備管理業務費　月額　　円
  - ア　〇〇業務費　　　　　月額　　円
  - イ　〇〇業務費　　　　　月額　　円
  - ウ　〇〇業務費　　　　　月額　　円
- 五　管理報酬　　　　　　　月額　　円
  - 消費税額等　　　　　　　月額　　円

【内訳明示例2】　第一号の管理手数料に事務管理業務費、一般管理費及び利益が含まれており、第二号から第四号までの各業務費には一般管理費及び利益が含まれていないもの

定額委託業務費月額内訳
- 一　管理手数料　　　　　　月額　　円
- 二　管理員業務費　　　　　月額　　円
- 三　清掃業務費　　　　　　月額　　円
- 四　建物・設備管理業務費　月額　　円
  - ア　〇〇業務費　　　　　月額　　円
  - イ　〇〇業務費　　　　　月額　　円
  - ウ　〇〇業務費　　　　　月額　　円
  - 消費税額等　　　　　　　月額　　円

【内訳明示例3】　第一号から第四号までの各業務費に一般管理費及び利益が含まれているもの

定額委託業務費月額内訳
- 一　事務管理業務費　　　　月額　　円
- 二　管理員業務費　　　　　月額　　円
- 三　清掃業務費　　　　　　月額　　円
- 四　建物・設備管理業務費　月額　　円
  - ア　〇〇業務費　　　　　月額　　円
  - イ　〇〇業務費　　　　　月額　　円
  - ウ　〇〇業務費　　　　　月額　　円
  - 消費税額等　　　　　　　月額　　円

マンション標準管理委託契約書コメント

21　別紙１関係
　　定額委託業務費の構成は一様ではないので、内訳明示の方法を３つ例示している。

マンション標準管理委託契約書

別紙2

【内訳明示例】　第一号から第四号までの各業務費に一般管理費及び利益が含まれているもの

定額委託業務費以外の業務費
　　一　○○業務費　　　　円（消費税額等を含む。）
　　二　○○業務費　　　　円（消費税額等を含む。）
　　三　○○業務費　　　　円（消費税額等を含む。）
　　四　○○業務費　　　　円（消費税額等を含む。）

マンション標準管理委託契約書コメント

22　別紙2関係

　定額委託業務費以外の業務費については、各々独立性を有する業務ごとに業務費を計上することとしている。

マンション標準管理委託契約書

別表第1　事務管理業務

1　基幹事務	
(1)　管理組合の会計の収入及び支出の調定	
① 収支予算案の素案の作成	甲の事業年度開始の○月前までに、甲の会計区分に基づき、甲の次年度の収支予算案の素案を作成し、甲に提出する。
② 収支決算案の素案の作成	甲の事業年度終了後○月以内に、甲の会計区分に基づき、甲の前年度の収支決算案（収支報告書及び貸借対照表。）の素案を作成し、甲に提出する。
③ 収支状況の報告	乙は、毎月末日までに、前月における甲の会計の収支状況に関する書面の交付を行うほか、甲の請求があったときは、甲の会計の収支状況に関する報告を行う。なお、あらかじめ甲が当該書面の交付に代えて電磁的方法による交付を承諾した場合には、乙は、当該方法による交付を行うことができる。
(2)　出納（保証契約を締結して甲の収納口座と甲の保管口座を設ける場合）	
① 甲の組合員が甲に納入する管理費、修繕積立金、専用使用料その他の金銭（以下「管理費等」という。）の収納	一　甲の管理規約等の定め若しくは総会決議、組合員名簿若しくは組合員異動届又は専用使用契約書に基づき、組合員別の一月当たりの管理費等の負担額の一覧表（以下「組合員別管理費等負担額一覧表」という。）を甲に提出する。 二　組合員別管理費等負担額一覧表に基づき、毎月次号に定める預金口座振替日の○営業日前までに、預金口座振替請求金額通

マンション標準管理委託契約書コメント

23　別表第1　1（1）関係

① マンション管理業者が管理組合の出納業務の全部を受託していない場合においては、収入及び支出の調定についても、マンション管理業者が受託した出納業務に係る範囲で行うものとする。

② 収支予算案の素案及び収支決算案の素案の報告期限は、個々の状況や甲の総会の開催時期等を考慮し、管理組合の運営上支障がないように定めるものとする。

③ 会計の収支状況に関する書面として、収支状況及び収納状況が確認できる書面の作成が必要である。

④ 電磁的方法による交付は、国土交通省の所管する法令に係る民間事業者等が行う書面の保存等における情報通信の技術の利用に関する法律施行規則（平成17年国土交通省令第26号）第11条に規定する方法により行うものとする。また、民間事業者等が行う書面の保存等における情報通信の技術の利用に関する法律施行令（平成17年政令第8号）第2条の規定に基づき、あらかじめ、甲に対し、その用いる電磁的方法の種類及び内容を示し、書面又は電磁的方法による承諾を得なければならない。

24　別表第1　1（2）関係

（保証契約を締結して甲の収納口座と甲の保管口座を設ける場合）

① 甲と乙の双方の収納口座があるときは、甲の組合員の口座から管理費等を最初に収納する口座の名義が甲又は乙のいずれであるかによって（保証契約を締結して甲の収納口座と甲の保管口座を設ける場合）又は（乙の収納口座と甲の保管口座を設ける場合）のどちらに該当するのかを判断するものとする。また、甲の経費の支払をする収納口座の名義が甲以外の場合には、1（2）④を適宜修正するものとする。

② 出納業務として、各専有部分の水道料等の計算、収納を委託する場合は、本表に以下の規定を加えるものとする。

　○　甲の組合員等が甲に支払うべき水道料、冷暖房料、給湯料等（以下「水道料等」という。）の計算、収納

　　甲の管理規約等の定めに基づき、○月ごとに、甲の組合員等別の水道料等を計算

マンション標準管理委託契約書

	知書を、○○銀行に提出する。 三　甲の組合員の管理費等の収納は、甲の管理規約第○条に定める預金口座振替の方法によるものとし、毎月○日（当該日が金融機関の休業日に当たる場合はその翌営業日。）に、甲の組合員の口座から甲の収納口座に振り替えし、④の事務を行った後その残額を、当該管理費等を充当する月の翌月末日までに、甲の保管口座に移し換える。 　　収納口座　　○○銀行○○支店 　　保管口座　　○○銀行○○支店 四　乙は、以下の保証契約を締結する。 　　イ　保証する第三者の名称　　○○○○ 　　ロ　保証契約の名称　　　　　○○○○ 　　ハ　保証契約の内容 　　　　a　保証契約の額及び範囲 　　　　　　○○○○ 　　　　b　保証契約の期間 　　　　　　○○○○ 　　　　c　更新に関する事項 　　　　　　○○○○ 　　　　d　解除に関する事項 　　　　　　○○○○ 　　　　e　免責に関する事項 　　　　　　○○○○ 　　　　f　保証額の支払に関する事項 　　　　　　○○○○
②　管理費等滞納者に対する督促	一　毎月、甲の組合員の管理費等の滞納状況を、甲に報告する。 二　甲の組合員が管理費等を滞納したときは、最初の支払期限から起算して○月の間、電話若しくは自宅訪問又は督促状の方

マンション標準管理委託契約書コメント

し、甲の管理規約第〇条に定める預金口座振替の方法により、甲の組合員等の口座から、甲の口座に振り替える。

③ 乙は、甲から委託を受けて管理する管理組合の財産については、適正化法第76条の規定に則り、自己の固有財産及び他の管理組合の財産と分別して管理しなければならない。

④ 乙が管理費等の収納事務を集金代行会社に再委託する場合は、1（2）①二及び三を以下のとおり記載するものとする。

　〇　二　組合員別管理費等負担額一覧表に基づき、毎月次号に定める預金口座収納日の〇営業日前までに、預金口座振替請求金額通知書を、次の集金代行会社（以下「集金代行会社」という。）に提出する。
　　　　再委託先の名称　　　　〇〇〇〇
　　　　再委託先の所在地　　　〇〇〇〇

　〇　三　甲の組合員の管理費等の収納は、甲の管理規約第〇条に定める預金口座振替の方法によるものとし、毎月〇日（当該日が金融機関の休業日に当たる場合はその翌営業日。以下「収納日」という。）に、甲の組合員の口座から集金代行会社の口座に振り替え、収納日の〇営業日後に集金代行会社の口座から甲の収納口座に収納し、④の事務を行った後その残額を、当該管理費等を充当する月の翌月末日までに、甲の保管口座に移し換える。
　　　　収納口座　　　〇〇銀行〇〇支店
　　　　保管口座　　　〇〇銀行〇〇支店

⑤ 適正化法施行規則第87条第2項第1号ロに定める方法による場合は、1（2）①三を以下のとおり記載するものとする。

　〇　三　甲の組合員の修繕積立金の収納は、甲の管理規約第〇条に定める預金口座振替の方法によるものとし、毎月〇日（当該日が金融機関の休業日に当たる場合はその翌営業日。以下同じ。）に、甲の組合員の口座から甲の保管口座に振り替える。甲の組合員の管理費等（修繕積立金を除く。）の収納は、甲の管理規約第〇条に定める預金口座振替の方法によるものとし、毎月〇日に、甲の組合員の口座から甲の収納口座に振り替えし、④の事務を行った後その残額を、当該管理費等を充当する月の翌月末日までに、甲の保管口座に移し換える。
　　　　収納口座　　　〇〇銀行〇〇支店
　　　　保管口座　　　〇〇銀行〇〇支店

⑥ マンション管理業者は、甲の収納口座と甲の保管口座を設ける場合にあっては、次の要件を両方とも満たさない場合は、収納口座に収納される一月分の管理費等の合計額以上の額につき有効な保証契約を締結していることが必要なことから、保証契約の内容等

マンション標準管理委託契約書

	法により、その支払の督促を行う。 三 二の方法により督促しても甲の組合員がなお滞納管理費等を支払わないときは、乙はその業務を終了する。
③ 通帳等の保管等	一 収納口座及び保管口座に係る通帳、印鑑等の保管者は以下のとおりとする。 　イ　収納口座 　　通帳…乙（又は甲） 　　印鑑…乙（又は甲） 　　その他（　　　　） 　ロ　保管口座 　　通帳…乙（又は甲） 　　印鑑…甲 　　その他（　　　　） 二 乙は、掛け捨て保険に限り甲の損害保険証券を保管する。なお、甲の請求があったときは、遅滞なく、当該保険証券を甲に提出する。 三 甲の管理費等のうち余裕資金については、必要に応じ、甲の指示に基づいて、定期預金、金銭信託等に振り替える。
④ 甲の経費の支払い	乙は、甲の収支予算に基づき、甲の経費を、甲の承認の下に甲の収納口座から、又は甲の承認を得て甲の保管口座から支払う。
⑤ 甲の会計に係る帳簿等の管理	一 乙は、甲の会計に係る帳簿等を整備、保管する。 二 乙は、前号の帳簿等を、甲の定期総会終了後、遅滞なく、甲に引き渡す。

マンション標準管理委託契約書コメント

を記載するものとする。なお、「有効な保証契約」とは、マンション管理業者が保証契約を締結していなければならないすべての期間にわたって、適正化法規則第87条第3項に規定する保証契約を締結していることが必要であるとの趣旨である。したがって、管理委託契約の契約期間の途中で保証契約の期間が満了する場合には、当該保証契約の更新等をしなければならない。

一　管理費等が組合員からマンション管理業者が受託契約を締結した管理組合若しくはその管理者等（以下「管理組合等」という。）を名義人とする収納口座に直接預入される場合又はマンション管理業者若しくはマンション管理業者から委託を受けた者が組合員から管理費等を徴収しない場合

二　マンション管理業者が、管理組合等を名義人とする収納口座に係る当該管理組合等の印鑑、預貯金の引出用カードその他これらに類するものを管理しない場合

⑦　1（2）①四ハのdからfの項目は、保証契約書等を添付することにより、これらが確認できる場合は記載を省略することができる。

⑧　マンション管理業者が、本契約書第10条第1項に基づく管理費等の滞納者に対する督促を行う場合は、その旨記載するものとする。

⑨　滞納者に対する督促については、マンション管理業者は組合員異動届等により管理組合から提供を受けた情報の範囲内で督促するものとする。なお、督促の方法（電話若しくは自宅訪問又は督促状）については、滞納者の居住地、督促に係る費用等を踏まえ、合理的な方法で行うものとする。また、その結果については滞納状況とあわせて書面で報告するものとする。

⑩　財産の分別管理の方法については、以下の方法の別に本表を作成するものとし、各方式の具体的な内容（集金代行会社委託、電子取引による決済等）を記載するものとする。

一　甲の収納・保管口座を設ける場合
二　保証契約を締結する必要のないときに甲の収納口座と甲の保管口座を設ける場合
三　乙の収納口座と甲の保管口座を設ける場合
四　保証契約を締結して甲の収納口座と甲の保管口座を設ける場合

⑪　適正化法施行規則第87条第4項により、マンション管理業者が保管口座又は収納・保管口座に係る甲の印鑑、預貯金の引出用のカードその他これらに類するものを管理することは禁止されている。

⑫　マンション管理業者が損害保険証券を保管する場合については、適正化法施行規則第87条に規定する有価証券の分別管理の規定に鑑み、掛け捨て型の保険契約に係る証券に限るものとする。

⑬　乙の収納口座と甲の保管口座を設ける場合における乙の収納口座からの支払、保証契

マンション標準管理委託契約書

(2) 出納（乙の収納口座と甲の保管口座を設ける場合） ① 甲の組合員が甲に納入する管理費、修繕積立金、専用使用料その他の金銭（以下「管理費等」という。）の収納	一 甲の管理規約等の定め若しくは総会決議、組合員名簿若しくは組合員異動届又は専用使用契約書に基づき、組合員別の一月当たりの管理費等の負担額の一覧表（以下「組合員別管理費等負担額一覧表」という。）を甲に提出する。 二 組合員別管理費等負担額一覧表に基づき、毎月次号に定める預金口座振替日の〇営業日前までに、預金口座振替請求金額通知書を、〇〇銀行に提出する。 三 甲の組合員の管理費等の収納は、甲の管理規約第〇条に定める預金口座振替の方法によるものとし、毎月〇日（当該日が金融機関の休業日に当たる場合はその翌営業日。）に、甲の組合員の口座から乙の収納口座に収納し、④の事務を行った後その残額を、当該管理費等を充当する月の翌月末日までに、甲の保管口座に移し換える。この場合、甲の保管口座に移し換えるまでの管理費等については、利息を付さない。 　　　収納口座　　〇〇銀行〇〇支店 　　　保管口座　　〇〇銀行〇〇支店 四 乙は、以下の保証契約を締結する。 　イ　保証する第三者の名称　　〇〇〇〇 　ロ　保証契約の名称　　　　　〇〇〇〇

マンション標準管理委託契約書コメント

約を締結して甲の収納口座と甲の保管口座を設ける場合における甲の収納口座からの支払については、乙は甲からの支払委託により包括的に承認を受けていると考えられる。なお、甲の保管口座から支払う場合及び保証契約を締結していないときの甲の収納口座から支払う場合は、甲の収納・保管口座を設ける場合と同様、個別に甲の承認を得て支払うことが必要となる。

⑭ 甲の会計に係る帳簿等とは、管理費等の出納簿や支出に係る証拠書類等をいう。

(乙の収納口座と甲の保管口座を設ける場合)

① 甲と乙の双方の収納口座があるときは、甲の組合員の口座から管理費等を最初に収納する口座の名義が甲又は乙のいずれであるかによって(保証契約を締結して甲の収納口座と甲の保管口座を設ける場合)又は(乙の収納口座と甲の保管口座を設ける場合)のどちらに該当するのかを判断するものとする。また、甲の経費の支払をする収納口座の名義が乙以外の場合には、1(2)④を適宜修正するものとする。

② 出納業務として、各専有部分の水道料等の計算、収納を委託する場合は、本表に以下の規定を加えるものとする。

　○　甲の組合員等が甲に支払うべき水道料、冷暖房料、給湯料等(以下「水道料等」という。)の計算、収納
　　　甲の管理規約等の定めに基づき、○月ごとに、甲の組合員等別の水道料等を計算し、甲の管理規約第○条に定める預金口座振替の方法により、甲の組合員等の口座から、甲の口座に振り替える。

③ 乙は、甲から委託を受けて管理する管理組合の財産については、適正化法第76条の規定に則り、自己の固有財産及び他の管理組合の財産と分別して管理しなければならない。

④ 乙が管理費等の収納事務を集金代行会社に再委託する場合は、1(2)①二及び三を以下のとおり記載するものとする。

　○　二　組合員別管理費等負担額一覧表に基づき、毎月次号に定める預金口座収納日の○営業日前までに、預金口座振替請求金額通知書を、次の集金代行会社(以下「集金代行会社」という。)に提出する。
　　　　　再委託先の名称　　　○○○○
　　　　　再委託先の所在地　　○○○○
　○　三　甲の組合員の管理費等の収納は、甲の管理規約第○条に定める預金口座振替の方法によるものとし、毎月○日(当該日が金融機関の休業日に当たる場合はその翌営業日。以下「収納日」という。)に、甲の組合員の口座から集金代行会社の口座に振り替え、収納日の○営業日後に集金代行会社の口座から乙の収納口座に

マンション標準管理委託契約書

	ハ　保証契約の内容 　　a　保証契約の額及び範囲 　　　　〇〇〇〇 　　b　保証契約の期間 　　　　〇〇〇〇 　　c　更新に関する事項 　　　　〇〇〇〇 　　d　解除に関する事項 　　　　〇〇〇〇 　　e　免責に関する事項 　　　　〇〇〇〇 　　f　保証額の支払に関する事項 　　　　〇〇〇〇
②　管理費等滞納者に対する督促	一　毎月、甲の組合員の管理費等の滞納状況を、甲に報告する。 二　甲の組合員が管理費等を滞納したときは、最初の支払期限から起算して〇月の間、電話若しくは自宅訪問又は督促状の方法により、その支払の督促を行う。 三　二の方法により督促しても甲の組合員がなお滞納管理費等を支払わないときは、乙はその業務を終了する。
③　通帳等の保管等	一　保管口座に係る通帳、印鑑等の保管者は以下のとおりとする。 　　通帳…乙（又は甲） 　　印鑑…甲 　　その他（　　　） 二　乙は、掛け捨て保険に限り甲の損害保険証券を保管する。なお、甲の請求があったときは、遅滞なく、当該保険証券を甲に提出する。 三　甲の管理費等のうち余裕資金について

マンション標準管理委託契約書コメント

収納し、④の事務を行った後その残額を、当該管理費等を充当する月の翌月末日までに、甲の保管口座に移し換える。この場合、甲の保管口座に移し換えるまでの管理費等については、利息を付さない。

　　収納口座　　○○銀行○○支店
　　保管口座　　○○銀行○○支店

⑤　適正化法施行規則第87条第２項第１号ロに定める方法による場合は、１（２）①三を以下のとおり記載するものとする。

　○　三　甲の組合員の修繕積立金の収納は、甲の管理規約第○条に定める預金口座振替の方法によるものとし、毎月○日（当該日が金融機関の休業日に当たる場合はその翌営業日。以下同じ。）に、甲の組合員の口座から甲の保管口座に振り替える。甲の組合員の管理費等（修繕積立金を除く。）の収納は、甲の管理規約第○条に定める預金口座振替の方法によるものとし、毎月○日に、甲の組合員の口座から乙の収納口座に収納し、④の事務を行った後その残額を、当該管理費等を充当する月の翌月末日までに、甲の保管口座に移し換える。この場合、甲の保管口座に移し換えるまでの管理費等（修繕積立金を除く。）については、利息を付さない。

　　収納口座　　○○銀行○○支店
　　保管口座　　○○銀行○○支店

⑥　収納口座を乙の名義とする場合は、収納口座に収納される一月分の管理費等の合計額以上の額につき有効な保証契約を締結していることが必要なことから、保証契約の内容等を記載するものとする。なお、「有効な保証契約」とは、マンション管理業者が保証契約を締結していなければならないすべての期間にわたって、適正化法施行規則第87条第３項に規定する保証契約を締結していることが必要であるとの趣旨である。したがって、管理委託契約の契約期間の途中で保証契約の期間が満了する場合には、当該保証契約の更新等をしなければならない。

⑦　１（２）①四ハのｄからｆの項目は、保証契約書等を添付することにより、これらが確認できる場合は記載を省略することができる。

⑧　マンション管理業者が、本契約書第10条第１項に基づく管理費等の滞納者に対する督促を行う場合は、その旨記載するものとする。

⑨　滞納者に対する督促については、マンション管理業者は組合員異動届等により管理組合から提供を受けた情報の範囲内で督促するものとする。なお、督促の方法（電話若しくは自宅訪問又は督促状）については、滞納者の居住地、督促に係る費用等を踏まえ、合理的な方法で行うものとする。また、その結果については滞納状況とあわせて書面で報告するものとする。

マンション標準管理委託契約書

	は、必要に応じ、甲の指示に基づいて、定期預金、金銭信託等に振り替える。
④　甲の経費の支払い	乙は、甲の収支予算に基づき、甲の経費を、甲の承認の下に乙の収納口座から、又は甲の承認を得て甲の保管口座から支払う。
⑤　甲の会計に係る帳簿等の管理	一　乙は、甲の会計に係る帳簿等を整備、保管する。 二　乙は、前号の帳簿等を、甲の定期総会終了後、遅滞なく、甲に引き渡す。
(2)　出納（保証契約を締結する必要がないときに甲の収納口座と甲の保管口座を設ける場合） ①　甲の組合員が甲に納入する管理費、修繕積立金、専用使用料その他の金銭（以下「管理費等」という。）の収納	一　甲の管理規約等の定め若しくは総会決議、組合員名簿若しくは組合員異動届又は専用使用契約書に基づき、組合員別の一月当たりの管理費等の負担額の一覧表（以下「組合員別管理費等負担額一覧表」という。）を甲に提出する。 二　組合員別管理費等負担額一覧表に基づき、毎月次号に定める預金口座振替日の○営業日前までに、預金口座振替請求金額通知書を、○○銀行に提出する。

マンション標準管理委託契約書コメント

⑩ 財産の分別管理の方法については、以下の方法の別に本表を作成するものとし、各方式の具体的な内容（集金代行会社委託、電子取引による決済等）を記載するものとする。
　一　甲の収納・保管口座を設ける場合
　二　保証契約を締結する必要のないときに甲の収納口座と甲の保管口座を設ける場合
　三　乙の収納口座と甲の保管口座を設ける場合
　四　保証契約を締結して甲の収納口座と甲の保管口座を設ける場合

⑪ 適正化法施行規則第87条第4項により、マンション管理業者が保管口座又は収納・保管口座に係る甲の印鑑、預貯金の引出用のカードその他これらに類するものを管理することは禁止されている。

⑫ マンション管理業者が損害保険証券を保管する場合については、適正化法施行規則第87条に規定する有価証券の分別管理の規定に鑑み、掛け捨て型の保険契約に係る証券に限るものとする。

⑬ 乙の収納口座と甲の保管口座を設ける場合における乙の収納口座からの支払、保証契約を締結して甲の収納口座と甲の保管口座を設ける場合における甲の収納口座からの支払については、乙は甲からの支払委託により包括的に承認を受けていると考えられる。なお、甲の保管口座から支払う場合及び保証契約を締結していないときの甲の収納口座から支払う場合は、甲の収納・保管口座を設ける場合と同様、個別に甲の承認を得て支払うことが必要となる。

⑭ 甲の会計に係る帳簿等とは、管理費等の出納簿や支出に係る証拠書類等をいう。

（保証契約を締結する必要がないときに甲の収納口座と甲の保管口座を設ける場合）
① 出納業務として、各専有部分の水道料等の計算、収納を委託する場合は、本表に以下の規定を加えるものとする。
　○　甲の組合員等が甲に支払うべき水道料、冷暖房料、給湯料等（以下「水道料等」という。）の計算、収納
　　　甲の管理規約等の定めに基づき、○月ごとに、甲の組合員等別の水道料等を計算し、甲の管理規約第○条に定める預金口座振替の方法により、甲の組合員等の口座から、甲の口座に振り替える。

② 適正化法施行規則第87条第2項第1号ロに定める方法による場合は、1（2）①三を以下のとおり記載するものとする。
　○　三　甲の組合員の修繕積立金の収納は、甲の管理規約第○条に定める預金口座振替の方法によるものとし、毎月○日（当該日が金融機関の休業日に当たる場合はその翌営業日。以下同じ。）に、甲の組合員の口座から甲の保管口座に振り替え

マンション標準管理委託契約書

	三　甲の組合員の管理費等の収納は、甲の管理規約第〇条に定める預金口座振替の方法によるものとし、毎月〇日（当該日が金融機関の休業日に当たる場合はその翌営業日。）に、甲の組合員の口座から甲の収納口座に振り替えし、④の事務を行った後その残額を、当該管理費等を充当する月の翌月末日までに、甲の保管口座に移し換える。 　　収納口座　　〇〇銀行〇〇支店 　　保管口座　　〇〇銀行〇〇支店
②　管理費等滞納者に対する督促	一　毎月、甲の組合員の管理費等の滞納状況を、甲に報告する。 二　甲の組合員が管理費等を滞納したときは、最初の支払期限から起算して〇月の間、電話若しくは自宅訪問又は督促状の方法により、その支払の督促を行う。 三　二の方法により督促しても甲の組合員がなお滞納管理費等を支払わないときは、乙はその業務を終了する。
③　通帳等の保管等	一　収納口座及び保管口座に係る通帳、印鑑等の保管者は以下のとおりとする。 　　イ　収納口座 　　　　通帳…乙（又は甲） 　　　　印鑑…甲 　　　　その他（　　　　） 　　ロ　保管口座 　　　　通帳…乙（又は甲） 　　　　印鑑…甲 　　　　その他（　　　　） 二　乙は、掛け捨て保険に限り甲の損害保険証券を保管する。なお、甲の請求があった

マンション標準管理委託契約書コメント

　　　る。甲の組合員の管理費等（修繕積立金を除く。）の収納は、甲の管理規約第〇条に定める預金口座振替の方法によるものとし、毎月〇日に、甲の組合員の口座から甲の収納口座に振り替えし、④の事務を行った後その残額を、当該管理費等を充当する月の翌月末日までに、甲の保管口座に移し換える。
　　　　収納口座　　〇〇銀行〇〇支店
　　　　保管口座　　〇〇銀行〇〇支店
③　甲の収納口座と甲の保管口座を設ける場合にあっては、次のいずれにも該当する場合のみ、マンション管理業者は収納口座に収納される一月分の管理費等の合計額以上の額につき有効な保証契約を締結する必要がない。
　一　管理費等が組合員からマンション管理業者が受託契約を締結した管理組合若しくはその管理者等（以下「管理組合等」という。）を名義人とする収納口座に直接預入される場合又はマンション管理業者若しくはマンション管理業者から委託を受けた者が組合員から管理費等を徴収しない場合
　二　マンション管理業者が、管理組合等を名義人とする収納口座に係る当該管理組合等の印鑑、預貯金の引出用カードその他これらに類するものを管理しない場合
④　乙は、甲から委託を受けて管理する管理組合の財産については、適正化法第76条の規定に則り、自己の固有財産及び他の管理組合の財産と分別して管理しなければならない。
⑤　マンション管理業者が、本契約書第10条第1項に基づく管理費等の滞納者に対する督促を行う場合は、その旨記載するものとする。
⑥　滞納者に対する督促については、マンション管理業者は組合員異動届等により管理組合から提供を受けた情報の範囲内で督促するものとする。なお、督促の方法（電話若しくは自宅訪問又は督促状）については、滞納者の居住地、督促に係る費用等を踏まえ、合理的な方法で行うものとする。また、その結果については滞納状況とあわせて書面で報告するものとする。
⑦　財産の分別管理の方法については、以下の方法の別に本表を作成するものとし、各方式の具体的な内容（集金代行会社委託、電子取引による決済等）を記載するものとする。
　一　甲の収納・保管口座を設ける場合
　二　保証契約を締結する必要のないときに甲の収納口座と甲の保管口座を設ける場合
　三　乙の収納口座と甲の保管口座を設ける場合
　四　保証契約を締結して甲の収納口座と甲の保管口座を設ける場合
⑧　適正化法施行規則第87条第4項により、マンション管理業者が保管口座又は収納・保管口座に係る甲の印鑑、預貯金の引出用のカードその他これらに類するものを管理する

マンション標準管理委託契約書

	ときは、遅滞なく、当該保険証券を甲に提出する。 三　甲の管理費等のうち余裕資金については、必要に応じ、甲の指示に基づいて、定期預金、金銭信託等に振り替える。
④　甲の経費の支払い	乙は、甲の収支予算に基づき、甲の経費を、甲の承認を得て、甲の収納口座又は甲の保管口座から支払う。
⑤　甲の会計に係る帳簿等の管理	一　乙は、甲の会計に係る帳簿等を整備、保管する。 二　乙は、前号の帳簿等を、甲の定期総会終了後、遅滞なく、甲に引き渡す。
(2)　出納（甲の収納・保管口座を設ける場合） ①　甲の組合員が甲に納入する管理費、修繕積立金、専用使用料その他の金銭（以下「管理費等」という。）の収納	一　甲の管理規約等の定め若しくは総会決議、組合員名簿若しくは組合員異動届又は専用使用契約書に基づき、組合員別の一月当たりの管理費等の負担額の一覧表（以下「組合員別管理費等負担額一覧表」という。）を甲に提出する。 二　組合員別管理費等負担額一覧表に基づき、毎月次号に定める預金口座振替日の〇営業日前までに、預金口座振替請求金額通知書を、〇〇銀行に提出する。 三　甲の組合員の管理費等の収納は、甲の管理規約第〇条に定める預金口座振替の方法によるものとし、毎月〇日（当該日が金融機関の休業日に当たる場合はその翌営業日。）に、甲の組合員の口座から甲の収納・保管口座に振り替える。 収納・保管口座　　〇〇銀行〇〇支店

マンション標準管理委託契約書コメント

ことは禁止されている。
⑨ マンション管理業者が損害保険証券を保管する場合については、適正化法施行規則第87条に規定する有価証券の分別管理の規定に鑑み、掛け捨て型の保険契約に係る証券に限るものとする。
⑩ 乙の収納口座と甲の保管口座を設ける場合における乙の収納口座からの支払、保証契約を締結して甲の収納口座と甲の保管口座を設ける場合における甲の収納口座からの支払については、乙は甲からの支払委託により包括的に承認を受けていると考えられる。なお、甲の保管口座から支払う場合及び保証契約を締結していないときの甲の収納口座から支払う場合は、甲の収納・保管口座を設ける場合と同様、個別に甲の承認を得て支払うことが必要となる。
⑪ 甲の会計に係る帳簿等とは、管理費等の出納簿や支出に係る証拠書類等をいう。

(甲の収納・保管口座を設ける場合)
① 出納業務として、各専有部分の水道料等の計算、収納を委託する場合は、本表に以下の規定を加えるものとする。
   ○ 甲の組合員等が甲に支払うべき水道料、冷暖房料、給湯料等（以下「水道料等」という。）の計算、収納
      甲の管理規約等の定めに基づき、○月ごとに、甲の組合員等別の水道料等を計算し、甲の管理規約第○条に定める預金口座振替の方法により、甲の組合員等の口座から、甲の口座に振り替える。
② 乙は、甲から委託を受けて管理する管理組合の財産については、適正化法第76条の規定に則り、自己の固有財産及び他の管理組合の財産と分別して管理しなければならない。
③ マンション管理業者が、本契約書第10条第1項に基づく管理費等の滞納者に対する督促を行う場合は、その旨記載するものとする。
④ 滞納者に対する督促については、マンション管理業者は組合員異動届等により管理組合から提供を受けた情報の範囲内で督促するものとする。なお、督促の方法（電話若しくは自宅訪問又は督促状）については、滞納者の居住地、督促に係る費用等を踏まえ、合理的な方法で行うものとする。また、その結果については滞納状況とあわせて書面で報告するものとする。
⑤ 財産の分別管理の方法については、以下の方法の別に本表を作成するものとし、各方

3 マンション標準管理委託契約書

マンション標準管理委託契約書

② 管理費等滞納者に対する督促	一 毎月、甲の組合員の管理費等の滞納状況を、甲に報告する。 二 甲の組合員が管理費等を滞納したときは、最初の支払期限から起算して〇月の間、電話若しくは自宅訪問又は督促状の方法により、その支払の督促を行う。 三 二の方法により督促しても甲の組合員がなお滞納管理費等を支払わないときは、乙はその業務を終了する。
③ 通帳等の保管等	一 収納・保管口座に係る通帳、印鑑等の保管者は以下のとおりとする。 　　通帳…乙（又は甲） 　　印鑑…甲 　　その他（　　　） 二 乙は、掛け捨て保険に限り甲の損害保険証券を保管する。なお、甲の請求があったときは、遅滞なく、当該保険証券を甲に提出する。
④ 甲の経費の支払い	乙は、甲の収支予算に基づき、甲の経費を、甲の承認を得て、甲の収納・保管口座から支払う。
⑤ 甲の会計に係る帳簿等の管理	一 乙は、甲の会計に係る帳簿等を整備、保管する。 二 乙は、前号の帳簿等を、甲の定期総会終了後、遅滞なく、甲に引き渡す。
(3) 本マンション（専有部分を除く。以下同じ。）の維持又は修繕に関する企画又は実施の調整	一 乙は、甲の長期修繕計画の見直しのため、管理事務を実施する上で把握した本マンションの劣化等の状況に基づき、当該計画の修繕工事の内容、実施予定時期、工事の概算費用等に、改善の必要があると判断

マンション標準管理委託契約書コメント

式の具体的な内容（集金代行会社委託、電子取引による決済等）を記載するものとする。
　一　甲の収納・保管口座を設ける場合
　二　保証契約を締結する必要のないときに甲の収納口座と甲の保管口座を設ける場合
　三　乙の収納口座と甲の保管口座を設ける場合
　四　保証契約を締結して甲の収納口座と甲の保管口座を設ける場合
⑥　適正化法施行規則第87条第4項により、マンション管理業者が保管口座又は収納・保管口座に係る甲の印鑑、預貯金の引出用のカードその他これらに類するものを管理することは禁止されている。
⑦　マンション管理業者が損害保険証券を保管する場合については、適正化法施行規則第87条に規定する有価証券の分別管理の規定に鑑み、掛け捨て型の保険契約に係る証券に限るものとする。
⑧　乙の収納口座と甲の保管口座を設ける場合における乙の収納口座からの支払、保証契約を締結して甲の収納口座と甲の保管口座を設ける場合における甲の収納口座からの支払については、乙は甲からの支払委託により包括的に承認を受けていると考えられる。なお、甲の保管口座から支払う場合及び保証契約を締結していないときの甲の収納口座から支払う場合は、甲の収納・保管口座を設ける場合と同様、個別に甲の承認を得て支払うことが必要となる。
⑨　甲の会計に係る帳簿等とは、管理費等の出納簿や支出に係る証拠書類等をいう。

25　別表第1　1（3）関係
①　長期修繕計画案の作成及び見直しは、長期修繕計画標準様式、長期修繕計画作成ガイドライン、長期修繕計画作成ガイドラインコメント（平成20年6月国土交通省公表）を参考にして作成することが望ましい。
②　長期修繕計画案の作成業務（長期修繕計画案の作成のための建物等劣化診断業務を含

マンション標準管理委託契約書

	した場合には、書面をもって甲に助言する。 二　長期修繕計画案の作成業務及び建物・設備の劣化状況などを把握するための調査・診断を実施し、その結果に基づき行う当該計画の見直し業務を実施する場合は、本契約とは別個の契約とする。 三　乙は、甲が本マンションの維持又は修繕（大規模修繕を除く修繕又は保守点検等。）を外注により乙以外の業者に行わせる場合の見積書の受理、発注補助、実施の確認を行う。
2　基幹事務以外の事務管理業務	
(1)　理事会支援業務 　①　組合員等の名簿の整備	甲の組合員等異動届に基づき、組合員及び賃借人等の氏名、連絡先（緊急連絡先を含む。）を記載した名簿を整備する。
②　理事会の開催、運営支援	一　甲の理事会の開催日程等の調整 二　甲の役員に対する理事会招集通知及び連絡 三　甲の求めに応じた理事会議事に係る助言、資料の作成 四　理事会議事録案の作成
③　甲の契約事務の処理	甲に代わって、甲が行うべき共用部分に係る損害保険契約、マンション内の駐車場等の使用契約、第三者との契約等に係る事務を行う。
(2)　総会支援業務	一　甲の総会の開催日程等の調整

> **マンション標準管理委託契約書コメント**

む。）以外にも、必要な年度に特別に行われ、業務内容の独立性が高いという業務の性格から、以下の業務をマンション管理業者に委託するときは、本契約とは別個の契約にすることが望ましい。
　一　修繕工事の前提としての建物等劣化診断業務
　二　大規模修繕工事実施設計及び工事監理業務
　三　マンション建替え支援業務
③　1（3）三の「本マンションの維持又は修繕（大規模修繕を除く修繕又は保守点検等）を外注により乙以外の業者に行わせる場合」とは、本契約以外に管理組合が自ら本マンションの維持又は修繕（日常の維持管理として管理費を充当して行われる修繕、保守点検、清掃等）を第三者に外注する場合をいう。
④　1（3）三の「大規模修繕」とは、建物の全体又は複数の部位について、修繕積立金を充当して行う計画的な修繕又は特別な事情により必要となる修繕等をいう。
⑤　1（3）三の「実施の確認」とは、別表第2　2（3）一に定める管理員が外注業務の完了の立会いにより確認できる内容のものをいう。

26　別表第1　2関係
①　理事会支援業務は、理事会の円滑な運営を支援するものであるが、理事会の運営主体があくまで管理組合であることに留意する。
②　理事会及び総会の議事録は、管理組合の活動の重要な資料となることを踏まえ、マンション管理業者に議事録の案の作成を委託する場合は、その内容の適正さについて管理組合がチェックする等、十分留意する。
　　また、マンション管理業者は、管理組合がチェックする上で十分な余裕をもって議事録の案を提出する。
③　大規模修繕、規約改正等、理事会が設置する各種専門委員会の運営支援業務を実施する場合は、その業務内容、費用負担について、別途、管理組合とマンション管理業者が協議して定めるものとする。
④　総会等の決議や議事録の作成を電磁的方法により行う場合には、事務処理の方法等について具体的に記述することが望ましい。
⑤　2（3）③一の設計図書とは、適正化法施行規則第102条に規定する設計図書その他の管理組合が宅地建物取引業者から承継した図書及び管理組合が実施したマンションの修繕等に関する図書であって管理組合から管理を依頼された図書をいう。
⑥　管理組合の管理者は、建物の区分所有等に関する法律（昭和37年法律第69号）（以下「区分所有法」という。）第33条及び第42条第3項により、管理規約及び総会議事録の保管、利害関係人に対する閲覧を義務付けられている。マンション管理業者は、管理者

マンション標準管理委託契約書

	二　甲の次年度の事業計画案の素案の作成 三　総会会場の手配、招集通知及び議案書の配付 四　組合員の出欠の集計等 五　甲の求めに応じた総会議事に係る助言 六　総会議事録案の作成
（3）　その他 　①　各種点検、検査等に基づく助言等	管理対象部分に係る各種の点検、検査等の結果を甲に報告すると共に、改善等の必要がある事項については、具体的な方策を甲に助言する。この報告及び助言は、書面をもって行う。
②　甲の各種検査等の報告、届出の補助	一　甲に代わって、消防計画の届出、消防用設備等点検報告、特殊建築物定期調査又は建築設備定期検査の報告等に係る補助を行う。 二　甲の指示に基づく甲の口座の変更に必要な事務を行う。 三　諸官庁からの各種通知を、甲及び甲の組合員に通知する。
③　図書等の保管等	一　乙は、本マンションに係る設計図書を、甲の事務所で保管する。 二　乙は、甲の管理規約の原本、総会議事録、総会議案書等を、甲の事務所で保管する。 三　乙は、解約等により本契約が終了した場合には、乙が保管する前2号の図書等、本表2(1)①で整備する組合員等の名簿及び出納事務のため乙が預っている甲の口座の通帳、印鑑等を遅滞なく、甲に引き渡す。

マンション標準管理委託契約書コメント

の依頼の下にこれらの図書の保管業務を行うものである。

⑦　マンション分譲業者はマンションの分譲に際し、あらかじめ規約共用部分等について区分所有法第32条に基づき、単独で公正証書により規約設定することができる。マンションの管理規約は、本来、この公正証書規約と一覧性を有するよう作成すべきであるが、マンションによっては、公正証書規約とそれ以外の管理規約の両方の保管が必要な場合も想定される。

マンション標準管理委託契約書

別表第２　管理員業務

１　業務実施の態様	
（１）　業務実施態様	通勤方式
（２）　勤務日・勤務時間	勤務日・勤務時間は、毎週○曜日から○曜日の午前○時○分から午後○時○分までとする。ただし緊急事態の発生したときその他やむを得ない場合においては、当該時間以外に適宜執務するものとする。
（３）　休　　日	休日は、次の各号に掲げるとおりとする。 一　日曜日、祝日及び国が定める休日 二　忌引、夏期休暇○日、年末年始休暇（○月○日～○月○日）、その他休暇○日。この場合、乙はあらかじめ甲にその旨を届け出るものとする。
（４）　執務場所	執務場所は、管理事務室とする。
２　業務の区分及び業務内容	
（１）　受付等の業務	一　甲が定める各種使用申込の受理及び報告 二　甲が定める組合員等異動届出書の受理及び報告 三　宅配物の預かり、引渡し 四　利害関係人に対する管理規約等の閲覧 五　共用部分の鍵の管理及び貸出し 六　管理用備品の在庫管理 七　引越業者等に対する指示
（２）　点検業務	一　建物、諸設備及び諸施設の外観目視点検 二　照明の点灯及び消灯並びに管球類等の点検、交換（高所等危険箇所は除く。） 三　諸設備の運転及び作動状況の点検並びにその記録

マンション標準管理委託契約書コメント

27　別表第2関係

① 別表第2は、管理員の勤務形態で最も多い「管理員通勤方式」の勤務・業務態様を規定しているので、これ以外の方式（住込方式又は巡回方式等）による場合は、適宜本表を修正するものとする。

② 管理員の休憩時間については、勤務形態に応じて適宜記載するものとする。

③ 夏期休暇、年末年始休暇の対象日、その他休暇の日数等について、あらかじめ特定できる場合は、事前に書面で提示する等、できるだけ具体的に明示することが望ましい。

④ 宅配物の預かり、引渡しについては、宅配ボックス等設備の設置状況、管理員の勤務時間等により、実質的に不要又は実施困難な場合も想定され、その場合は適宜修正を行う。

⑤ 管理事務実施の必要上、管理員の勤務日以外の日に、外注業者が業務を行う場合、管理員による業務の着手、実施の立会いが困難な場合が想定される。このような場合、管理組合への連絡、事後の確認等により、適切な対応を行うことが望ましい。

⑥ （3）一の「実施の立会い」とは、終業又は業務の完了確認等を行うものであり、外注業者の業務中、常に立会うことを意味しない。また、工事の完了確認を行う場合は、工事が設計図書のとおりに実施されているかいないかを確認するものではなく、外観目視等によりその完了を確認することや外注業者から業務終了の報告を受けることをいう。

マンション標準管理委託契約書

		四　無断駐車等の確認
(3)	立会業務	一　外注業者の業務の着手、実施の立会い
		二　ゴミ搬出時の際の立会い
		三　災害、事故等の処理の立会い
(4)	報告連絡業務	一　甲の文書の配付又は掲示
		二　各種届出、点検結果、立会結果等の報告
		三　災害、事故等発生時の連絡、報告

マンション標準管理委託契約書コメント

マンション標準管理委託契約書

別表第3　清掃業務

1　日常清掃		
清掃対象部分		清掃仕様
①　建物周囲		
	一　建物周囲	ゴミ拾い　　　　　　　　　　　（○回／○）
	二　植栽	散水　　　　　　　　　　　　　（○回／○）
		除草　　　　　　　　　　　　　（○回／○）
	三　駐車場	ゴミ拾い　　　　　　　　　　　（○回／○）
	四　自転車置場	ゴミ拾い　　　　　　　　　　　（○回／○）
	五　プレイロット	ゴミ拾い　　　　　　　　　　　（○回／○）
	六　排水溝、排水口	ドレンゴミ除去　　　　　　　　（○回／○）
	七　ゴミ集積所	ゴミ整理　　　　　　　　　　　（○回／○）
		床洗い　　　　　　　　　　　　（○回／○）
②　建物内部		
	一　ポーチ	床掃き拭き　　　　　　　　　　（○回／○）
		排水口・ドレンゴミ除去　　　　（○回／○）
	二　風除室	床掃き拭き　　　　　　　　　　（○回／○）
	三　エントランスホール	床掃き拭き　　　　　　　　　　（○回／○）
		ゴミ箱・灰皿処理　　　　　　　（○回／○）
		備品ちりはらい　　　　　　　　（○回／○）
		ドア拭き　　　　　　　　　　　（○回／○）
		金属ノブ磨き拭き　　　　　　　（○回／○）
		ガラス拭き　　　　　　　　　　（○回／○）
	四　エレベーターホール	床掃き拭き　　　　　　　　　　（○回／○）
		ゴミ箱・灰皿処理　　　　　　　（○回／○）
		ガラス拭き　　　　　　　　　　（○回／○）
	五　エレベーター籠	床掃き拭き　　　　　　　　　　（○回／○）
		ゴミ拾い　　　　　　　　　　　（○回／○）
		壁面金属部分磨き　　　　　　　（○回／○）
		壁面ちりはらい　　　　　　　　（○回／○）
	六　廊下	ゴミ拾い　　　　　　　　　　　（○回／○）
		手摺り・目隠し板ちりはらい　　（○回／○）
	七　階段	ゴミ拾い　　　　　　　　　　　（○回／○）
		手摺りちりはらい　　　　　　　（○回／○）
	八　階段ドア	ドア拭き　　　　　　　　　　　（○回／○）
	九　集会室	床掃き拭き　　　　　　　　　　（○回／○）
		ゴミ箱・灰皿処理　　　　　　　（○回／○）
		集会室備品ちりはらい　　　　　（○回／○）
		ドア・ガラス拭き　　　　　　　（○回／○）
		金属部分磨き　　　　　　　　　（○回／○）
	十　管理事務室	床掃き拭き　　　　　　　　　　（○回／○）
		ゴミ箱・灰皿処理　　　　　　　（○回／○）
		備品ちりはらい　　　　　　　　（○回／○）
		ドア・ガラス拭き　　　　　　　（○回／○）
		金属部分磨き　　　　　　　　　（○回／○）
	十一　共用トイレ	床掃き拭き　　　　　　　　　　（○回／○）
		衛生陶器拭き　　　　　　　　　（○回／○）
		金属部分磨き　　　　　　　　　（○回／○）
		トイレットペーパー補充　　　　（○回／○）
	十二　屋上	ゴミ拾い　　　　　　　　　　　（○回／○）
		排水口・ドレンゴミ除去　　　　（○回／○）

マンション標準管理委託契約書コメント

28 別表第3関係

① 本仕様書は、予想される清掃業務のほとんどを網羅しているが、実際の契約書作成に当たっては、契約の実態に合わせて適宜追加・修正・削除を行う。なお、管理員が清掃業務を兼務する場合は、その旨を明記する。

② 作業回数の記入に当たっては、当該欄に「1回/日」「3回/週」「1回/月」等の例により記入する。

③ 本仕様書でいう日常清掃とは床の掃き拭きやちりはらい等を中心とした清掃をいい、特別清掃とは定期に床の洗浄やワックス仕上げ等を行うことをいい、いずれも、清掃員が作業を行うこととしている。

④ 植栽の散水・除草は、季節や植木の状態に応じて適宜実施する方が望ましい場合もある。また、本業務は日常清掃業務として行うものであり、植栽の規模が大きい場合や施肥、剪定、害虫駆除等の業務を行う場合は、植栽管理業務として本契約に追加するか別個の契約とすることが望ましい。

マンション標準管理委託契約書

2 特別清掃		
清掃対象部分	清掃仕様	
① エントランスホール	床面洗浄	(○回／○)
	床面機械洗浄	(○回／○)
	ワックス仕上げ	(○回／○)
	カーペット洗浄	(○回／○)
② エレベーターホール	床面洗浄	(○回／○)
	床面機械洗浄	(○回／○)
	ワックス仕上げ	(○回／○)
	カーペット洗浄	(○回／○)
③ 階段	床面洗浄	(○回／○)
	床面機械洗浄	(○回／○)
	ワックス仕上げ	(○回／○)
	カーペット洗浄	(○回／○)
④ 廊下	床面洗浄	(○回／○)
	床面機械洗浄	(○回／○)
	ワックス仕上げ	(○回／○)
	カーペット洗浄	(○回／○)
⑤ 集会室	床面洗浄	(○回／○)
	床面機械洗浄	(○回／○)
	ワックス仕上げ	(○回／○)
	カーペット洗浄	(○回／○)
⑥ 管理事務室	床面洗浄	(○回／○)
	床面機械洗浄	(○回／○)
	ワックス仕上げ	(○回／○)
	カーペット洗浄	(○回／○)
⑦ 共用灯具・カバー	ちりはらい	(○回／○)
⑧ 共用ガラス清掃	ちりはらい・拭き清掃	(○回／○)

3 業務実施の態様
　① 日常清掃及び特別清掃は、通常要すると認められる範囲及び時間において作業するものとする。
　② 廊下及び階段等常時利用又は使用状態にあり、清掃作業終了後に直ちに汚損する場所又は箇所については、通常の作業工程を終了した段階で、日常清掃の作業を完了したものとする。
　③ 廊下及び階段等常時利用又は使用状態にある場所又は箇所において清掃作業をする場合は、組合員等に事故が生じないよう配慮する。なお、当該作業を実施する場合は、共用部分の電気、水道を使用するものとする。

マンション標準管理委託契約書コメント

マンション標準管理委託契約書

別表第4 建物・設備管理業務

1	建物点検、検査				
(1)	本契約書第2条第五号に記載する管理対象部分の外観目視点検				
	①建物	一	屋上、屋根、塔屋	ひび割れ、欠損、ずれ、剥がれ、浮き、保護層のせり上がり、破断、腐食、接合部剥離、塗膜劣化、錆・白華状況、ゴミ・植物、排水の有無又は状態	〇回／年
		二	エントランス周り（屋外）	ひび割れ、段差、陥没等の有無又は状態	
		三	エントランスホール、エレベーターホール	破損、変形、玄関扉の開閉作動・錆、破損状態・緩み・変形の有無又は状態	
		四	外廊下・外階段	破損、変形、障害物、排水、ノンスリップ取付、鉄部の錆・腐食・ぐらつき等の有無又は状態	
		五	内廊下・内階段	破損、変形、障害物、ノンスリップ取付の有無又は状態	
		六	内壁・外壁・柱	ひび割れ、欠損、剥がれ、腐食、浮き、剥離、錆・白華状況等の有無又は状態	
		七	床、天井	ひび割れ、欠損、剥がれ、腐食等の有無又は状態	
		八	管理事務室、管理用倉庫、清掃員控室、集会室、共用トイレ、ポンプ室、機械室、受水槽室、高置水槽室、倉庫、パイプスペース、自家用電気室	破損、変形等の有無又は状態	
		九	テレビ共同受信設備	アンテナ、増幅器・分岐器の破損・変形等の有無又は状態	
		十	避雷設備	避雷針及び避雷導線の錆、腐食、ぐらつき、破損、変形、ケーブル破断等の有無又は状態	
	②附属施設	一	塀、フェンス	錆、腐食、ぐらつき等の有無又は状態	〇回／年
		二	駐車場、通路	ひび割れ、段差、陥没等の有無又は状態	
		三	自転車置場	ひび割れ、段差、陥没、錆、腐食、ぐらつき等の有無又は状態	
		四	ゴミ集積所	清掃、換気の有無又は状態	
		五	排水溝、排水口	変形、がたつき、排水、ゴミ・植物の有無又は状態	
		六	プレイロット	遊具の破損、変形等の有無又は状態	
		七	植栽	立ち枯れ等の有無又は状態	
		八	掲示板	変形、がたつき、破損等の有無又は状態	
		九	外灯設備	変形、がたつき、破損等の有無又は状態	

マンション標準管理委託契約書コメント

29 別表第4関係

① 本仕様書は、予期される建物・設備管理業務のほとんどを網羅しているが、実際の契約書作成に当たっては、当該マンションの設備の状況や本契約の契約期間内に実施される業務かどうかに応じて、適宜追加・修正・削除を行う。

② エレベーター設備の保守管理方式については、一般的にフルメンテナンス方式とPOG方式の2種類があるため、両方式のいずれかを選択する。

  イ．フルメンテナンス方式
    i 部品の予備品、修繕計画、故障時の原因に対する処理、官庁検査の手続及び対策等については、メンテナンス会社が実施又は代行する。
    ii エレベーターの計画修繕（ただし意匠・建築面は除く）に関してはメンテナンス会社が負担実施する。

  ロ．POG方式（PARTS＝消耗部品、OIL＝給油用オイル、GREASE＝グリス等の略）
    i 点検保守を主体としたメンテナンス条件であり、定められた消耗部品、給油等はメンテナンス会社が負担する。
    ii i以外の修繕費用は管理組合が負担する。

  具体の契約に当たっては、両方式の特性、金額等を明確化した上で、契約することが望ましい。

③ 1(2)の建築基準法第12条第1項の規定による特殊建築物定期調査の報告の時期は、建築物の用途、構造、延べ面積等に応じて、おおむね6月から3年までの間隔において特定行政庁が定める時期と規定されている。

④ 建築基準法第12条第3項の規定による1(3)の特殊建築物の建築設備定期検査及び2の昇降機定期検査の報告の時期は、建築設備及び昇降機の種類、用途、構造等に応じて、おおむね6月から1年まで（ただし、一部の検査項目については1年から3年まで）の間隔において特定行政庁が定める時期と規定されている。

マンション標準管理委託契約書

(2)	建築基準法第12条第1項に規定する特殊建築物定期調査		(1回／6月〜3年)
	① 敷地及び地盤	地盤の不陸、排水の状況、通路の確保の状況、塀・擁壁の劣化及び損傷の状況等	
	② 建築物の外部	基礎、土台、外壁躯体、外装仕上げ材、窓サッシ等の劣化及び損傷の状況、外壁等の防火対策の状況等	
	③ 屋上及び屋根	屋上面、屋上周り、屋根等の劣化及び損傷の状況、屋根の防火対策の状況等	
	④ 建築物の内部	防火区画の状況、室内躯体壁・床の劣化及び損傷状況、給水管・配電管の区画貫通部の処理状況、界壁・間仕切壁の状況、防火設備の設置の状況、照明器具の落下防止対策の状況、採光・換気のための開口部の状況、石綿の使用及び劣化の状況等	
	⑤ 避難施設	通路、廊下、出入口、階段の確保の状況、排煙設備、非常用エレベーター、非常用照明設備の作動の状況等	
	⑥ その他	免震装置、避雷設備等の劣化及び損傷の状況等	
(3)	建築基準法第12条第3項に規定する特殊建築物の建築設備定期検査		(1回／6月〜1年)
	① 換気設備	機械換気設備の外観検査・性能検査、自然換気設備、防火ダンパーの設置等の状況の検査等	
	② 排煙設備	排煙機・排煙口・排煙風道・自家用発電装置の外観検査・性能検査、防火ダンパーの取付け状況、可動防煙壁の作動等の状況の検査等	
	③ 非常用の照明装置	非常用の照明器具・蓄電池・自家用発電装置の外観検査・性能検査等	
	④ 給水設備及び排水設備	飲料用の配管・排水管の取付け・腐食及び漏水の状況、給水タンクの設置の状況、給水ポンプの運転の状況、排水トラップの取付けの状況、排水管と公共下水道等への接続の状況、通気管の状況の検査等	
(エレベーターの点検方式は、フルメンテナンス方式又は、ＰＯＧ方式を選択とする)			
2 エレベーター設備（○○○方式）			
(1) エレベーター設備の点検・整備	機械室、調速機、主索、かご室、かご上、乗り場、ピット、非常用エレベーター、戸遮煙構造等の点検・整備		(○回／月)
(2) 建築基準法第12条第3項に規定する昇降機定期検査（日本工業規格に基づく）	機械室、調速機、主索、かご室、かご上、乗り場、ピット、非常用エレベーター、戸遮煙構造等の検査		(1回／6月〜1年)

マンション標準管理委託契約書コメント

マンション標準管理委託契約書

3	給水設備			
(1)	専用水道			
	①	水道法施行規則に規定する水質検査		(○回／年)
	②	水道法施行規則に規定する色度・濁度・残留塩素測定		(○回／日)
	③	水道施設の外観目視点検		(○回／年)
		一 受水槽、高置水槽	ひび割れ、漏水、槽内沈殿物・浮遊物、マンホール施設、防虫網損傷等の有無又は状態	
		二 自動発停止装置、満減水警報装置、電極棒	接点劣化・損傷、作動の有無又は状態	
		三 FM弁、ボールタップ、減圧弁	錆、衝撃、漏水、損傷、作動等の有無又は状態	
		四 揚水ポンプ、圧力ポンプ	異音、振動、過熱、漏水等の有無又は状態	
		五 散水栓・止水栓、量水器、給水管	錆、損傷、変形、漏水等の有無又は状態	
(2)	簡易専用水道			
	①	水道法施行規則に規定する貯水槽の清掃		(1回／年)
	②	水道法施行規則に規定する検査		(1回／年)
	③	水道施設の外観目視点検		(○回／年)
		一 受水槽、高置水槽	ひび割れ、漏水、槽内沈殿物・浮遊物、マンホール施設、防虫網損傷等の有無又は状態	
		二 満減水警報装置、電極棒	接点劣化・損傷、作動の有無又は状態	
		三 定水位弁、ボールタップ、減圧弁	錆、衝撃、漏水、損傷、作動等の有無又は状態	
		四 揚水ポンプ、圧力ポンプ	異音、振動、過熱、漏水等の有無又は状態	
		五 散水栓・止水栓、量水器、給水管	錆、損傷、変形、漏水等の有無又は状態	
4	浄化槽、排水設備			
(1)	浄化槽法第7条及び第11条に規定する水質検査			(○回／年)
(2)	浄化槽法第10条に規定する保守点検			(○回／年)
(3)	浄化槽法第10条に規定する清掃			(○回／年)
(4)	排水桝清掃			(○回／年)
(5)	専有部分、共用部分排水管清掃			(○回／年)
(6)	外観目視点検			(○回／年)
	①	排水槽、湧水槽	槽内堆積物・ゴミ等の有無	
	②	自動発停止装置、満減水警報装置、電極棒	接点劣化・損傷、作動の有無又は状態	
	③	排水ポンプ	異音、振動、過熱、漏水、逆止弁の作動の有無又は状態	
	④	雨水桝、排水桝	破損、がたつき、ゴミ・植物、排水等の有無又は状態	
	⑤	通気管、雨水樋、排水管	破損、変形の有無	

マンション標準管理委託契約書コメント

マンション標準管理委託契約書

5	電気設備			
(1)	自家用電気工作物			
		電気事業法第42条、第43条に基づく自主検査	受電設備、配電設備、非常用予備発電設備等に係る絶縁抵抗測定、接地抵抗測定、保護リレー試験等	○回／年
(2)	上記(1)以外の電気設備			
		① 動力制御盤・電灯分電盤	異音、異臭、破損、変形、施錠等の有無又は状態	○回／年
		② 照明、コンセント、配線	球切れ、破損、変形等の有無又は状態	
		③ タイマー又は光電式点滅器	作動時間設定の良否	
6	消防用設備等			
(1)	消防法第17条の3の3に規定する消防用設備等の点検			
		① 消防用設備等の機器点検		（1回／6月）
		② 消防用設備等の総合点検		（1回／年）
(2)	外観目視点検			（○回／年）
		① 消火設備	変形、損傷、液漏れ、紛失等の有無又は状態	
		② 警報設備	異音、発熱、球切れ、破損等の有無又は状態	
		③ 避難設備	球切れ、破損等の有無又は状態	
		④ 消防用水	変形、損傷、障害物等の有無又は状態	
		⑤ 消防活動上必要な施設	変形、損傷等の有無又は状態	
7	機械式駐車場設備			
(1)	外観目視点検		錆、破損、作動、排水ポンプ作動、移動式消火ボックス損傷等の有無又は状態	（○回／年）
(2)	定期保守点検			（○回／○）

4 マンション標準管理委託契約書 (新旧対照表)

マンション標準管理委託契約書（新旧対照表）

新	旧
○○マンション管理委託契約書	○○マンション管理委託契約書
○○マンション管理組合（以下「甲」という。）と○○マンション管理会社（以下「乙」という。）とは、○○マンション（以下「本マンション」という。）の管理に関し、次のとおり管理委託契約（以下「本契約」という。）を締結する。	○○マンション管理組合（以下「甲」という。）と○○マンション管理会社（以下「乙」という。）とは、○○マンション（以下「本マンション」という。）の管理に関し、次のとおり管理委託契約（以下「本契約」という。）を締結する。
（総　則） 第1条　甲は、本マンションの管理に関する業務を、次条以下に定めるところにより、乙に委託し、乙はこれを受託する。	（総　則） 第1条　甲は、本マンションの管理に関する業務を、次条以下に定めるところにより、乙に委託し、乙はこれを受託する。
（本マンションの表示及び管理対象部分） 第2条　本マンションの表示及び管理事務（本マンションの管理に関する業務のうち、甲が乙に委託する業務をいう。以下同じ。）の対象となる部分は、次のとおりである。 　一　名　称 　二　所在地 　三　敷　地 　　　面　積 　　　権利形態 　四　建　物 　　　構造等　○○造地上○階建地下○階建共同住宅 　　　建築面積　　　　　㎡ 　　　延床面積　　　　　㎡ 　　　専有部分　住宅○戸 　五　管理対象部分 　　イ　敷　地 　　ロ　専有部分に属さない建物の部分（規約共用部分を除く。）	（本マンションの表示及び管理対象部分） 第2条　本マンションの表示及び管理事務（本マンションの管理に関する業務のうち、甲が乙に委託する業務をいう。以下同じ。）の対象となる部分は、次のとおりである。 　一　名　称 　二　所在地 　三　敷　地 　　　面　積 　　　権利形態 　四　建　物 　　　構造等　○○造地上○階建地下○階建共同住宅 　　　建築面積　　　　　㎡ 　　　延床面積　　　　　㎡ 　　　専有部分　住宅○戸 　五　管理対象部分 　　イ　敷　地 　　ロ　専有部分に属さない建物の部分（規約共用部分を除く。）

新	旧
エントランスホール、廊下、階段、エレベーターホール、共用トイレ、屋上、屋根、塔屋、ポンプ室、自家用電気室、機械室、受水槽室、高置水槽室、パイプスペース、内外壁、床、天井、柱、バルコニー ハ　専有部分に属さない建物の附属物 　　エレベーター設備、電気設備、給水設備、排水設備、テレビ共同受信設備、消防・防災設備、避雷設備、各種の配線配管 ニ　規約共用部分 　　管理事務室、管理用倉庫、清掃員控室、集会室、トランクルーム、倉庫 ホ　附属施設 　　塀、フェンス、駐車場、通路、自転車置場、ゴミ集積所、排水溝、排水口、外灯設備、植栽、掲示板、専用庭、プレイロット （管理事務の内容及び実施方法） 第３条　管理事務の内容は、次のとおりとし、別表第１から第４に定めるところにより実施する。 一　事務管理業務（別表第１に掲げる業務） 二　管理員業務（別表第２に掲げる業務） 三　清掃業務（別表第３に掲げる業務） 四　建物・設備管理業務（別表第４に掲げる業務） （第三者への再委託） 第４条　乙は、前条第１号の管理事務の一部又は同条第２号、第３号若しくは第４号の管理事務の全部若しくは一部を、第三者に再委託することができる。 ２　乙が前項の規定に基づき管理事務を第三者に再委託した場合においては、乙は、再委託した管理事務の適正な処理について、甲に対して、責任を負う。	玄関ホール、廊下、階段、屋外階段、屋上、エレベーターホール、共用トイレ、湯沸室、エレベーター室、ポンプ室、電気室、機械室、受水槽室、高置水槽室、パイプスペース、内外壁、界壁、床スラブ、柱、基礎部分、塔屋、バルコニー、ベランダ ハ　専有部分に属さない建物の附属物 　　エレベーター設備、電気設備、給排水衛生設備、テレビ共聴視設備、消防・防災設備、各種の配線配管 ニ　規約共用部分 　　管理員室、管理用倉庫、清掃員控室、集会室、トランクルーム、倉庫 ホ　附属施設 　　塀、フェンス、掲示板、駐車場、自転車置場、花壇、庭木、散水栓、外灯設備、水道引込管、排水施設、ゴミ集積所、消火栓、専用庭 （管理事務の内容及び実施方法） 第３条　管理事務の内容は、次のとおりとし、別表第１から第４に定めるところにより実施する。 一　事務管理業務（別表第１に掲げる業務） 二　管理員業務（別表第２に掲げる業務） 三　清掃業務（別表第３に掲げる業務） 四　建物・設備管理業務（別表第４に掲げる業務） （第三者への再委託） 第４条　乙は、前条第２号、第３号又は第４号の管理事務の全部又は一部を、第三者に再委託することができる。 ２　乙が前項の規定に基づき管理事務を第三者に再委託した場合においては、乙は、再委託した管理事務の適正な処理について、甲に対して、責任を負う。

4　マンション標準管理委託契約書（新旧対照表）

新	旧
（善管注意義務） 第5条　乙は、善良なる管理者の注意をもって管理事務を行うものとする。 （管理事務に要する費用の負担及び支払方法） 第6条　甲は、管理事務として乙に委託する事務（別表第1から別表第4までに定める事務）のため、乙に委託業務費を支払うものとする。 2　甲は、前項の委託業務費のうち、その負担方法が定額でかつ精算を要しない費用（以下「定額委託業務費」という。）を、乙に対し、毎月、次のとおり支払うものとする。 　一　定額委託業務費の額 　　　合計月額〇〇円 　　　　<u>消費税及び地方消費税抜き価格　〇〇円</u> 　　　　<u>消費税額及び地方消費税額（以下、本契約において「消費税額等」という。）〇〇円</u> 　　　内訳は、別紙1のとおりとする。 　二　支払期日及び支払方法 　　　毎月〇日までにその〇月分を、乙が指定する口座に振り込む方法により支払う。 　三　日割計算 　　　期間が一月に満たない場合は<u>当該月の暦日数によって</u>日割計算を行う。<u>（1円未満は四捨五入とする。）</u> 3　第1項の委託業務費のうち、定額委託業務費以外の費用の額（消費税額等を含む。）は別紙2のとおりとし、甲は、各業務終了後に、甲及び乙が別に定める方法により精算の上、乙が指定する口座に振り込む方法により支払うものとする。 4　甲は、第1項の委託業務費のほか、乙が管理事務を実施するのに伴い必要となる水道光熱費、通信費、消耗品費等の諸費用を負担するものとする。	（善管注意義務） 第5条　乙は、善良なる管理者の注意をもって管理事務を行うものとする。 （管理事務に要する費用の負担及び支払方法） 第6条　甲は、管理事務として乙に委託する事務（別表第1から別表第4までに定める事務）のため、乙に委託業務費を支払うものとする。 2　甲は、前項の委託業務費のうち、その負担方法が定額でかつ精算を要しない費用（以下「定額委託業務費」という。）を、乙に対し、毎月、次のとおり支払うものとする。 　一　定額委託業務費の額 　　　月額〇〇円<u>（消費税額及び地方消費税額（以下、本契約において「消費税額等」という。）を含む。）</u> 　　　内訳は、別紙1のとおりとする。 　二　支払期日及び支払方法 　　　毎月〇日までにその〇月分を、乙が指定する口座に振り込む方法により支払う。 　三　日割計算 　　　期間が一月に満たない場合は<u>一月を〇日として</u>日割計算を行う。 3　第1項の委託業務費のうち、定額委託業務費以外の費用の額（消費税額等を含む。）は別紙2のとおりとし、甲は、各業務終了後に、甲及び乙が別に定める方法により精算の上、乙が指定する口座に振り込む方法により支払うものとする。 4　甲は、第1項の委託業務費のほか、乙が管理事務を実施するのに伴い必要となる水道光熱費、通信費、消耗品費等の諸費用を負担するものとする。

新	旧
（管理事務室等の使用） 第7条　甲は、乙に管理事務を行わせるために不可欠な<u>管理事務室</u>、管理用倉庫、清掃員控室、器具、備品等（次項において「<u>管理事務室</u>等」という。）を無償で使用させるものとする。 2　乙の<u>管理事務室</u>等の使用に係る費用の負担は、次のとおりとする。 　一　○○○○費　甲（又は乙）の負担とする。 　二　○○○○費　甲（又は乙）の負担とする。 　三　○○○○費　甲（又は乙）の負担とする。 　四　○○○○費　甲（又は乙）の負担とする。 （緊急時の業務） 第8条　乙は、第3条の規定にかかわらず、次の各号に掲げる災害又は事故等の事由により、甲のために、緊急に行う必要がある業務で、甲の承認を受ける時間的な余裕がないものについては、甲の承認を受けないで実施することができる。この場合において、乙は、速やかに、書面をもって、その業務の内容及びその実施に要した費用の額を甲に通知しなければならない。 　一　地震、台風、突風、集中豪雨、落雷、雪、噴火、ひょう、あられ等 　二　火災、<u>漏水</u>、破裂、爆発、物の飛来若しくは落下又は衝突、犯罪等 2　甲は、乙が前項の業務を遂行する上でやむを得ず支出した費用については、速やかに、乙に支払わなければならない。ただし、乙の責めによる事故等の場合はこの限りでない。 （管理事務の報告等） 第9条　乙は、甲の事業年度終了後○月以内に、甲に対し、当該年度における管理事務の処理状況及び甲の会計の収支の結果を記載した書面を交付し、管理業務主任者をして、報告をさせなければならない。	（管理員室等の使用） 第7条　甲は、乙に管理事務を行わせるために不可欠な<u>管理員室</u>、管理用倉庫、清掃員控室、器具、備品等（次項において「<u>管理員室</u>等」という。）を無償で使用させるものとする。 2　乙の<u>管理員室</u>等の使用に係る費用の負担は、次のとおりとする。 　一　○○○○費　甲（又は乙）の負担とする。 　二　○○○○費　甲（又は乙）の負担とする。 　三　○○○○費　甲（又は乙）の負担とする。 　四　○○○○費　甲（又は乙）の負担とする。 （緊急時の業務） 第8条　乙は、第3条の規定にかかわらず、次の各号に掲げる災害又は事故等の事由により、甲のために、緊急に行う必要がある業務で、甲の承認を受ける時間的な余裕がないものについては、甲の承認を受けないで実施することができる。この場合において、乙は、速やかに、書面をもって、その業務の内容及びその実施に要した費用の額を甲に通知しなければならない。 　一　地震、台風、突風、集中豪雨、落雷、雪、噴火、ひょう、あられ等 　二　火災、破裂、爆発、物の飛来若しくは落下又は衝突、犯罪等 2　甲は、乙が前項の業務を遂行する上でやむを得ず支出した費用については、速やかに、乙に支払わなければならない。ただし、乙の責めによる事故等の場合はこの限りでない。 （管理事務の報告等） 第9条　乙は、甲の事業年度終了後○月以内に、甲に対し、当該年度における管理事務の処理状況及び甲の会計の収支の結果を記載した書面を交付し、管理業務主任者をして、報告をさせなければならない。

4 マンション標準管理委託契約書（新旧対照表）

新	旧
2　乙は、毎月末日までに、甲に対し、前月における甲の会計の収支状況に関する書面を交付しなければならない。 3　乙は、甲から請求があるときは、管理事務の処理状況及び甲の会計の収支状況について報告を行わなければならない。 4　前3項の場合において、甲は、乙に対し、管理事務の処理状況及び甲の会計の収支に係る関係書類の提示を求めることができる。	2　乙は、甲から請求があるときは、管理事務の処理状況及び甲の会計の収支状況について報告を行わなければならない。 3　前2項の場合において、甲は、乙に対し、管理事務の処理状況及び甲の会計の収支に係る関係書類の提示を求めることができる。
（管理費等滞納者に対する督促） 第10条　乙は、第3条第1号の業務のうち、出納業務を行う場合において、甲の組合員に対し別表第11（2）②の督促を行っても、なお当該組合員が支払わないときは、その責めを免れるものとし、その後の収納の請求は甲が行うものとする。 2　前項の場合において、甲が乙の協力を必要とするときは、甲及び乙は、その協力方法について協議するものとする。	（管理費等滞納者に対する督促） 第10条　乙は、第3条第1号の業務のうち、出納業務を行う場合において、甲の組合員に対し別表第11（2）②の督促を行っても、なお当該組合員が支払わないときは、その責めを免れるものとし、その後の収納の請求は甲が行うものとする。 2　前項の場合において、甲が乙の協力を必要とするときは、甲及び乙は、その協力方法について協議するものとする。
（有害行為の中止要求） 第11条　乙は、管理事務を行うため必要なときは、甲の組合員及びその所有する専有部分の占有者（以下「組合員等」という。）に対し、甲に代わって、次の各号に掲げる行為の中止を求めることができる。 一　法令、管理規約又は使用細則に違反する行為 二　建物の保存に有害な行為 三　所轄官庁の指示事項等に違反する行為又は所轄官庁の改善命令を受けるとみられる違法若しくは著しく不当な行為 四　管理事務の適正な遂行に著しく有害な行為 五　組合員の共同の利益に反する行為 六　前各号に掲げるもののほか、共同生活秩序を乱す行為	（有害行為の中止要求） 第11条　乙は、管理事務を行うため必要なときは、甲の組合員及びその所有する専有部分の占有者（以下「組合員等」という。）に対し、甲に代わって、次の各号に掲げる行為の中止を求めることができる。 一　法令、管理規約又は使用細則に違反する行為 二　建物の保存に有害な行為 三　所轄官庁の指示事項等に違反する行為又は所轄官庁の改善命令を受けるとみられる違法若しくは著しく不当な行為 四　管理事務の適正な遂行に著しく有害な行為 五　組合員の共同の利益に反する行為 六　前各号に掲げるもののほか、共同生活秩序を乱す行為

新	旧
2　乙が、前項の規定により中止を求めても、なお甲の組合員等がその行為を中止しないときは、乙はその責めを免れるものとし、その後の中止等の要求は甲が行うものとする。	2　乙が、前項の規定により中止を求めても、なお甲の組合員等がその行為を中止しないときは、乙はその責めを免れるものとし、その後の中止等の要求は甲が行うものとする。
（通知義務） 第 12 条　甲及び乙は、本マンションにおいて滅失、き損、瑕疵等の事実を知った場合においては、速やかに、その状況を相手方に通知しなければならない。 2　甲及び乙は、次の各号に掲げる場合においては、速やかに、書面をもって、相手方に通知しなければならない。 　一　甲の役員又は組合員が変更したとき 　二　甲の組合員がその専有部分を第三者に貸与したとき 　三　乙が商号又は住所を変更したとき 　四　乙が合併又は会社分割したとき 　五　乙がマンションの管理の適正化の推進に関する法律（平成 12 年法律第 149 号）の規定に基づき処分を受けたとき 　六　乙が第 18 条第 2 項第 1 号及び第 2 号に掲げる事項に該当したとき	（通知義務） 第 12 条　甲及び乙は、本マンションにおいて滅失、き損、瑕疵等の事実を知った場合においては、速やかに、その状況を相手方に通知しなければならない。 2　甲及び乙は、次の各号に掲げる場合においては、速やかに、書面をもって、相手方に通知しなければならない。 　一　甲の役員又は組合員が変更したとき 　二　甲の組合員がその専有部分を第三者に貸与したとき 　三　乙が商号又は住所を変更したとき 　四　乙が合併又は会社分割したとき 　五　乙がマンションの管理の適正化の推進に関する法律（平成 12 年法律第 149 号）の規定に基づき処分を受けたとき 　六　乙が第 18 条第 2 項第 1 号及び第 2 号に掲げる事項に該当したとき
（専有部分等への立入り） 第 13 条　乙は、管理事務を行うため必要があるときは、甲の組合員等に対して、その専有部分又は専用使用部分（以下「専有部分等」という。）への立入りを請求することができる。 2　前項の場合において、乙は、甲の組合員等がその専有部分等への立入りを拒否したときは、その旨を甲に通知しなければならない。 3　第 1 項の規定にかかわらず、乙は、第 8 条第 1 項各号に掲げる災害又は事故等の事由により、甲のために緊急に行う必要がある場合、専有部分等に	（専有部分等への立入り） 第 13 条　乙は、管理事務を行うため必要があるときは、甲の組合員等に対して、その専有部分又は専用使用部分（以下「専有部分等」という。）への立入りを請求することができる。 2　前項の場合において、乙は、甲の組合員等がその専有部分等への立入りを拒否したときは、その旨を甲に通知しなければならない。 3　第 1 項の規定にかかわらず、乙は、第 8 条第 1 項各号に掲げる災害又は事故等の事由により、甲のために緊急に行う必要がある場合、専有部分等に

新	旧
立ち入ることができる。この場合において、乙は、甲及び乙が立ち入った専有部分等に係る組合員等に対し、事後速やかに、報告をしなければならない。	立ち入ることができる。この場合において、乙は、甲及び乙が立ち入った専有部分等に係る組合員等に対し、事後速やかに、報告をしなければならない。
（管理規約の提供等） 第14条　乙は、宅地建物取引業者が、甲の組合員から、当該組合員が所有する専有部分の売却等の依頼を受け、その媒介等の業務のために管理規約の提供及び次の各号に掲げる事項の開示を求めてきたときは、甲に代わって、当該宅地建物取引業者に対し、管理規約の写しを提供し、及び各号に掲げる事項を書面をもって開示するものとする。 一　当該組合員の負担に係る管理費及び修繕積立金等の月額並びに滞納があるときはその金額 二　甲の修繕積立金積立総額並びに管理費及び修繕積立金等に滞納があるときはその金額 三　本マンション（専有部分を除く。）の修繕の実施状況 四　本マンションの石綿使用調査結果の記録の有無とその内容 五　本マンションの耐震診断の記録の有無とその内容（当該マンションが昭和56年6月1日以降に新築の工事に着手した場合を除く。） 2　前項の場合において、乙は、当該組合員が管理費及び修繕積立金等を滞納しているときは、甲に代わって、当該宅地建物取引業者に対し、その清算に関する必要な措置を求めることができるものとする。	（管理規約の提供等） 第14条　乙は、宅地建物取引業者が、甲の組合員から、当該組合員が所有する専有部分の売却等の依頼を受け、その媒介等の業務のために管理規約の提供及び次の各号に掲げる事項の開示を求めてきたときは、甲に代わって、当該宅地建物取引業者に対し、管理規約の写しを提供し、及び各号に掲げる事項を書面をもって開示するものとする。 一　当該組合員の負担に係る管理費及び修繕積立金等の月額並びに滞納額があるときはその金額 二　甲の修繕積立金積立総額 三　本マンション（専有部分を除く。）の修繕の実施状況 2　前項の場合において、乙は、当該組合員が管理費及び修繕積立金等を滞納しているときは、甲に代わって、当該宅地建物取引業者に対し、その清算に関する必要な措置を求めることができるものとする。
（乙の使用者責任） 第15条　乙は、乙の従業員が、その業務の遂行に関し、甲又は甲の組合員等に損害を及ぼしたときは、甲又は甲の組合員等に対し、使用者としての責任を負う。	（乙の使用者責任） 第15条　乙は、乙の従業員が、その業務の遂行に関し、甲又は甲の組合員等に損害を及ぼしたときは、甲又は甲の組合員等に対し、使用者としての責任を負う。
（守秘義務等）	（守秘義務）

新	旧
第16条　乙及び乙の従業員は、正当な理由がなく、管理事務に関して知り得た甲及び甲の組合員等の秘密を漏らしてはならない。この契約が終了した後においても、同様とする。 2　乙は、甲の組合員等に関する個人情報について、その適正な取扱いの確保に努めなければならない。	第16条　乙及び乙の従業員は、正当な理由がなく、管理事務に関して知り得た甲及び甲の組合員等の秘密を漏らしてはならない。この契約が終了した後においても、同様とする。
（免責事項） 第17条　乙は、甲又は甲の組合員等が、第8条第1項各号に掲げる災害又は事故等（乙の責めによらない場合に限る。）による損害及び次の各号に掲げる損害を受けたときは、その損害を賠償する責任を負わないものとする。 一　乙が善良なる管理者の注意をもって管理事務を行ったにもかかわらず生じた管理対象部分の異常又は故障による損害 二　乙が、書面をもって注意喚起したにもかかわらず、甲が承認しなかった事項に起因する損害 三　前各号に定めるもののほか、乙の責めに帰することができない事由による損害	（免責事項） 第17条　乙は、甲又は甲の組合員等が、第8条第1項各号に掲げる災害又は事故等（乙の責めによらない場合に限る。）による損害及び次の各号に掲げる損害を受けたときは、その損害を賠償する責任を負わないものとする。 一　乙が善良なる管理者の注意をもって管理事務を行ったにもかかわらず生じた管理対象部分の異常又は故障による損害 二　乙が、書面をもって注意喚起したにもかかわらず、甲が承認しなかった事項に起因する損害 三　前各号に定めるもののほか、乙の責めに帰することができない事由による損害
（契約の解除） 第18条　甲及び乙は、その相手方が、本契約に定められた義務の履行を怠った場合は、相当の期間を定めてその履行を催告し、相手方が当該期間内に、その義務を履行しないときは、本契約を解除することができる。この場合、甲又は乙は、その相手方に対し、損害賠償を請求することができる。 2　甲は、乙が次の各号のいずれかに該当するときは、本契約を解除することができる。 一　乙が銀行の取引を停止されたとき、若しくは破産、会社更生、民事再生の申立てをしたとき、又は乙が破産、会社更生、民事再生の申立てを受けたとき 二　乙が合併又は破産以外の事由により解散した	（契約の解除） 第18条　甲及び乙は、その相手方が、本契約に定められた義務の履行を怠った場合は、相当の期間を定めてその履行を催告し、相手方が当該期間内に、その義務を履行しないときは、本契約を解除することができる。この場合、甲又は乙は、その相手方に対し、損害賠償を請求することができる。 2　甲は、乙が次の各号のいずれかに該当するときは、本契約を解除することができる。 一　乙が銀行の取引を停止されたとき、若しくは破産、会社更生、会社整理、民事再生の申立てをしたとき、又は乙が破産、会社更生、会社整理の申立てを受けたとき 二　乙が合併又は破産以外の事由により解散した

新	旧
とき 三　乙がマンション管理業の登録の取消しの処分を受けたとき （解約の申入れ） 第19条　前条の規定にかかわらず、甲及び乙は、その相手方に対し、少なくとも三月前に書面で解約の申入れを行うことにより、本契約を終了させることができる。 （本契約の有効期間） 第20条　本契約の有効期間は、〇〇年〇月〇日から〇〇年〇月〇日までとする。 （契約の更新） 第21条　甲又は乙は、本契約を更新しようとする場合、本契約の有効期間が満了する日の三月前までに、その相手方に対し、書面をもって、その旨を申し出るものとする。 2　本契約の更新について申出があった場合において、その有効期間が満了する日までに更新に関する協議がととのう見込みがないときは、甲及び乙は、本契約と同一の条件で、期間を<u>定めて</u>暫定契約を締結することができる。 （法令改正に伴う契約の変更） 第22条　甲及び乙は、本契約締結後の法令改正に伴い管理事務又は委託業務費を変更する必要が生じたときは、協議の上、本契約を変更することができる。 　　<u>ただし、消費税法等の税制の制定又は改廃により、税率等の改定があった場合には、委託業務費のうちの消費税額等は、その改定に基づく額に変更する。</u>	とき 三　乙がマンション管理業の登録の取消しの処分を受けたとき （解約の申入れ） 第19条　前条の規定にかかわらず、甲及び乙は、その相手方に対し、少なくとも三月前に書面で解約の申入れを行うことにより、本契約を終了させることができる。 （本契約の有効期間） 第20条　本契約の有効期間は、〇〇年〇月〇日から〇〇年〇月〇日までとする。 （契約の更新） 第21条　甲又は乙は、本契約を更新しようとする場合、本契約の有効期間が満了する日の三月前までに、その相手方に対し、書面をもって、その旨を申し出るものとする。 2　本契約の更新について申出があった場合において、その有効期間が満了する日までに更新に関する協議がととのう見込みがないときは、甲及び乙は、本契約と同一の条件で、期間を<u>〇月間とする</u>暫定契約を締結することができる。 （法令改正に伴う契約の変更） 第22条　甲及び乙は、本契約締結後の法令改正に伴い管理事務又は委託業務費を変更する必要が生じたときは、協議の上、本契約を変更することができる。

新	旧
（誠実義務等） 第23条　甲及び乙は、本契約に基づく義務の履行について、信義を旨とし、誠実に行わなければならない。 2　本契約に定めのない事項又は本契約について疑義を生じた事項については、甲及び乙は、誠意をもって協議するものとする。 （合意管轄裁判所） 第24条　本契約に起因する紛争に関し、訴訟を提起する必要が生じたときは、本マンションの所在地を管轄する〇〇地方（簡易）裁判所を第一審管轄裁判所とするものとする。 本契約の成立の証として契約書二通を作成し、甲及び乙が記名押印したうえ、各自一通を保有するものとする。 〇〇年　　月　　日 　　　　甲　住　所 　　　　　　名　称 　　　　　　代表者　　　　　　　　印 　　　　乙　住　所 　　　　　　商　号 　　　　　　代表者　　　　　　　　印 　　　　　　管理業務主任者　　　　印	（誠実義務等） 第23条　甲及び乙は、本契約に基づく義務の履行について、信義を旨とし、誠実に行わなければならない。 2　本契約に定めのない事項又は本契約について疑義を生じた事項については、甲及び乙は、誠意をもって協議するものとする。 （合意管轄裁判所） 第24条　本契約に起因する紛争に関し、訴訟を提起する必要が生じたときは、本マンションの所在地を管轄する〇〇地方（簡易）裁判所を第一審管轄裁判所とするものとする。 本契約の成立の証として契約書二通を作成し、甲及び乙が記名押印したうえ、各自一通を保有するものとする。 〇〇年　　月　　日 　　　　甲　住　所 　　　　　　名　称 　　　　　　代表者　　　　　　　　印 　　　　乙　住　所 　　　　　　商　号 　　　　　　代表者　　　　　　　　印 　　　　　　管理業務主任者　　　　印

4　マンション標準管理委託契約書（新旧対照表）

新	旧
別紙 1	別紙 1
【内訳明示例1】　第一号から第四号までの各業務費には一般管理費及び利益が含まれておらず、第五号で別に表示されているもの 　定額委託業務費月額内訳 　　一　事務管理業務費　　　　月額　　円 　　二　管理員業務費　　　　　月額　　円 　　三　清掃業務費　　　　　　月額　　円 　　四　建物・設備管理業務費　月額　　円 　　　ア　〇〇業務費　　　　　月額　　円 　　　イ　〇〇業務費　　　　　月額　　円 　　　ウ　〇〇業務費　　　　　月額　　円 　　五　管理報酬　　　　　　　月額　　円 　　　　消費税額等　　　　　　月額　　円 【内訳明示例2】　第一号の管理手数料に事務管理業務費、一般管理費及び利益が含まれており、第二号から第四号までの各業務費には一般管理費及び利益が含まれていないもの 　定額委託業務費月額内訳 　　一　管理手数料　　　　　　月額　　円 　　二　管理員業務費　　　　　月額　　円 　　三　清掃業務費　　　　　　月額　　円 　　四　建物・設備管理業務費　月額　　円 　　　ア　〇〇業務費　　　　　月額　　円 　　　イ　〇〇業務費　　　　　月額　　円 　　　ウ　〇〇業務費　　　　　月額　　円 　　　　消費税額等　　　　　　月額　　円	【内訳明示例1】　第一号から第四号までの各業務費には一般管理費及び利益が含まれておらず、第五号で別に表示されているもの 　定額委託業務費月額内訳 　　一　事務管理業務費　　　　月額　　円 　　二　管理員業務費　　　　　月額　　円 　　三　清掃業務費　　　　　　月額　　円 　　四　建物・設備管理業務費　月額　　円 　　　ア　〇〇業務費　　　　　月額　　円 　　　イ　〇〇業務費　　　　　月額　　円 　　　ウ　〇〇業務費　　　　　月額　　円 　　五　管理報酬　　　　　　　月額　　円 　　　　消費税額等　　　　　　月額　　円 【内訳明示例2】　第一号の管理手数料に事務管理業務費、一般管理費及び利益が含まれており、第二号から第四号までの各業務費には一般管理費及び利益が含まれていないもの 　定額委託業務費月額内訳 　　一　管理手数料　　　　　　月額　　円 　　二　管理員業務費　　　　　月額　　円 　　三　清掃業務費　　　　　　月額　　円 　　四　建物・設備管理業務費　月額　　円 　　　ア　〇〇業務費　　　　　月額　　円 　　　イ　〇〇業務費　　　　　月額　　円 　　　ウ　〇〇業務費　　　　　月額　　円 　　　　消費税額等　　　　　　月額　　円

新	旧
【内訳明示例３】　第一号から第四号までの各業務費に一般管理費及び利益が含まれているもの 　　定額委託業務費月額内訳 　　　一　事務管理業務費　　　月額　　　円 　　　二　管理員業務費　　　　月額　　　円 　　　三　清掃業務費　　　　　月額　　　円 　　　四　建物・設備管理業務費　月額　　　円 　　　　ア　○○業務費　　　　月額　　　円 　　　　イ　○○業務費　　　　月額　　　円 　　　　ウ　○○業務費　　　　月額　　　円 　　　　消費税額等　　　　　　月額　　　円	【内訳明示例３】　第一号から第四号までの各業務費に一般管理費及び利益が含まれているもの 　　定額委託業務費月額内訳 　　　一　事務管理業務費　　　月額　　　円 　　　二　管理員業務費　　　　月額　　　円 　　　三　清掃業務費　　　　　月額　　　円 　　　四　建物・設備管理業務費　月額　　　円 　　　　ア　○○業務費　　　　月額　　　円 　　　　イ　○○業務費　　　　月額　　　円 　　　　ウ　○○業務費　　　　月額　　　円 　　　　消費税額等　　　　　　月額　　　円

4　マンション標準管理委託契約書（新旧対照表）

新	旧
別紙2 【内訳明示例】　第一号から第四号までの各業務費に一般管理費及び利益が含まれているもの 　定額委託業務費以外の業務費 　　一　○○業務費　　　円（消費税額等を含む。） 　　二　○○業務費　　　円（消費税額等を含む。） 　　三　○○業務費　　　円（消費税額等を含む。） 　　四　○○業務費　　　円（消費税額等を含む。）	別紙2 【内訳明示例】　第一号から第四号までの各業務費に一般管理費及び利益が含まれているもの 　定額委託業務費以外の業務費 　　一　○○業務費　　　円（消費税額等を含む。） 　　二　○○業務費　　　円（消費税額等を含む。） 　　三　○○業務費　　　円（消費税額等を含む。） 　　四　○○業務費　　　円（消費税額等を含む。）

新	旧
別表第1　事務管理業務 1　基幹事務 (1)　管理組合の会計の収入及び支出の調定 　①　収支予算案の素案の作成 　　　甲の事業年度開始の〇月前までに、甲の会計区分に基づき、甲の次年度の収支予算案の素案を作成し、甲に提出する。 　②　収支決算案の素案の作成 　　　甲の事業年度終了後〇月以内に、甲の会計区分に基づき、甲の前年度の収支決算案（収支報告書及び貸借対照表。）の素案を作成し、甲に提出する。 　③　収支状況の報告 　　　<u>乙は、毎月末日までに、前月における甲の会計の収支状況に関する書面の交付を行うほか、甲の</u>請求があったときは、甲の会計の収支状況に関する報告を行う。<u>なお、あらかじめ甲が当該書面の交付に代えて電磁的方法による交付を承諾した場合には、乙は、当該方法による交付を行うことができる。</u> (2)　出納（<u>保証契約を締結して甲の収納口座と甲の保管口座を設ける場合</u>） 　①　甲の組合員が甲に納入する管理費、修繕積立金、専用使用料その他の金銭（以下「管理費等」という。）の収納 　　一　甲の管理規約等の定め若しくは総会決議、組合員名簿若しくは組合員異動届又は専用使用契約書に基づき、組合員別の一月当たりの管理費等の負担額の一覧表（以下「組合員別管理費等負担額一覧表」という。）を甲に提出する。 　　二　組合員別管理費等負担額一覧表に基づき、毎月次号に定める預金口座振替日の〇営業日前	**別表第1**　事務管理業務 1　基幹事務 (1)　管理組合の会計の収入及び支出の調定 　①　収支予算案の素案の作成 　　　甲の事業年度開始の〇月前までに、甲の会計区分に基づき、甲の次年度の収支予算案の素案を作成し、甲に提出する。 　②　収支決算案の素案の作成 　　　甲の事業年度終了後〇月以内に、甲の会計区分に基づき、甲の前年度の収支決算案（収支報告書及び貸借対照表。<u>以下同じ。</u>）の素案を作成し、甲に提出する。 　③　収支状況の報告 　　　甲の請求があったときは、甲の会計の収支状況に関する報告を行う。 (2)　出納（<u>支払一任代行方式による場合</u>） 　①　甲の組合員が甲に納入する管理費、修繕積立金、専用使用料その他の金銭（以下「管理費等」という。）の収納 　　一　甲の管理規約等の定め若しくは総会決議、組合員名簿若しくは組合員異動届又は専用使用契約書に基づき、組合員別の一月当たりの管理費等の負担額の一覧表（以下「組合員別管理費等負担額一覧表」という。）を甲に提出する。 　　二　組合員別管理費等負担額一覧表に基づき、毎月次号に定める預金口座振替日の〇営業日前

新	旧
までに、預金口座振替請求金額通知書を、〇〇銀行に提出する。 三　甲の組合員の管理費等の収納は、甲の管理規約第〇条に定める預金口座振替の方法によるものとし、毎月〇日（当該日が金融機関の休業日に当たる場合はその翌営業日。）に、甲の組合員の口座から甲の収納口座に振り替えし、④の事務を行った後その残額を、当該管理費等を充当する月の翌月末日までに、甲の保管口座に移し換える。 　　　収納口座　　〇〇銀行〇〇支店 　　　保管口座　　〇〇銀行〇〇支店 四　乙は、以下の保証契約を締結する。 　イ　保証する第三者の名称　　〇〇〇〇 　ロ　保証契約の名称　　　　　〇〇〇〇 　ハ　保証契約の内容 　　a　保証契約の額及び範囲 　　　　〇〇〇〇 　　b　保証契約の期間 　　　　〇〇〇〇 　　c　更新に関する事項 　　　　〇〇〇〇 　　d　解除に関する事項 　　　　〇〇〇〇 　　e　免責に関する事項 　　　　〇〇〇〇 　　f　保証額の支払に関する事項 　　　　〇〇〇〇 ②　管理費等滞納者に対する督促 一　毎月、甲の組合員の管理費等の滞納状況を、甲に報告する。 二　甲の組合員が管理費等を滞納したときは、最	までに、預金口座振替請求金額通知書を、〇〇銀行に提出する。 三　甲の組合員の管理費等の収納は、甲の管理規約第〇条に定める預金口座振替の方法によるものとし、毎月〇日（当該日が金融機関の休業日に当たる場合はその翌営業日。以下「振替日」という。）に、甲の組合員の口座から甲の口座（以下「収納口座」という。）に振り替えし、このうち修繕積立金を振替日から一月以内に、甲の修繕積立金を保管する口座（以下「保管口座」という。）に移し換える。 四　毎月、甲の組合員の管理費等の収納状況を、甲に報告する。 五　乙は、以下の保証契約を締結する。 　イ　保証する第三者の名称　　〇〇〇〇 　ロ　保証契約の名称　　　　　〇〇〇〇 　ハ　保証契約の内容　　　　　〇〇〇〇 ②　管理費等滞納者に対する督促 一　毎月、甲の組合員の管理費等の滞納状況を、甲に報告する。 二　甲の組合員が管理費等を滞納したときは、支

新	旧
初の支払期限から起算して〇月の間、電話若しくは自宅訪問又は督促状の方法により、その支払の督促を行う。 三　二の方法により督促しても甲の組合員がなお滞納管理費等を支払わないときは、乙はその業務を終了する。 ③　通帳等の保管等 　一　収納口座及び保管口座に係る通帳、印鑑等の保管者は以下のとおりとする。 　　イ　収納口座 　　　通帳…乙（又は甲） 　　　印鑑…乙（又は甲） 　　　その他（　　　） 　　ロ　保管口座 　　　通帳…乙（又は甲） 　　　印鑑…甲 　　　その他（　　　） 　二　乙は、掛け捨て保険に限り甲の損害保険証券を保管する。なお、甲の請求があったときは、遅滞なく、当該保険証券を甲に提出する。 　三　甲の管理費等のうち余裕資金については、必要に応じ、甲の指示に基づいて、定期預金、金銭信託等に振り替える。 ④　甲の経費の支払い 　　乙は、甲の収支予算に基づき、甲の経費を、甲の承認の下に甲の収納口座から、又は甲の承認を得て甲の保管口座から支払う。 ⑤　甲の会計に係る帳簿等の管理 　一　乙は、甲の会計に係る帳簿等を整備、保管する。	払期限後〇月の間、電話若しくは自宅訪問又は督促状の方法により、その支払の督促を行う。 三　二の方法により督促しても甲の組合員がなお滞納管理費等を支払わないときは、乙はその業務を終了する。 ③　通帳等の保管等 　一　乙は、甲の収納口座に係る通帳及び印鑑並びに甲の保管口座に係る通帳（又は印鑑）を保管する。 　二　乙は、掛け捨て保険に限り甲の損害保険証券を保管する。なお、甲の請求があったときは、遅滞なく、当該保険証券を甲に提出する。 　三　乙は、甲の有価証券を金融機関又は証券会社等に管理させる場合、当該有価証券の預り証を、保管しない。 　四　甲の管理費等のうち余裕資金については、必要に応じ、甲の指示に基づいて、定期預金、金銭信託等に振り替える。 ④　甲の経費の支払い 　　乙は、甲の収支予算に基づき、甲の経費を、甲の承認の下に甲の収納口座から、又は甲の承認を得て甲の保管口座から支払う。 ⑤　甲の会計に係る帳簿等の管理 　一　乙は、甲の会計に係る帳簿等を整備、保管する。

新	旧
二　乙は、前号の帳簿等を、甲の定期総会終了後、遅滞なく、甲に引き渡す。 (2)　出納（乙の収納口座と甲の保管口座を設ける場合） ①　甲の組合員が甲に納入する管理費、修繕積立金、専用使用料その他の金銭（以下「管理費等」という。）の収納 　一　甲の管理規約等の定め若しくは総会決議、組合員名簿若しくは組合員異動届又は専用使用契約書に基づき、組合員別の一月当たりの管理費等の負担額の一覧表（以下「組合員別管理費等負担額一覧表」という。）を甲に提出する。 　二　組合員別管理費等負担額一覧表に基づき、毎月次号に定める預金口座振替日の〇営業日前までに、預金口座振替請求金額通知書を、〇〇銀行に提出する。 　三　甲の組合員の管理費等の収納は、甲の管理規約第〇条に定める預金口座振替の方法によるものとし、毎月〇日（当該日が金融機関の休業日に当たる場合はその翌営業日。）に、甲の組合員の口座から乙の収納口座に収納し、④の事務を行った後その残額を、<u>当該管理費等を充当する月の翌月末日までに</u>、甲の保管口座に移し換える。この場合、甲の保管口座に移し換えるまでの管理費等については、利息を付さない。 　　<u>収納口座　　〇〇銀行〇〇支店</u> 　　<u>保管口座　　〇〇銀行〇〇支店</u> 　<u>四</u>　乙は、以下の保証契約を締結する。 　　イ　保証する第三者の名称　　〇〇〇〇 　　ロ　保証契約の名称　　　　　〇〇〇〇 　　ハ　保証契約の内容 　　　<u>a　保証契約の額及び範囲</u>	二　乙は、前号の帳簿等を、甲の定期総会終了後、遅滞なく、甲に引き渡す。 (2)　出納（<u>収納代行方式による場合</u>） ①　甲の組合員が甲に納入する管理費、修繕積立金、専用使用料その他の金銭（以下「管理費等」という。）の収納 　一　甲の管理規約等の定め若しくは総会決議、組合員名簿若しくは組合員異動届又は専用使用契約書に基づき、組合員別の一月当たりの管理費等の負担額の一覧表（以下「組合員別管理費等負担額一覧表」という。）を甲に提出する。 　二　組合員別管理費等負担額一覧表に基づき、毎月次号に定める預金口座振替日の〇営業日前までに、預金口座振替請求金額通知書を、〇〇銀行に提出する。 　三　甲の組合員の管理費等の収納は、甲の管理規約第〇条に定める預金口座振替の方法によるものとし、毎月〇日（当該日が金融機関の休業日に当たる場合はその翌営業日。<u>以下「収納日」という。</u>）に、甲の組合員の口座から乙の<u>口座（以下「収納口座」という。）</u>に収納し、④の事務を行った後その残額を、<u>収納日から一月以内に</u>、甲の<u>口座（以下「保管口座」という。）</u>に移し換える。この場合、甲の保管口座に移し換えるまでの管理費等については、利息を付さない。 　<u>四</u>　<u>毎月、甲の組合員の管理費等の収納状況を、甲に報告する。</u> 　<u>五</u>　乙は、以下の保証契約を締結する。 　　イ　保証する第三者の名称　　〇〇〇〇 　　ロ　保証契約の名称　　　　　〇〇〇〇 　　ハ　保証契約の内容　　　　　<u>〇〇〇〇</u>

新	旧
○○○○ 　　b　保証契約の期間 　　　　○○○○ 　　c　更新に関する事項 　　　　○○○○ 　　d　解除に関する事項 　　　　○○○○ 　　e　免責に関する事項 　　　　○○○○ 　　f　保証額の支払に関する事項 　　　　○○○○ ②　管理費等滞納者に対する督促 　一　毎月、甲の組合員の管理費等の滞納状況を、甲に報告する。 　二　甲の組合員が管理費等を滞納したときは、<u>最初の支払期限から起算して</u>○月の間、電話若しくは自宅訪問又は督促状の方法により、その支払の督促を行う。 　三　二の方法により督促しても甲の組合員がなお滞納管理費等を支払わないときは、乙はその業務を終了する。 ③　通帳等の保管等 　一　<u>保管口座に係る通帳、印鑑等の保管者は以下のとおりとする。</u> 　　　<u>通帳…乙（又は甲）</u> 　　　<u>印鑑…甲</u> 　　　<u>その他（　　）</u> 　二　乙は、掛け捨て保険に限り甲の損害保険証券を保管する。なお、甲の請求があったときは、遅滞なく、当該保険証券を甲に提出する。	②　管理費等滞納者に対する督促 　一　毎月、甲の組合員の管理費等の滞納状況を、甲に報告する。 　二　甲の組合員が管理費等を滞納したときは、<u>支払期限後</u>○月の間、電話若しくは自宅訪問又は督促状の方法により、その支払の督促を行う。 　三　二の方法により督促しても甲の組合員がなお滞納管理費等を支払わないときは、乙はその業務を終了する。 ③　通帳等の保管等 　一　<u>乙は、甲の保管口座に係る通帳（又は印鑑）を保管する。</u> 　二　乙は、掛け捨て保険に限り甲の損害保険証券を保管する。なお、甲の請求があったときは、遅滞なく、当該保険証券を甲に提出する。 　<u>三　乙は、甲の有価証券を金融機関又は証券会社等に管理させる場合、当該有価証券の預り証を、保管しない。</u>

4　マンション標準管理委託契約書（新旧対照表）

新	旧
三　甲の管理費等のうち余裕資金については、必要に応じ、甲の指示に基づいて、定期預金、金銭信託等に振り替える。	四　甲の管理費等のうち余裕資金については、必要に応じ、甲の指示に基づいて、定期預金、金銭信託等に振り替える。
④　甲の経費の支払い 　　乙は、甲の収支予算に基づき、甲の経費を、甲の承認の下に乙の収納口座から、又は甲の承認を得て甲の保管口座から支払う。	④　甲の経費の支払い 　　乙は、甲の収支予算に基づき、甲の経費を、甲の承認の下に乙の収納口座から、又は甲の承認を得て甲の保管口座から支払う。
⑤　甲の会計に係る帳簿等の管理 一　乙は、甲の会計に係る帳簿等を整備、保管する。 二　乙は、前号の帳簿等を、甲の定期総会終了後、遅滞なく、甲に引き渡す。	⑤　甲の会計に係る帳簿等の管理 一　乙は、甲の会計に係る帳簿等を整備、保管する。 二　乙は、前号の帳簿等を、甲の定期総会終了後、遅滞なく、甲に引き渡す。
(2)　出納（<u>保証契約を締結する必要がないときに甲の収納口座と甲の保管口座を設ける場合</u>） ①　甲の組合員が甲に納入する管理費、修繕積立金、専用使用料その他の金銭（以下「管理費等」という。）の収納 一　甲の管理規約等の定め若しくは総会決議、組合員名簿若しくは組合員異動届又は専用使用契約書に基づき、組合員別の一月当たりの管理費等の負担額の一覧表（以下「組合員別管理費等負担額一覧表」という。）を甲に提出する。 二　組合員別管理費等負担額一覧表に基づき、毎月次号に定める預金口座振替日の〇営業日前までに、預金口座振替請求金額通知書を、〇〇銀行に提出する。 三　甲の組合員の管理費等の収納は、甲の管理規約第〇条に定める預金口座振替の方法によるものとし、毎月〇日（当該日が金融機関の休業日に当たる場合はその翌営業日。）に、甲の組合員の口座から甲の収納口座に振り替え<u>し、④の事務を行った後その残額を、当該管理費等を</u>	(2)　出納（<u>原則方式による場合</u>） ①　甲の組合員が甲に納入する管理費、修繕積立金、専用使用料その他の金銭（以下「管理費等」という。）の収納 一　甲の管理規約等の定め若しくは総会決議、組合員名簿若しくは組合員異動届又は専用使用契約書に基づき、組合員別の一月当たりの管理費等の負担額の一覧表（以下「組合員別管理費等負担額一覧表」という。）を甲に提出する。 二　組合員別管理費等負担額一覧表に基づき、毎月次号に定める預金口座振替日の〇営業日前までに、預金口座振替請求金額通知書を、〇〇銀行に提出する。 三　甲の組合員の管理費等の収納は、甲の管理規約第〇条に定める預金口座振替の方法によるものとし、毎月〇日（当該日が金融機関の休業日に当たる場合はその翌営業日。）に、甲の組合員の口座から甲の<u>口座（以下「収納口座」という。）に振り替える。</u>

新	旧
充当する月の翌月末日までに、甲の保管口座に移し換える。 　　収納口座　　〇〇銀行〇〇支店 　　保管口座　　〇〇銀行〇〇支店	
	四　毎月、甲の組合員の管理費等の収納状況を、甲に報告する。
②　管理費等滞納者に対する督促 　一　毎月、甲の組合員の管理費等の滞納状況を、甲に報告する。 　二　甲の組合員が管理費等を滞納したときは、最初の支払期限から起算して〇月の間、電話若しくは自宅訪問又は督促状の方法により、その支払の督促を行う。 　三　二の方法により督促しても甲の組合員がなお滞納管理費等を支払わないときは、乙はその業務を終了する。	②　管理費等滞納者に対する督促 　一　毎月、甲の組合員の管理費等の滞納状況を、甲に報告する。 　二　甲の組合員が管理費等を滞納したときは、支払期限後〇月の間、電話若しくは自宅訪問又は督促状の方法により、その支払の督促を行う。 　三　二の方法により督促しても甲の組合員がなお滞納管理費等を支払わないときは、乙はその業務を終了する。
③　通帳等の保管等 　一　収納口座及び保管口座に係る通帳、印鑑等の保管者は以下のとおりとする。 　　イ　収納口座 　　　　通帳…乙（又は甲） 　　　　印鑑…甲 　　　　その他（　　　　） 　　ロ　保管口座 　　　　通帳…乙（又は甲） 　　　　印鑑…甲 　　　　その他（　　　　） 　二　乙は、掛け捨て保険に限り甲の損害保険証券を保管する。なお、甲の請求があったときは、遅滞なく、当該保険証券を甲に提出する。	③　通帳等の保管等 　一　乙は、甲の収納口座及び修繕積立金等を保管する口座（以下「保管口座」という。）に係る通帳（又は印鑑）を保管する。 　二　乙は、掛け捨て保険に限り甲の損害保険証券を保管する。なお、甲の請求があったときは、遅滞なく、当該保険証券を甲に提出する。 　三　乙は、甲の有価証券を金融機関又は証券会社等に管理させる場合、当該有価証券の預り証を、保管しない。

新	旧
三　甲の管理費等のうち余裕資金については、必要に応じ、甲の指示に基づいて、定期預金、金銭信託等に振り替える。 ④　甲の経費の支払い 　　乙は、甲の収支予算に基づき、甲の経費を、甲の承認を得て、甲の収納口座又は<u>甲の保管口座</u>から支払う。 ⑤　甲の会計に係る帳簿等の管理 　一　乙は、甲の会計に係る帳簿等を整備、保管する。 　二　乙は、前号の帳簿等を、甲の定期総会終了後、遅滞なく、甲に引き渡す。 <u>(2)　出納（甲の収納・保管口座を設ける場合）</u> <u>①　甲の組合員が甲に納入する管理費、修繕積立金、専用使用料その他の金銭（以下「管理費等」という。）の収納</u> 　<u>一　甲の管理規約等の定め若しくは総会決議、組合員名簿若しくは組合員異動届又は専用使用契約書に基づき、組合員別の一月当たりの管理費等の負担額の一覧表（以下「組合員別管理費等負担額一覧表」という。）を甲に提出する。</u> 　<u>二　組合員別管理費等負担額一覧表に基づき、毎月次号に定める預金口座振替日の〇営業日前までに、預金口座振替請求金額通知書を、〇〇銀行に提出する。</u> 　<u>三　甲の組合員の管理費等の収納は、甲の管理規約第〇条に定める預金口座振替の方法によるものとし、毎月〇日（当該日が金融機関の休業日に当たる場合はその翌営業日。）に、甲の組合員の口座から甲の収納・保管口座に振り替える。</u> 　　　<u>収納・保管口座　　〇〇銀行〇〇支店</u>	四　甲の管理費等のうち余裕資金については、必要に応じ、甲の指示に基づいて、定期預金、金銭信託等に振り替える。 ④　甲の経費の支払い 　　乙は、甲の収支予算に基づき、甲の経費を、甲の承認を得て、甲の収納口座又は保管口座から支払う。 ⑤　甲の会計に係る帳簿等の管理 　一　乙は、甲の会計に係る帳簿等を整備、保管する。 　二　乙は、前号の帳簿等を、甲の定期総会終了後、遅滞なく、甲に引き渡す。

新	旧
② 管理費等滞納者に対する督促 一 毎月、甲の組合員の管理費等の滞納状況を、甲に報告する。 二 甲の組合員が管理費等を滞納したときは、最初の支払期限から起算して〇月の間、電話若しくは自宅訪問又は督促状の方法により、その支払の督促を行う。 三 二の方法により督促しても甲の組合員がなお滞納管理費等を支払わないときは、乙はその業務を終了する。 ③ 通帳等の保管等 一 収納・保管口座に係る通帳、印鑑等の保管者は以下のとおりとする。 　　通帳…乙（又は甲） 　　印鑑…甲 　　その他（　　　） 二 乙は、掛け捨て保険に限り甲の損害保険証券を保管する。なお、甲の請求があったときは、遅滞なく、当該保険証券を甲に提出する。 ④ 甲の経費の支払い 　　乙は、甲の収支予算に基づき、甲の経費を、甲の承認を得て、甲の収納・保管口座から支払う。 ⑤ 甲の会計に係る帳簿等の管理 一 乙は、甲の会計に係る帳簿等を整備、保管する。 二 乙は、前号の帳簿等を、甲の定期総会終了後、遅滞なく、甲に引き渡す。	
(3) 本マンション（専有部分を除く。以下同じ。）の維持又は修繕に関する企画又は実施の調整 一 乙は、甲の長期修繕計画の見直しのため、管理事務を実施する上で把握した本マンションの劣化等の状況に基づき、当該計画の修繕工事の内	(3) 本マンション（専有部分を除く。以下同じ。）の維持又は修繕に関する企画又は実施の調整 一 乙は、甲の大規模修繕の修繕周期、実施予定時期、工事概算費用、収支予想等を記載した長期修繕計画案を作成し、甲に提出する。当該長期修繕

新	旧
容、実施予定時期、工事の概算費用等に、改善の必要があると判断した場合には、書面をもって甲に助言する。 二　長期修繕計画案の作成業務及び建物・設備の劣化状況などを把握するための調査・診断を実施し、その結果に基づき行う当該計画の見直し業務を実施する場合は、本契約とは別個の契約とする。 三　乙は、甲が本マンションの維持又は修繕（大規模修繕を除く修繕又は保守点検等。）を外注により乙以外の業者に行わせる場合の見積書の受理、発注補助、実施の確認を行う。 2　基幹事務以外の事務管理業務 (1)　理事会支援業務 ①　組合員等の名簿の整備 　　甲の組合員等異動届に基づき、組合員及び賃借人等の氏名、連絡先（緊急連絡先を含む。）を記載した名簿を整備する。 ②　理事会の開催、運営支援 　一　甲の理事会の開催日程等の調整 　二　甲の役員に対する理事会招集通知及び連絡 　三　甲の求めに応じた理事会議事に係る助言、資料の作成 　四　理事会議事録案の作成 ③　甲の契約事務の処理 　　甲に代わって、甲が行うべき共用部分に係る損害保険契約、マンション内の駐車場等の使用契約、第三者との契約等に係る事務を行う。 (2)　総会支援業務 　一　甲の総会の開催日程等の調整 　二　甲の次年度の事業計画案の素案の作成 　三　総会会場の手配、招集通知及び議案書の配付	計画案は、〇年ごとに見直し、甲に提出するものとする。 二　乙は、甲が本マンションの維持又は修繕（大規模修繕を除く修繕又は保守点検等。）を外注により乙以外の業者に行わせる場合の企画又は実施の調整を行う。 2　基幹事務以外の事務管理業務 (1)　理事会支援業務 ①　組合員等の名簿の整備 　　甲の組合員等異動届に基づき、組合員及び賃借人等の氏名、連絡先（緊急連絡先を含む。）を記載した名簿を整備する。 ②　理事会の開催、運営支援 　一　甲の理事会の開催日程等の調整 　二　甲の役員に対する理事会招集通知及び連絡 　三　甲の求めに応じた理事会議事に係る助言、資料の作成 　四　理事会議事録案の作成 ③　甲の契約事務の処理 　　甲に代わって、甲が行うべき共用部分に係る損害保険契約、マンション内の専用使用部分の契約、第三者との契約等に係る事務を行う。 (2)　総会支援業務 　一　甲の総会の開催日程等の調整 　二　甲の次年度の事業計画案の素案の作成 　三　総会会場の手配、招集通知及び議案書の配付

新	旧
四　組合員の出欠の集計等 五　甲の求めに応じた総会議事に係る助言 六　総会議事録案の作成 (3)　その他 ①　各種点検、検査等に基づく助言等 　　管理対象部分に係る各種の点検、検査等の結果を甲に報告すると共に、改善等の必要がある事項については、具体的な方策を甲に助言する。<u>この報告及助言は、書面をもって行う。</u> ②　甲の各種検査等の報告、届出<u>の補助</u> 　一　甲に代わって、消防計画の届出、消防用設備等点検報告、特殊建築物定期調査又は建築設備定期検査の報告等に係る補助を行う。 　<u>二　甲の指示に基づく甲の口座の変更に必要な事務を行う。</u> 　<u>三</u>　諸官庁からの各種通知を、甲及び甲の組合員に通知する。 ③　図書等の保管<u>等</u> 　一　乙は、本マンションに係る設計図書を、甲の事務所で保管する。 　二　乙は、甲の管理規約の原本、総会議事録、総会議案書等を、甲の事務所で保管する。 　<u>三　乙は、解約等により本契約が終了した場合には、乙が保管する前２号の図書等、本表２(1)①で整備する組合員等の名簿及び出納事務のため乙が預っている甲の口座の通帳、印鑑等を遅滞なく、甲に引き渡す。</u>	四　組合員の出欠の集計等 五　甲の求めに応じた総会議事に係る助言 六　総会議事録案の作成 (3)　その他 ①　各種点検、検査等に基づく助言等 　　管理対象部分に係る各種の点検、検査等の結果を甲に報告すると共に、改善等の必要がある事項については、<u>文書をもって、</u>具体的な方策を甲に助言する。 ②　甲の各種検査等の報告、届出 　一　甲に代わって、消防計画の届出、消防用設備等点検報告、特殊建築物定期調査又は建築設備定期検査の報告等に係る補助<u>及び甲の指示に基づく甲の口座の変更に必要な事務</u>を行う。 　<u>二</u>　諸官庁からの各種通知を、甲及び甲の組合員に通知する。 ③　図書等の保管 　一　乙は、本マンションに係る設計図書を、甲の事務所で保管する。 　二　乙は、甲の管理規約の原本、総会議事録、総会議案書等を、甲の事務所で保管する。

新	旧
別表第2 管理員業務 1 業務実施の態様 (1) 業務実施態様 　　通勤方式 (2) 勤務日・勤務時間 　　勤務日・勤務時間は、毎週○曜日から○曜日の午前○時○分から午後○時○分までとする。ただし緊急事態の発生したときその他やむを得ない場合においては、当該時間以外に適宜執務するものとする。 (3) 休　日 　　<u>休日は、次の各号に掲げるとおりとする。</u> 　<u>一　日曜日、祝日及び国が定める休日</u> 　<u>二　忌引、夏期休暇○日、年末年始休暇（○月○日～○月○日）、その他休暇○日。この場合、乙はあらかじめ甲にその旨を届け出るものとする。</u> (4) 執務場所 　　執務場所は、<u>管理事務室</u>とする。 2 業務の区分及び業務内容 (1) 受付等の業務 　一　甲が定める各種使用申込の受理及び報告 　二　甲が定める組合員等異動届出書の受理及び報告 　三　宅配物の預かり、引渡し 　四　利害関係人に対する管理規約等の閲覧 　五　共用部分の鍵の管理及び貸出し 　六　管理用備品の在庫管理 　七　引越業者等に対する指示 (2) 点検業務 　一　建物、諸設備及び諸施設の外観目視点検	**別表第2** 管理員業務 1 業務実施の態様 (1) 業務実施態様 　　通勤方式 (2) 勤務日・勤務時間 　　勤務日・勤務時間は、毎週○曜日から○曜日の午前○時○分から午後○時○分までとする。ただし緊急事態の発生したときその他やむを得ない場合においては、当該時間以外に適宜執務するものとする。 (3) 休　日 　　<u>日曜日、祝日及び国が定める休日並びに乙が定める有給休暇（忌引、夏期休暇及び年末年始休暇を含む。）は休日とする。この場合、乙は、あらかじめ甲にその旨を届け出るものとする。</u> (4) 執務場所 　　執務場所は、<u>管理員室</u>とする。 2 業務の区分及び業務内容 (1) 受付等の業務 　一　甲が定める各種使用申込の受理及び報告 　二　甲が定める組合員等異動届出書の受理及び報告 　三　宅配物の預かり、引渡し 　四　利害関係人に対する管理規約等の閲覧 　五　共用部分の鍵の管理及び貸出し 　六　管理用備品の在庫管理 　七　引越業者等に対する指示 (2) 点検業務 　一　建物、諸設備及び諸施設の外観目視点検

新	旧
二　照明の点灯及び消灯並びに管球類等の点検、交換（高所等危険箇所は除く。）	二　照明の点灯及び消灯並びに管球類等の点検
三　諸設備の運転及び作動状況の点検並びにその記録	三　諸設備の運転及び作動状況の点検並びにその記録
四　無断駐車等の確認	四　無断駐車等の確認
(3)　立会業務	(3)　立会業務
一　外注業者の業務の着手、実施の立会い	一　外注業者の業務の着手、履行の立会い
二　ゴミ搬出時の際の立会い	二　ゴミ搬出時の際の立会い
三　災害、事故等の処理の立会い	三　災害、事故等の処理の立会い
(4)　報告連絡業務	(4)　報告連絡業務
一　甲の文書の配付又は掲示	一　甲の文書の配付又は掲示
二　各種届出、点検結果、立会結果等の報告	二　各種届出、点検結果、立会結果等の報告
三　災害、事故等発生時の連絡、報告	三　災害、事故等発生時の連絡、報告

新

別表第3　清掃業務

1　日常清掃

清掃対象部分	清掃仕様	
① 建物周囲		
一　建物周囲	ゴミ拾い	（〇回／〇）
二　植栽	散水	（〇回／〇）
	除草	（〇回／〇）
三　駐車場	ゴミ拾い	（〇回／〇）
四　自転車置場	ゴミ拾い	（〇回／〇）
五　プレイロット	ゴミ拾い	（〇回／〇）
六　排水溝、排水口	ドレンゴミ除去	（〇回／〇）
七　ゴミ集積所	ゴミ整理	（〇回／〇）
	床洗い	（〇回／〇）
② 建物内部		
一　ポーチ	床掃き拭き	（〇回／〇）
	排水口・ドレンゴミ除去	（〇回／〇）
二　風除室	床掃き拭き	（〇回／〇）
三　エントランスホール	床掃き拭き	（〇回／〇）
	ゴミ箱・灰皿処理	（〇回／〇）
	備品ちりはらい	（〇回／〇）
	ドア拭き	（〇回／〇）
	金属ノブ磨き拭き	（〇回／〇）
	ガラス拭き	（〇回／〇）
四　エレベーターホール	床掃き拭き	（〇回／〇）
	ゴミ箱・灰皿処理	（〇回／〇）
	ガラス拭き	（〇回／〇）
五　エレベーター籠	床掃き拭き	（〇回／〇）
	ゴミ拾い	（〇回／〇）
	壁面金属部分磨き	（〇回／〇）
	壁面ちりはらい	（〇回／〇）
六　廊下	ゴミ拾い	（〇回／〇）
	手摺り・目隠し板ちりはらい	（〇回／〇）
七　階段	ゴミ拾い	（〇回／〇）
	手摺りちりはらい	（〇回／〇）
八　階段ドア	ドア拭き	（〇回／〇）
九　集会室	床掃き拭き	（〇回／〇）
	ゴミ箱・灰皿処理	（〇回／〇）
	集会室備品ちりはらい	（〇回／〇）
	ドア・ガラス拭き	（〇回／〇）
	金属部分磨き	（〇回／〇）
十　管理事務室	床掃き拭き	（〇回／〇）
	ゴミ箱・灰皿処理	（〇回／〇）
	備品ちりはらい	（〇回／〇）
	ドア・ガラス拭き	（〇回／〇）
	金属部分磨き	（〇回／〇）
十一　共用トイレ	床掃き拭き	（〇回／〇）
	衛生陶器拭き	（〇回／〇）
	金属部分磨き	（〇回／〇）
	トイレットペーパー補充	（〇回／〇）
十二　屋上	ゴミ拾い	（〇回／〇）
	排水口・ドレンゴミ除去	（〇回／〇）

旧

別表第3　清掃業務

1　日常清掃

清掃対象部分	清掃仕様	
① 建物周囲		
一　建物周囲	ゴミ拾い	(○回／○)
二　植え込み	散水	(○回／○)
	除草	(○回／○)
三　駐車場	ゴミ拾い	(○回／○)
四　自転車置場	ゴミ拾い	(○回／○)
五　プレイロット	ゴミ拾い	(○回／○)
六　マンホール	ドレンゴミ除去	(○回／○)
七　側溝、排水口	ドレンゴミ除去	(○回／○)
八　ゴミ集積所	ゴミ仕分・整理	(○回／○)
	床洗い	(○回／○)
② 建物内部		
一　ポーチ	床掃き拭き	(○回／○)
	排水口・ドレンゴミ除去	(○回／○)
二　風除室	床掃き拭き	(○回／○)
三　エントランスホール	床掃き拭き	(○回／○)
	ゴミ箱・灰皿処理	(○回／○)
	備品ちりはらい	(○回／○)
	ドア拭き	(○回／○)
	金属ノブ磨き拭き	(○回／○)
	ガラス拭き	(○回／○)
四　エレベーターホール	床掃き拭き	(○回／○)
	ゴミ箱・灰皿処理	(○回／○)
	ガラス拭き	(○回／○)
五　エレベーター籠	床掃き拭き	(○回／○)
	ゴミ拾い	(○回／○)
	壁面金属部分磨き	(○回／○)
	壁面ちりはらい	(○回／○)
六　廊下	ゴミ拾い	(○回／○)
	手摺り・目隠し板ちりはらい	(○回／○)
七　階段	ゴミ拾い	(○回／○)
	手摺りちりはらい	(○回／○)
八　階段ドア	ドア拭き	(○回／○)
九　集会室	床掃き拭き	(○回／○)
	ゴミ箱・灰皿処理	(○回／○)
	集会室備品ちりはらい	(○回／○)
	ドア・ガラス拭き	(○回／○)
	金属部分磨き	(○回／○)
十　管理員室	床掃き拭き	(○回／○)
	ゴミ箱・灰皿処理	(○回／○)
	備品ちりはらい	(○回／○)
	ドア・ガラス拭き	(○回／○)
	金属部分磨き	(○回／○)
十一　共用トイレ	床掃き拭き	(○回／○)
	衛生陶器拭き	(○回／○)
	金属部分磨き	(○回／○)
	トイレットペーパー補充	(○回／○)
十二　屋上	ゴミ拾い	(○回／○)
	排水口・ドレンゴミ除去	(○回／○)

新	
2 特別清掃	
清掃対象部分	清掃仕様
① エントランスホール	床面洗浄 (○回／○) 床面機械洗浄 (○回／○) ワックス仕上げ (○回／○) カーペット洗浄 (○回／○)
② エレベーターホール	床面洗浄 (○回／○) 床面機械洗浄 (○回／○) ワックス仕上げ (○回／○) カーペット洗浄 (○回／○)
③ 階段	床面洗浄 (○回／○) 床面機械洗浄 (○回／○) ワックス仕上げ (○回／○) カーペット洗浄 (○回／○)
④ 廊下	床面洗浄 (○回／○) 床面機械洗浄 (○回／○) ワックス仕上げ (○回／○) カーペット洗浄 (○回／○)
⑤ 集会室	床面洗浄 (○回／○) 床面機械洗浄 (○回／○) ワックス仕上げ (○回／○) カーペット洗浄 (○回／○)
⑥ 管理事務室	床面洗浄 (○回／○) 床面機械洗浄 (○回／○) ワックス仕上げ (○回／○) カーペット洗浄 (○回／○)
⑦ 共用灯具・カバー	ちりはらい (○回／○)
⑧ 共用ガラス清掃	ちりはらい・拭き清掃 (○回／○)

3 業務実施の態様
　① 日常清掃及び特別清掃は、通常要すると認められる範囲及び時間において作業するものとする。
　② 廊下及び階段等常時利用又は使用状態にあり、清掃作業終了後に直ちに汚損する場所又は箇所については、通常の作業工程を終了した段階で、日常清掃の作業を完了したものとする。
　③ 廊下及び階段等常時利用又は使用状態にある場所又は箇所において清掃作業をする場合は、組合員等に事故が生じないよう配慮する。なお、当該作業を実施する場合は、共用部分の電気、水道を使用するものとする。

旧	
2　特別清掃	
清掃対象部分	清掃仕様
①　エントランスホール	床面洗浄　　　　　　　　　　　　（○回／○） 床面機械洗浄　　　　　　　　　　（○回／○） ワックス仕上げ　　　　　　　　　（○回／○） カーペット洗浄　　　　　　　　　（○回／○）
②　エレベーターホール	床面洗浄　　　　　　　　　　　　（○回／○） 床面機械洗浄　　　　　　　　　　（○回／○） ワックス仕上げ　　　　　　　　　（○回／○） カーペット洗浄　　　　　　　　　（○回／○）
③　内階段	床面洗浄　　　　　　　　　　　　（○回／○） 床面機械洗浄　　　　　　　　　　（○回／○） ワックス仕上げ　　　　　　　　　（○回／○） カーペット洗浄　　　　　　　　　（○回／○）
④　内廊下	床面洗浄　　　　　　　　　　　　（○回／○） 床面機械洗浄　　　　　　　　　　（○回／○） ワックス仕上げ　　　　　　　　　（○回／○） カーペット洗浄　　　　　　　　　（○回／○）
⑤　集会室	床面洗浄　　　　　　　　　　　　（○回／○） 床面機械洗浄　　　　　　　　　　（○回／○） ワックス仕上げ　　　　　　　　　（○回／○） カーペット洗浄　　　　　　　　　（○回／○）
⑥　管理員室	床面洗浄　　　　　　　　　　　　（○回／○） 床面機械洗浄　　　　　　　　　　（○回／○） ワックス仕上げ　　　　　　　　　（○回／○） カーペット洗浄　　　　　　　　　（○回／○）
⑦　共用灯具・カバー	ちりはらい　　　　　　　　　　　（○回／○）
⑧　共用ガラス清掃	ちりはらい・拭き清掃　　　　　　（○回／○）

3　業務実施の態様
　①　日常清掃及び特別清掃は、通常要すると認められる範囲及び時間において作業するものとする。
　②　廊下及び階段等常時利用又は使用状態にあり、清掃作業終了後に直ちに汚損する場所又は箇所については、通常の作業工程を終了した段階で、日常清掃の作業を完了したものとする。
　③　廊下及び階段等常時利用又は使用状態にある場所又は箇所において特別清掃作業をする場合は、組合員等に事故が生じないよう配慮する。なお、当該作業を実施する場合は、共用部分の電気、水道を使用するものとする。

新

別表第4 建物・設備管理業務

1 建物点検、検査

(1) 本契約書第2条第五号に記載する管理対象部分の外観目視点検

①建物	一 屋上、屋根、塔屋	ひび割れ、欠損、ずれ、剥がれ、浮き、保護層のせり上がり、破断、腐食、接合部剥離、塗膜劣化、錆・白華状況、ゴミ・植物、排水の有無又は状態	○回／年
	二 エントランス周り（屋外）	ひび割れ、段差、陥没等の有無又は状態	
	三 エントランスホール、エレベーターホール	破損、変形、玄関扉の開閉作動・錆、破損状態・緩み・変形の有無又は状態	
	四 外廊下・外階段	破損、変形、障害物、排水、ノンスリップ取付、鉄部の錆・腐食・ぐらつき等の有無又は状態	
	五 内廊下・内階段	破損、変形、障害物、ノンスリップ取付の有無又は状態	
	六 内壁・外壁・柱	ひび割れ、欠損、剥がれ、腐食、浮き、剥離、錆・白華状況等の有無又は状態	
	七 床、天井	ひび割れ、欠損、剥がれ、腐食等の有無又は状態	
	八 管理事務室、管理用倉庫、清掃員控室、集会室、共用トイレ、ポンプ室、機械室、受水槽室、高置水槽室、倉庫、パイプスペース、自家用電気室	破損、変形等の有無又は状態	
	九 テレビ共同受信設備	アンテナ、増幅器・分岐器の破損・変形等の有無又は状態	
	十 避雷設備	避雷針及び避雷導線の錆、腐食、ぐらつき、破損、変形、ケーブル破断等の有無又は状態	
②附属施設	一 塀、フェンス	錆、腐食、ぐらつき等の有無又は状態	○回／年
	二 駐車場、通路	ひび割れ、段差、陥没等の有無又は状態	
	三 自転車置場	ひび割れ、段差、陥没、錆、腐食、ぐらつき等の有無又は状態	
	四 ゴミ集積所	清掃、換気の有無又は状態	
	五 排水溝、排水口	変形、がたつき、排水、ゴミ・植物の有無又は状態	
	六 プレイロット	遊具の破損、変形等の有無又は状態	
	七 植栽	立ち枯れ等の有無又は状態	
	八 掲示板	変形、がたつき、破損等の有無又は状態	
	九 外灯設備	変形、がたつき、破損等の有無又は状態	

電気設備→5へ移動

旧

別表第4 建物・設備管理業務

1 建物点検、検査

(1) 本契約書第2条第五号に記載する管理対象部分の外観目視点検

①建物	一 屋上	ひび割れ、欠損、ずれ、剥がれ、浮き、保護層のせり上がり、破断、腐食、接合部剥離、塗膜劣化、錆・白華状況、ゴミ・植物、排水の有無又は状態	○回／年
	二 エントランス周り	ひび割れ、段差、陥没等の有無又は状態	
	三 <u>エントランス</u>、エレベーターホール	破損、変形、玄関扉の開閉作動・錆、破損状態・緩み・変形の有無又は状態	
	四 外廊下・外階段	破損、変形、障害物、排水、ノンスリップ取付、鉄部の錆・腐食・ぐらつき等の有無又は状態	
	五 内廊下・内階段	破損、変形、障害物、ノンスリップ取付の有無又は状態	
	六 内壁・外壁・柱	ひび割れ、欠損、剥がれ、腐食、浮き、剥離、錆・白華状況等の有無又は状態	
	七 天井	ひび割れ、欠損、剥がれ、腐食等の有無又は状態	
	八 管理員室、管理用倉庫、清掃員控室、集会室、共用トイレ、<u>湯沸室</u>	破損、変形等の有無又は状態	
	九 <u>テレビ共聴視用設備</u>	アンテナ、増幅器・分岐器の破損・変形等の有無又は状態	
②附属施設	一 塀、フェンス	錆、腐食、ぐらつき等の有無又は状態	○回／年
	二 駐車場、<u>歩道</u>	ひび割れ、段差、陥没等の有無又は状態	
	三 自転車置場	ひび割れ、段差、陥没、錆、腐食、ぐらつき等の有無又は状態	
	四 ゴミ集積所	清掃、換気の有無又は状態	
	五 <u>側溝</u>	変形、がたつき、排水、ゴミ・植物の有無又は状態	
	六 プレイロット	遊具の破損、変形等の有無又は状態	
	七 <u>花壇・庭木</u>	立ち枯れ等の有無又は状態	
	八 掲示板	変形、がたつき、破損等の有無又は状態	
③電気設備	一 自家用電気工作物 電気事業法第42条、第43条に基づく自主検査	受電設備、配電設備、非常用予備発電設備等に係る絶縁抵抗測定、接地抵抗測定、保護リレー試験等	1回／月 ○回／年
	二 一以外の電気設備 <u>(一)</u> 動力制御盤・電灯分電盤	異音、異臭、破損、変形、施錠等の有無又は状態	○回／年
	<u>(二)</u> 照明、コンセント、配線	球切れ、破損、変形等の有無又は状態	
	<u>(三)</u> タイマー又は光電式点滅器	作動時間設定の良否	
	<u>(四)</u> <u>避雷針</u>	錆、腐食、ぐらつき、破損、変形、ケーブル破断・亀裂等の有無又は状態	

4 マンション標準管理委託契約書（新旧対照表）

新				
(2) 建築基準法第12条第1項に規定する特殊建築物定期調査				(1回／6月〜3年)
	①	敷地及び地盤	地盤の不陸、排水の状況、通路の確保の状況、塀・擁壁の劣化及び損傷の状況等	
	②	建築物の外部	基礎、土台、外壁躯体、外装仕上げ材、窓サッシ等の劣化及び損傷の状況、外壁等の防火対策の状況等	
	③	屋上及び屋根	屋上面、屋上周り、屋根等の劣化及び損傷の状況、屋根の防火対策の状況等	
	④	建築物の内部	防火区画の状況、室内躯体壁・床の劣化及び損傷状況、給水管・配電管の区画貫通部の処理状況、界壁・間仕切壁の状況、防火設備の設置の状況、照明器具の落下防止対策の状況、採光・換気のための開口部の状況、石綿の使用及び劣化の状況等	
	⑤	避難施設	通路、廊下、出入口、階段の確保の状況、排煙設備、非常用エレベーター、非常用照明設備の作動の状況等	
	⑥	その他	免震装置、避雷設備等の劣化及び損傷の状況等	
(3) 建築基準法第12条第3項に規定する特殊建築物の建築設備定期検査				(1回／6月〜1年)
	①	換気設備	機械換気設備の外観検査・性能検査、自然換気設備、防火ダンパーの設置等の状況の検査等	
	②	排煙設備	排煙機・排煙口・排煙風道・自家用発電装置の外観検査・性能検査、防火ダンパーの取付け状況、可動防煙壁の作動等の状況の検査等	
	③	非常用の照明装置	非常用の照明器具・蓄電池・自家用発電装置の外観検査・性能検査等	
	④	給水設備及び排水設備	飲料用の配管・排水管の取付け・腐食及び漏水の状況、給水タンクの設置の状況、給水ポンプの運転の状況、排水トラップの取付けの状況、排水管と公共下水道等への接続の状況、通気管の状況の検査等	
(エレベーターの点検方式は、フルメンテナンス方式又は、POG方式を選択とする)				
2　エレベーター設備（○○○方式）				
(1) エレベーター設備の点検・整備		機械室、調速機、主索、かご室、かご上、乗り場、ピット、非常用エレベーター、戸遮煙構造等の点検・整備		(○回／月)
(2) 建築基準法第12条第3項に規定する昇降機定期検査（日本工業規格に基づく）		機械室、調速機、主索、かご室、かご上、乗り場、ピット、非常用エレベーター、戸遮煙構造等の検査		(1回／6月〜1年)

削　除

旧		
(2) 建築基準法第12条に規定する特殊建築物定期調査		(1回／3年)
① 一般事項	所有者の有無、構造上の主要部分変更の有無等	
② 敷地関係	地盤・道路等の現状、避難通路・非常用通路の管理状態等	
③ 構造関係	基礎、土台、柱、梁等の現状	
④ 防火関係	外壁防火や防火区画の状態等	
⑤ 避難関係	廊下、通路、階段、出入口等の状態	
⑥ 衛生関係	自然換気のための開口状態等	
(3) 建築基準法第12条に規定する建築設備定期検査		(1回／1年)
① 換気設備	関係図書・検査記録の保管、保守管理状態、換気設備の検査・外観検査・性能検査、空気調和設備の室内環境検査、防火ダンパーの検査等	
② 排煙設備	関係図書・検査記録の保管、保守管理状態、排煙口・防煙壁・排煙風道・排煙機の外観検査・性能検査、排煙出口の検査、自家発電装置・直結エンジンの外観検査・運転試験	
③ 非常用照明装置	関係図書・検査記録の保管、保守管理状態、照明器具・蓄電池・充電池・自家用発電装置の外観検査・性能検査、分電盤・切替回路の検査、照度測定	
④ 給排水設備	関係図書・検査記録の保管、保守管理状態、衛生器具・排水トラップ、配管一般及び防露・保温、給水設備、給湯設備、排水通気設備の検査	
(エレベーターの点検方式を、フルメンテナンス方式とする場合) 2 エレベーター設備		
(1) 昇降機検査標準（日本工業規格）に基づく定期点検	巻上機、モーター、制御盤、調速機、受電盤、エレベーター籠、ホール信号装置、ドア装置、昇降路、ピットの点検、清掃、給油、調整、消耗部品・機器の修理・交換	(〇回／月)
(2) 建築基準法第12条に規定する昇降機定期検査	調速機試験、非常止め試験、絶縁抵抗測定、油圧試験・加圧試験	(1回／1年)
(エレベーターの点検方式を、ＰＯＧ方式とする場合) 2 エレベーター設備		
(1) 昇降機検査標準（日本工業規格）に基づく定期点検	巻上機、モーター、制御盤、調速機、受電盤、エレベーター籠、ホール信号装置、ドア装置、昇降路、ピットの点検、清掃、給油、調整、点検作業に必要な消耗部品・消耗材料の提供	(〇回／月)
(2) 建築基準法第12条に規定する昇降機定期検査	調速機試験、非常止め試験、絶縁抵抗測定、油圧試験・加圧試験	(1回／1年)

新				
3	給水設備			
(1)	専用水道			
	① 水道法施行規則に規定する水質検査			(○回／年)
	② 水道法施行規則に規定する色度・濁度・残留塩素測定			(○回／日)
	③ 水道施設の外観目視点検			(○回／年)
		一 受水槽、高置水槽	ひび割れ、漏水、槽内沈殿物・浮遊物、マンホール施設、防虫網損傷等の有無又は状態	
		二 自動発停止装置、満減水警報装置、電極棒	接点劣化・損傷、作動の有無又は状態	
		三 FM弁、ボールタップ、減圧弁	錆、衝撃、漏水、損傷、作動等の有無又は状態	
		四 揚水ポンプ、圧力ポンプ	異音、振動、過熱、漏水等の有無又は状態	
		五 散水栓・止水栓、量水器、給水管	錆、損傷、変形、漏水等の有無又は状態	
(2)	簡易専用水道			
	① 水道法施行規則に規定する貯水槽の清掃			(1回／年)
	② 水道法施行規則に規定する検査			(1回／年)
	③ 水道施設の外観目視点検			(○回／年)
		一 受水槽、高置水槽	ひび割れ、漏水、槽内沈殿物・浮遊物、マンホール施設、防虫網損傷等の有無又は状態	
		二 満減水警報装置、電極棒	接点劣化・損傷、作動の有無又は状態	
		三 定水位弁、ボールタップ、減圧弁	錆、衝撃、漏水、損傷、作動等の有無又は状態	
		四 揚水ポンプ、圧力ポンプ	異音、振動、過熱、漏水等の有無又は状態	
		五 散水栓・止水栓、量水器、給水管	錆、損傷、変形、漏水等の有無又は状態	
4	浄化槽、排水設備			
(1)	浄化槽法第7条及び第11条に規定する水質検査			(○回／年)
(2)	浄化槽法第10条に規定する保守点検			(○回／年)
(3)	浄化槽法第10条に規定する清掃			(○回／年)
(4)	排水桝清掃			(○回／年)
(5)	専有部分、共用部分排水管清掃			(○回／年)
(6)	外観目視点検			(○回／年)
		① 排水槽、湧水槽	槽内堆積物・ゴミ等の有無	
		② 自動発停止装置、満減水警報装置、電極棒	接点劣化・損傷、作動の有無又は状態	
		③ 排水ポンプ	異音、振動、過熱、漏水、逆止弁の作動の有無又は状態	
		④ 雨水桝、排水桝	破損、がたつき、ゴミ・植物、排水等の有無又は状態	
		⑤ 通気管、雨水樋、排水管	破損、変形の有無	

旧				
3 給水設備				
(1) 専用水道				
	① 水道法施行規則に規定する水質検査			(〇回／〇)
	② 水道法施行規則に規定する残留塩素測定			(〇回／月)
	③ 水道施設の外観目視点検			(〇回／年)
		一 受水槽、高置水槽	ひび割れ、漏水、槽内沈殿物・浮遊物、マンホール施設、防虫網損傷等の有無又は状態	
		二 自動発停止装置、満減水警報装置、電極棒	接点劣化・損傷、作動の有無又は状態	
		三 FM弁、ボールタップ、減圧弁	錆、衝撃、漏水、損傷、作動等の有無又は状態	
		四 揚水ポンプ、圧力ポンプ	異音、振動、過熱、漏水等の有無又は状態	
		五 散水栓・止水栓、量水器、給水管	錆、損傷、変形、漏水等の有無又は状態	
(2) 簡易専用水道				
	① 水道法施行規則に規定する貯水槽の清掃			(1回／年)
	② 水道法施行規則に規定する検査			(1回／年)
	③ 水道施設の外観目視点検			(〇回／年)
		一 受水槽、高置水槽	ひび割れ、漏水、槽内沈殿物・浮遊物、マンホール施設、防虫網損傷等の有無又は状態	
		二 満減水警報装置、電極棒	接点劣化・損傷、作動の有無又は状態	
		三 FM弁、ボールタップ、減圧弁	錆、衝撃、漏水、損傷、作動等の有無又は状態	
		四 揚水ポンプ、圧力ポンプ	異音、振動、過熱、漏水等の有無又は状態	
		五 散水栓・止水栓、量水器、給水管	錆、損傷、変形、漏水等の有無又は状態	
4 浄化槽、排水設備				
(1) 浄化槽法第7条及び第11条に規定する水質検査				(〇回／年)
(2) 浄化槽法第10条に規定する保守点検				(〇回／年)
(3) 浄化槽法第10条に規定する清掃				(〇回／年)
(4) 排水桝清掃				(〇回／年)
(5) 専有部分、共用部分排水管清掃				(〇回／年)
(6) 外観目視点検				(〇回／年)
	① 排水槽、湧水槽		槽内堆積物・ゴミ等の有無	
	② 自動発停止装置、満減水警報装置、電極棒		接点劣化・損傷、作動の有無又は状態	
	③ 排水ポンプ		異音、振動、過熱、漏水、逆止弁の作動の有無又は状態	
	④ 雨水桝、排水桝		破損、がたつき、ゴミ・植物、排水等の有無又は状態	
	⑤ 通気管、雨水樋、排水管		破損、変形の有無	

4 マンション標準管理委託契約書（新旧対照表）

新			
5 電気設備			
(1) 自家用電気工作物			
	電気事業法第42条、第43条に基づく自主検査	受電設備、配電設備、非常用予備発電設備等に係る絶縁抵抗測定、接地抵抗測定、保護リレー試験等	○回／年
(2) 上記(1)以外の電気設備			
	① 動力制御盤・電灯分電盤	異音、異臭、破損、変形、施錠等の有無又は状態	○回／年
	② 照明、コンセント、配線	球切れ、破損、変形等の有無又は状態	
	③ タイマー又は光電式点滅器	作動時間設定の良否	
6 消防用設備等			
(1) 消防法第17条の3の3に規定する消防用設備等の点検			
	① 消防用設備等の機器点検		（1回／6月）
	② 消防用設備等の総合点検		（1回／年）
(2) 外観目視点検			（○回／年）
	① 消火設備	変形、損傷、液漏れ、紛失等の有無又は状態	
	② 警報設備	異音、発熱、球切れ、破損等の有無又は状態	
	③ 避難設備	球切れ、破損等の有無又は状態	
	④ 消防用水	変形、損傷、障害物等の有無又は状態	
	⑤ 消防活動上必要な施設	変形、損傷等の有無又は状態	
7 機械式駐車場設備			
(1) 外観目視点検	錆、破損、作動、排水ポンプ作動、移動式消火ボックス損傷等の有無又は状態		（○回／年）
(2) 定期保守点検			（○回／○）

旧		
5　消防用設備等		
(1)　消防法第17条の３の３に規定する消防用設備等の点検		
① 消防用設備等の機器点検		（１回／６月）
② 消防用設備等の総合点検		（１回／年）
(2)　外観目視点検		（○回／年）
① 消火設備	変形、損傷、液漏れ、紛失等の有無又は状態	
② 警報設備	異音、発熱、球切れ、破損等の有無又は状態	
③ 避難設備	球切れ、破損等の有無又は状態	
④ 消防用水	変形、損傷、障害物等の有無又は状態	
⑤ 消防活動上必要な施設	変形、損傷等の有無又は状態	
6　機械式駐車場設備		
(1)　外観目視点検	錆、破損、作動、排水ポンプ作動、移動式消火ボックス損傷等の有無又は状態	（○回／年）
(2)　定期保守点検		（○回／月）

4　マンション標準管理委託契約書（新旧対照表）

マンション標準管理委託契約書コメント（新旧対照表）

新	旧
マンション標準管理委託契約書コメント **1　全般関係** ①　この契約書は、マンションの管理組合（以下「管理組合」という。）とマンション管理業者の間で協議がととのった事項を記載した管理委託契約書を、マンションの管理の適正化の推進に関する法律（平成12年法律第149号。以下「適正化法」という。）第73条に規定する「契約成立時の書面」として交付する場合の指針として作成したものである。 ②　この契約書は、典型的な住居専用の単棟型マンションに共通する管理事務に関する標準的な契約内容を定めたものであり、実際の契約書作成に当たっては、個々の状況や必要性に応じて内容の追加、修正を行いつつ活用されるべきものである。 ③　この契約では、適正化法第2条第6号に定める管理事務をマンション管理業者に委託する場合を想定しており、警備業法に定める警備業務、消防法に定める防火管理者が行う業務は、管理事務に含まれない。 **2　第2条関係** ①　本条でいう管理対象部分とは、管理規約により管理組合が管理すべき部分<u>のうち、マンション管理業者が受託して管理する部分</u>をいい、区分所有者が管理すべき部分を含まない。<u>この管理対象部分は、名称を含めて、個々の状況や必要性に応じて適宜加除、修正すべきものである。</u> ②　専用使用部分（バルコニー、トランクルーム、専用庭等）については、管理組合が行うべき管理業務の範囲内においてマンション管理業者が管理事務を行う。 ③　管理事務の対象となるマンションが以下に掲げ	マンション標準管理委託契約書コメント **1　全般関係** ①　この契約書は、マンションの管理組合（以下「管理組合」という。）とマンション管理業者の間で協議がととのった事項を記載した管理委託契約書を、マンションの管理の適正化の推進に関する法律（平成12年法律第149号。以下「適正化法」という。）第73条に規定する「契約成立時の書面」として交付する場合の指針として作成したものである。 ②　この契約書は、典型的な住居専用の単棟型マンションに共通する管理事務に関する標準的な契約内容を定めたものであり、実際の契約書作成に当たっては、個々の状況や必要性に応じて内容の追加、修正を行いつつ活用されるべきものである。 ③　この契約では、適正化法第2条第6号に定める管理事務をマンション管理業者に委託する場合を想定しており、警備業法に定める警備業務、消防法に定める防火管理者が行う業務は、管理事務に含まれない。 **2　第2条関係** ①　本条でいう管理対象部分とは、管理規約により管理組合が管理すべき部分をいい、区分所有者が管理すべき部分を含まない。 ②　専用使用部分（バルコニー、<u>ベランダ</u>、トランクルーム、専用庭等）については、管理組合が行うべき管理業務の範囲内においてマンション管理業者が管理事務を行う。 ③　管理事務の対象となるマンションが以下に掲げ

新	旧
るものである場合、又は共用部分の設備等の故障等発信機器やインターネット等の設備等が設置され、当該設備等の維持・管理業務をマンション管理業者に委託するときは、本条を適宜追加、修正をすることが必要である。 一　単棟で、大多数の区分所有者がマンション外に住所地を有する「リゾートマンション」、専有部分の用途が住居以外の用途（事務所等）が認められている「複合用途型マンション」 二　数棟のマンションが所在する団地 3　第3条関係 ①　第1号から第4号までの管理事務の具体的な内容及び実施方法は別表で示している。なお、実際の契約書作成に当たっては、次のような業務をマンション管理業者に委託する場合等個々の状況や必要性に応じて本条を適宜追加、修正するものとする。 一　共用部分の設備等の監視・出動業務 二　インターネット、ＣＡＴＶ等の運営業務 三　除雪・排雪業務 四　植栽管理業務（施肥、剪定、消毒、害虫駆除等） 五　管理組合から委託を受けて行うコミュニティー支援業務 ②　第1号の事務管理業務には、適正化法第2条第6号に定める基幹事務が含まれている。 4　第4条関係 ①　第1項は、適正化法第74条で基幹事務の一括再委託を禁止していることを踏まえ、第3条第1号の事務管理業務の一括再委託ができないよう定めたものである。 ②　<u>本契約は、甲と乙の信頼関係を基礎とするものであるから、管理事務を第三者に再委託する場合においても、乙は、自らの責任と管理体制の下で処理すべきものである。</u>	るものである場合、又は共用部分の設備等の故障等発信機器やインターネット等の設備等が設置され、当該設備等の維持・管理業務をマンション管理業者に委託するときは、本条を適宜追加、修正をすることが必要である。 一　単棟で、大多数の区分所有者がマンション外に住所地を有する「リゾートマンション」、専有部分の用途が住居以外の用途（事務所等）が認められている「複合用途型マンション」 二　数棟のマンションが所在する団地 3　第3条関係 ①　第1号から第4号までの管理事務の具体的な内容及び実施方法は別表で示している。なお、実際の契約書作成に当たっては、次のような業務をマンション管理業者に委託する場合等個々の状況や必要性に応じて本条を適宜追加、修正するものとする。 一　共用部分の設備等の監視・出動業務 二　インターネット、ＣＡＴＶ等の運営業務 三　除雪・排雪業務 四　植栽管理業務（施肥、剪定、消毒、害虫駆除等） 五　管理組合から委託を受けて行うコミュニティー支援業務 ②　第1号の事務管理業務には、適正化法第2条第6号に定める基幹事務が含まれている。 4　第4条関係 　　第1項は、適正化法第74条で基幹事務の一括再委託を禁止していることを踏まえ、第3条第1号の事務管理業務の一括再委託ができないよう定めたものである。

4　マンション標準管理委託契約書（新旧対照表）

新	旧
第2項の規定により再委託した場合の最終的な責任を乙が負うにしても、再委託業者が業務を執行する上で直接甲に接触すること等もあることから、契約締結時に再委託する管理事務及び再委託先の名称（以下「再委託事務等」という。）が明らかな場合には、事前に甲に通知することが望ましい。また、これを変更又は追加する時も同様とし、諸事情により事前に通知できない場合は、事後速やかに甲に報告することが望ましい。 　ただし、第3条第1号の管理事務のうち出納に関する事務は極めて重要であるので、管理費等（別表第1　1（2）①において定義するものをいう。以下同じ。）の収納事務を集金代行会社に再委託する場合その他の出納に関する事務を再委託する場合は、再委託事務等を事前に甲に通知すべきである。	
5　第5条関係 　本条は、管理委託契約が民法第656条の準委任契約の性格を有することを踏まえ、同法第644条の善管注意義務を契約書上も明文化したものである。 　本契約書の免責条項（第8条、第10条、第11条、第13条、第17条）の規定により、マンション管理業者が免責されるには、各規定に適合するほか本条の善管注意義務を果たしていることが必要である。	5　第5条関係 　本条は、管理委託契約が民法第656条の準委任契約の性格を有することを踏まえ、同法第644条の善管注意義務を契約書上も明文化したものである。 　本契約書の免責条項（第8条、第10条、第11条、第13条、第17条）の規定により、マンション管理業者が免責されるには、各規定に適合するほか本条の善管注意義務を果たしていることが必要である。
6　第6条関係 ①　第2項で定額委託業務費の内訳を明示することにより、第3条に規定する管理事務の範囲・内容と定額委託業務費の関係を明確化することとしたものである。 　ただし、適正化法第72条に基づき管理委託契約締結前に行う重要事項説明等の際に、マンション管理業者が管理組合に対して見積書等であらかじめ定額委託業務費の内訳を明示している場合であ	6　第6条関係 ①　第2項で定額委託業務費の内訳を明示することにより、第3条に規定する管理事務の範囲・内容と定額委託業務費の関係を明確化することとしたものである。 　ただし、適正化法第72条に基づき管理委託契約締結前に行う重要事項説明等の際に、マンション管理業者が管理組合に対して見積書等であらかじめ定額委託業務費の内訳を明示している場合であ

新	旧
って、当事者間で合意しているときは、管理委託契約に定額委託業務費の内訳を記載しないことができる。 ② 第2項第2号で定める支払方法以外の方法で、委託業務費の支払いをする場合には、同号を適宜修正するものとする。 ③ 甲は、管理事務として乙に委託する事務（別表第1から別表第4までに定める事務）のため、乙に委託業務費を支払う。この委託業務費は、実施する業務の性格によって、第2項で定める定額委託業務費（その負担が定額でかつ実施内容によって価格に変更を生じる場合がないため精算を要しない費用）と、第3項の定額委託業務費以外の費用（実施内容によって価額に変更が生じる場合があるため各業務終了後に甲乙で精算を行う費用）とに分けられる。 ④ 第3項の定額委託業務費以外の業務費とは、例えば、業務の一部が専有部分内で行われる排水管の清掃業務、消防用設備等の保守点検業務などが想定される。 　なお、管理委託契約上定額委託業務費以外の業務費が存在しないときは、本項は不要である。 ⑤ 契約期間が1年で3年ごとに実施する特殊建築物定期調査のように、契約期間をまたいで実施する管理事務の取扱いについては、本契約と別個の契約とする方法、定額委託業務費以外の業務費とする方法又は定額委託業務費に含める方法とし、定額委託業務費に含める場合は、実施時期や費用を明示し、管理事務を実施しない場合の精算方法をあらかじめ明らかにすべきである。 ⑥ 契約期間内に実施する管理事務であっても、消防	って、当事者間で合意しているときは、管理委託契約に定額委託業務費の内訳を記載しないことができる。 ② 甲は、管理事務として乙に委託する事務（別表第1から別表第4までに定める事務）のため、乙に委託業務費を支払う。この委託業務費は、実施する業務の性格によって、第2項で定める定額委託業務費（その負担が定額でかつ精算を要しない費用）と、第3項の定額委託業務費以外の費用（実施内容によって価額に変更が生じる場合があるため各業務終了後に甲乙で精算を行う費用）とに分けられる。 　また、この委託業務費のほか、甲は、乙が管理事務を実施するのに必要となる共用部分の水道光熱費や通信費等の費用も負担するものとしている。 ③ 第3項の定額委託業務費以外の業務費とは、例えば、業務の一部が専有部分内で行われる排水管の清掃業務、消防用設備等の保守点検業務などが想定される。 　なお、管理委託契約上定額委託業務費以外の業務費が存在しないときは、本項は不要である。

新	旧
用設備等の点検のように1年に1、2回実施する管理事務の取扱いについては、定額委託業務費以外の業務費とする方法又は定額委託業務費に含める方法とし、定額委託業務費に含める場合は、実施時期や費用を明示し、管理事務を実施しない場合の精算方法をあらかじめ明らかにすべきである。	
7 第7条関係 ① 管理事務室等は、通常、管理組合がマンション管理業者にマンションの管理事務を行わせるのに不可欠であるため、無償で使用させるものとしている。 ② 第2項は、管理事務室等の使用に係る諸費用（水道光熱費、通信費、備品、消耗品費等）の負担区分について、その内容を規定するものとする。 ③ 管理事務室等の資本的支出が必要となった場合の負担については、別途、管理組合及びマンション管理業者が協議して決定することとなる。	7 第7条関係 ① 管理員室等は、通常、管理組合がマンション管理業者にマンションの管理事務を行わせるのに不可欠であるため、無償で使用させるものとしている。 ② 第2項は、管理員室等の使用に係る諸費用（水道光熱費、通信費、備品、消耗品費等）の負担区分について、その内容を規定するものとする。 ③ 管理員室等の資本的支出が必要となった場合の負担については、別途、管理組合及びマンション管理業者が協議して決定することとなる。
8 第8条関係 ① 本条で想定する災害又は事故等とは、天災地変による災害、漏水又は火災等の偶発的な事故等をいい、事前に事故等の発生を予測することが極めて困難なものをいう。 ② 第1号及び第2号に規定する災害及び事故の例等については、当該マンションの地域性、設備の状況等に応じて、内容の追加・修正等を行うものとする。	8 第8条関係 ① 本条で想定する災害又は事故等とは、天災地変による災害、漏水又は火災等の偶発的な事故等をいい、事前に事故等の発生を予測することが極めて困難なものをいう。 ② 第1号及び第2号に規定する災害及び事故の例等については、当該マンションの地域性、設備の状況等に応じて、内容の追加・修正等を行うものとする。
9 第9条関係 ① 第1項の「甲の会計の収支の結果を記載した書面」は、別表第1 1（1）②に定める「収支決算案の素案」を提出することで代えることができる。なお、本報告は適正化法第77条に基づく報告であるので、管理業務主任者をして行う必要があ	9 第9条関係 ① 第1項の「甲の会計の収支の結果を記載した書面」は、別表第1 1（1）②に定める「収支決算案の素案」を提出することで代えることができる。

新	旧
る。 ②　第1項の報告期限は、甲の総会の開催時期等を考慮し、管理組合の運営上支障がないように定めるものとする。 ③　第3項の報告については、当事者間の合意により、あらかじめ期日を定めて行う方法とすることも考えられる。	②　第2項の報告については、当事者間の合意により、あらかじめ期日を定めて行う方法とすることも考えられる。
10　第10条関係 　弁護士法第72条の規定を踏まえ、債権回収はあくまで管理組合が行うものであることに留意し、第2項のマンション管理業者の協力について、事前に協議が整っている場合は、協力内容（甲の名義による配達証明付内容証明郵便による督促等）、費用の負担等に関し、具体的に規定するものとする。	10　第10条関係 　第2項のマンション管理業者の協力について、事前に協議が整っている場合は、協力内容（甲の名義による配達証明付内容証明郵便による督促等）、費用の負担等に関し、具体的に規定するものとする。
11　第12条関係 　管理規約等に組合員の住所変更や長期不在等について届出義務を設けている場合は、本条第2項に適宜追加することが望ましい。	
12　第13条関係 　第1項に規定する管理事務は、その都度管理組合の承認の下で行われるものであり、管理組合の協力が不可欠なものである。 　組合員等が、正当な理由なく、マンション管理業者（又は再委託先の業者）の立入りを拒否したときは、第2項によりマンション管理業者はその部分に係る管理事務の実施が不可能である旨を管理組合に通知するものとする。	11　第13条関係 　第1項に規定する管理事務は、その都度管理組合の承認の下で行われるものであり、管理組合の協力が不可欠なものである。 　組合員等が、正当な理由なく、マンション管理業者（又は再委託先の業者）の立入りを拒否したときは、第2項によりマンション管理業者はその部分に係る管理事務の実施が不可能である旨を管理組合に通知するものとする。
13　第14条関係 ①　本条は、宅地建物取引業者が、媒介等の業務のために、宅地建物取引業法施行規則第16条の2等に定める事項について、マンション管理業者に当該事	12　第14条関係 ①　本条は、宅地建物取引業者が、媒介等の業務のために、宅地建物取引業法施行規則第16条の2に定める事項について、マンション管理業者に当該事

新	旧
項の確認を求めてきた場合の対応を定めたものである。 　本来宅地建物取引業者への管理規約等の提供・開示は管理組合又は売主たる組合員が行うべきものであるため、これらの事務をマンション管理業者が行う場合には、管理規約等においてその根拠が明確に規定されていることが望ましい。 　<u>また、マンション管理業者が提供・開示できる範囲は、原則として管理委託契約書に定める範囲となる。一般的にマンション内の事件、事故等の情報は、売主又は管理組合に確認するよう求めるべきである。</u> ② 管理規約が電磁的記録により作成されている場合には、記録された情報の内容を書面に表示して開示することとする。 ③ 開示する情報としては、管理費等の改定の予定及び修繕一時金の徴収の予定並びに大規模修繕の実施予定（理事会で改定等が決議されたものを含む。）がある場合にはこれを含むものとする。 ④ マンション管理業者が受託した管理事務の実施を通じて知ることができない過去の修繕の実施状況等がある場合には、マンション管理業者は管理組合から情報の提供を受けた範囲でこれらの事項を開示することとなる。 ⑤ 管理規約の提供等に係る費用については、誰が負担するのか（宅地建物取引業者等）、その金額、負担方法等について、別途、明らかにしておくことが望ましい。 <u>14</u>　**第16条関係** ① <u>第1項は、</u>適正化法第80条及び第87条の規定を受けて、マンション管理業者及びその使用人の守秘義務を定めたものである。<u>なお、適正化法第80条及び第87条の規定では、マンション管理業者でなくなった後及びマンション管理業者の使用人でな</u>	の確認を求めてきた場合の対応を定めたものである。 　本来宅地建物取引業者への管理規約等の提供・開示は管理組合又は売主たる組合員が行うべきものであるため、これらの事務をマンション管理業者が行う場合には、管理規約等においてその根拠が明確に規定されていることが望ましい。 ② 管理規約が電磁的記録により作成されている場合には、記録された情報の内容を書面に表示して開示することとする。 ③ 開示する情報としては、管理費等の改定の予定及び修繕一時金の徴収の予定並びに大規模修繕の実施予定（理事会で改定等が決議されたものを含む。）がある場合にはこれを含むものとする。 ④ マンション管理業者が受託した管理事務の実施を通じて知ることができない過去の修繕の実施状況等がある場合には、マンション管理業者は管理組合から情報の提供を受けた範囲でこれらの事項を開示することとなる。 ⑤ 管理規約の提供等に係る費用については、誰が負担するのか（宅地建物取引業者等）、その金額、負担方法等について、別途、明らかにしておくことが望ましい。 <u>13</u>　**第16条関係** 　<u>本条は、</u>適正化法第80条及び第87条の規定を受けて、マンション管理業者及びその使用人の守秘義務を定めたものである。

新	旧
くなった後にも守秘義務が課せられている。 ② 第2項は、マンション管理業者は、その業務に関して個人情報に接する機会が多く、個人情報の保護に関する法律の適用を受ける事業者が本法令等を遵守することはもとより、適用を受けない小規模事業者等も「国土交通省所管分野における個人情報保護に関するガイドライン」に準じて、個人情報の適正な取扱いの確保に努めるものとされていることを踏まえた規定である。 15　第18条関係 　第2項第1号に規定する「銀行の取引を停止されたとき」とは、「手形交換所の取引停止処分を受けたとき」、また、「破産、会社更生、民事再生の申立て」とは、それぞれ「破産手続開始、更生手続開始、再生手続開始の申立て」のことである。 16　第19条関係 　本条は、民法第651条の規定を踏まえ、契約当事者双方の任意解除権を規定したものである。解約の申入れの時期については、契約終了に伴う管理事務の引継等を合理的に行うのに通常必要な期間を考慮して設定している。 17　第20条関係 　契約の有効期間は、管理組合の会計期間、総会開催時期、重要事項説明時期等を勘案して設定することが必要である。 18　第21条関係 ① 第1項は、管理委託契約を更新しようとする場合の申入れ期限及び方法を規定したものである。マンション管理業者は、適正化法第72条により、管理委託契約を更新しようとするときは、あらかじめ重要事項説明を行うと定められていることを踏まえ、	14　第19条関係 　本条は、民法第651条の規定を踏まえ、契約当事者双方の任意解除権を規定したものである。解約の申入れの時期については、契約終了に伴う管理事務の引継等を合理的に行うのに通常必要な期間を考慮して設定している。 15　第20条関係 　契約の有効期間は、管理組合の会計期間、総会開催時期、重要事項説明時期等を勘案して設定することが必要である。 16　第21条関係 ① 第1項は、管理委託契約を更新しようとする場合の申入れ期限及び方法を規定したものである。マンション管理業者は、適正化法第72条により、管理委託契約を更新しようとするときは、あらかじめ重要事項説明を行うと定められていることを踏まえ、

新	旧
三月前までに更新の申入れを行うこととしたものである。 ② 契約の有効期間が満了する日までに更新に係る協議がととのわない場合、既存の契約は終了し、当該マンションの管理運営に支障を及ぼすため、第2項では暫定契約の手続きを定めている。ただし、この場合にも適正化法第72条に規定する、同一の条件で契約を更新しようとする場合の重要事項説明等の手続きは必要である。 ③ <u>暫定契約の期間は、協議状況を踏まえて当事者間で適切な期間を設けるものとする。</u> <u>19</u> 第22条関係 　本条は、設備の維持管理に関する法令等の制定又は改廃により、第3条の管理事務の内容や第6条の委託業務費の額の変更が必要となった場合について定めたものである。 <u>20</u> 第24条関係 　支払督促を申し立てる裁判所については、本条の規定にかかわらず、民事訴訟法の定めるところにより、債務者の住所地等を管轄する簡易裁判所においてするものとする。 <u>21</u> 別紙1関係 　定額委託業務費の構成は一様ではないので、内訳明示の方法を3つ例示している。 <u>22</u> 別紙2関係 　定額委託業務費以外の業務費については、各々独立性を有する業務ごとに業務費を計上することとしている。	三月前までに更新の申入れを行うこととしたものである。 ② 契約の有効期間が満了する日までに更新に係る協議がととのわない場合、既存の契約は終了し、当該マンションの管理運営に支障を及ぼすため、第2項では暫定契約の手続きを定めている。ただし、この場合にも適正化法第72条に規定する、同一の条件で契約を更新しようとする場合の重要事項説明等の手続きは必要である。 <u>17</u> 第22条関係 　本条は、設備の維持管理に関する法令、<u>消費税法等の税制</u>等の制定又は改廃により、第3条の管理事務の内容や第6条の委託業務費の額の変更が必要となった場合について定めたものである。 <u>18</u> 第24条関係 　<u>少額訴訟の提起又は</u>支払督促を申し立てる裁判所については、本条の規定にかかわらず、民事訴訟法の定めるところにより、債務者の住所地等を管轄する簡易裁判所においてするものとする。 <u>19</u> 別紙1関係 　定額委託業務費の構成は一様ではないので、内訳明示の方法を3つ例示している。 <u>20</u> 別紙2関係 　定額委託業務費以外の業務費については、各々独立性を有する業務ごとに業務費を計上することとしている。

新	旧
23　別表第1　1（1）関係 ① マンション管理業者が管理組合の出納業務の全部を受託していない場合においては、収入及び支出の調定についても、マンション管理業者が受託した出納業務に係る範囲で行うものとする。 ② <u>収支予算案の素案及び収支決算案の素案の報告期限は、個々の状況や甲の総会の開催時期等を考慮し、管理組合の運営上支障がないように定めるものとする。</u> ③ <u>会計の収支状況に関する書面として、収支状況及び収納状況が確認できる書面の作成が必要である。</u> ④ <u>電磁的方法による交付は、国土交通省の所管する法令に係る民間事業者等が行う書面の保存等における情報通信の技術の利用に関する法律施行規則（平成17年国土交通省令第26号）第11条に規定する方法により行うものとする。また、民間事業者等が行う書面の保存等における情報通信の技術の利用に関する法律施行令（平成17年政令第8号）第2条の規定に基づき、あらかじめ、甲に対し、その用いる電磁的方法の種類及び内容を示し、書面又は電磁的方法による承諾を得なければならない。</u> **24　別表第1　1（2）関係** （保証契約を締結して甲の収納口座と甲の保管口座を設ける場合） ① 甲と乙の双方の収納口座があるときは、甲の組合員の口座から管理費等を最初に収納する口座の名義が甲又は乙のいずれであるかによって（保証契約を締結して甲の収納口座と甲の保管口座を設ける場合）又は（乙の収納口座と甲の保管口座を設ける場合）のどちらに該当するのかを判断するものとする。また、甲の経費の支払をする収納口座の名義が甲以外の場合には、1（2）④を適宜修正するものとする。 ② 出納業務として、各専有部分の水道料等の計算、	**21　別表第1関係** ① マンション管理業者が管理組合の出納業務の全部を受託していない場合においては、収入及び支出の調定についても、マンション管理業者が受託した出納業務に係る範囲で行うものとする。 ③ 出納業務として、各専有部分の水道料等の計算、

4　マンション標準管理委託契約書（新旧対照表）

新	旧
収納を委託する場合は、本表に以下の規定を加えるものとする。 ○　甲の組合員等が甲に支払うべき水道料、冷暖房料、給湯料等（以下「水道料等」という。）の計算、収納 　　甲の管理規約等の定めに基づき、○月ごとに、甲の組合員等別の水道料等を計算し、甲の管理規約第○条に定める預金口座振替の方法により、甲の組合員等の口座から、甲の口座に振り替える。 ③　乙は、甲から委託を受けて管理する管理組合の財産については、適正化法第76条の規定に則り、自己の固有財産及び他の管理組合の財産と分別して管理しなければならない。 ④　乙が管理費等の収納事務を集金代行会社に再委託する場合は、1（2）①二及び三を以下のとおり記載するものとする。 　○　二　組合員別管理費等負担額一覧表に基づき、毎月次号に定める預金口座収納日の○営業日前までに、預金口座振替請求金額通知書を、次の集金代行会社（以下「集金代行会社」という。）に提出する。 　　　　再委託先の名称　　　○○○○ 　　　　再委託先の所在地　　○○○○ 　○　三　甲の組合員の管理費等の収納は、甲の管理規約第○条に定める預金口座振替の方法によるものとし、毎月○日（当該日が金融機関の休業日に当たる場合はその翌営業日。以下「収納日」という。）に、甲の組合員の口座から集金代行会社の口座に振り替え、収納日の○営業日後に集金代行会社の口座から甲の収納口座に収納し、④の事務を行った後その残額を、当該管理費等を充当する月の翌月末日までに、甲の保管口座に移し換える。 　　　　収納口座　　　○○銀行○○支店 　　　　保管口座　　　○○銀行○○支店	収納を委託する場合は、本表に以下の規定を加えるものとする。 ○　甲の組合員等が甲に支払うべき水道料、冷暖房料、給湯料等（以下「水道料等」という。）の計算、収納 　　甲の管理規約等の定めに基づき、○月ごとに、甲の組合員等別の水道料等を計算し、甲の管理規約第○条に定める預金口座振替の方法により、甲の組合員等の口座から、甲の口座に振り替える。 ⑦　甲の収納口座及び甲の保管口座については、適正化法第76条の規定に則り、乙の口座と明確に分別して管理しなければならない。

新	旧
⑤　適正化法施行規則第87条第2項第1号ロに定める方法による場合は、1（2）①三を以下のとおり記載するものとする。 　○　三　甲の組合員の修繕積立金の収納は、甲の管理規約第○条に定める預金口座振替の方法によるものとし、毎月○日（当該日が金融機関の休業日に当たる場合はその翌営業日。以下同じ。）に、甲の組合員の口座から甲の保管口座に振り替える。甲の組合員の管理費等（修繕積立金を除く。）の収納は、甲の管理規約第○条に定める預金口座振替の方法によるものとし、毎月○日に、甲の組合員の口座から甲の収納口座に振り替えし、④の事務を行った後その残額を、当該管理費等を充当する月の翌月末日までに、甲の保管口座に移し換える。 　　　収納口座　　○○銀行○○支店 　　　保管口座　　○○銀行○○支店	
⑥　マンション管理業者は、甲の収納口座と甲の保管口座を設ける場合にあっては、次の要件を両方とも満たさない場合は、収納口座に収納される一月分の管理費等の合計額以上の額につき有効な保証契約を締結していることが必要なことから、保証契約の内容等を記載するものとする。なお、「有効な保証契約」とは、マンション管理業者が保証契約を締結していなければならないすべての期間にわたって、適正化法規則第87条第3項に規定する保証契約を締結していることが必要であるとの趣旨である。したがって、管理委託契約の契約期間の途中で保証契約の期間が満了する場合には、当該保証契約の更新等をしなければならない。 　一　管理費等が組合員からマンション管理業者が受託契約を締結した管理組合若しくはその管理者等（以下「管理組合等」という。）を名義人とする収納口座に直接預入される場合又はマンシ	⑥　収納代行方式又は支払一任代行方式を採用する場合、マンション管理業者は保証契約を締結することが必要なことから、保証契約の内容等を記載するものとする。

新	旧
ョン管理業者若しくはマンション管理業者から委託を受けた者が組合員から管理費等を徴収しない場合 二　マンション管理業者が、管理組合等を名義人とする収納口座に係る当該管理組合等の印鑑、預貯金の引出用カードその他これらに類するものを管理しない場合 ⑦　1（2）①四ハのdからfの項目は、保証契約書等を添付することにより、これらが確認できる場合は記載を省略することができる。 ⑧　マンション管理業者が、本契約書第10条第1項に基づく管理費等の滞納者に対する督促を行う場合は、その旨記載するものとする。 ⑨　滞納者に対する督促については、マンション管理業者は組合員異動届等により管理組合から提供を受けた情報の範囲内で督促するものとする。なお、督促の方法（電話若しくは自宅訪問又は督促状）については、滞納者の居住地、督促に係る費用等を踏まえ、合理的な方法で行うものとする。また、その結果については滞納状況とあわせて書面で報告するものとする。 ⑩　財産の分別管理の方法については、以下の方法の別に本表を作成するものとし、各方式の具体的な内容（集金代行会社委託、電子取引による決済等）を記載するものとする。 一　甲の収納・保管口座を設ける場合 二　保証契約を締結する必要のないときに甲の収納口座と甲の保管口座を設ける場合 三　乙の収納口座と甲の保管口座を設ける場合 四　保証契約を締結して甲の収納口座と甲の保管口座を設ける場合 ⑪　適正化法施行規則第87条第4項により、マンション管理業者が保管口座又は収納・保管口座に係る甲の印鑑、預貯金の引出用のカードその他これらに類するものを管理することは禁止されている。	②　マンション管理業者が管理費等の滞納金の収納事務を行う場合は、その旨記載するものとする。 ④　滞納者に対する督促については、マンション管理業者は組合員異動届等により管理組合から提供を受けた情報の範囲内で督促するものとする。また、督促の方法（電話若しくは自宅訪問又は督促状）については、滞納者の居住地、督促に係る費用等を踏まえ、合理的な方法で行うものとする。 ⑤　財産の分別管理の方法については、原則方式、収納代行方式、支払一任代行方式の別に本表を作成するものとし、各方式の具体的な内容（集金代行会社委託、電子取引による決済等）を記載するものとする。

新	旧
⑫ マンション管理業者が損害保険証券を保管する場合については、適正化法施行規則第87条に規定する有価証券の分別管理の規定に鑑み、掛け捨て型の保険契約に係る証券に限るものとする。	⑧ マンション管理業者が損害保険証券を保管する場合については、適正化法施行規則第87条に規定する有価証券の分別管理の規定に鑑み、掛け捨て型の保険契約に係る証券に限るものとする。
⑬ <u>乙の収納口座と甲の保管口座を設ける場合における乙の収納口座からの支払、保証契約を締結して甲の収納口座と甲の保管口座を設ける場合における甲の収納口座からの支払</u>については、乙は甲からの支払委託により包括的に承認を受けていると考えられる。なお、甲の保管口座から支払う場合<u>及び保証契約を締結していないときの甲の収納口座から支払う場合</u>は、<u>甲の収納・保管口座を設ける場合</u>と同様、個別に甲の承認を得て支払うことが必要となる。	⑨ <u>収納代行方式</u>における乙の収納口座からの支払、<u>支払一任代行方式</u>における甲の収納口座からの支払については、乙は甲からの支払委託により包括的に承認を受けていると考えられる。なお、甲の保管口座から支払う場合は、<u>原則方式</u>と同様、個別に甲の承認を得て支払うことが必要となる。
⑭ 甲の会計に係る帳簿等とは、管理費等の出納簿や支出に係る証拠書類等をいう。	⑩ 甲の会計に係る帳簿等とは、管理費等の出納簿や支出に係る証拠書類等をいう。
<u>(乙の収納口座と甲の保管口座を設ける場合)</u> ① <u>甲と乙の双方の収納口座があるときは、甲の組合員の口座から管理費等を最初に収納する口座の名義が甲又は乙のいずれであるかによって（保証契約を締結して甲の収納口座と甲の保管口座を設ける場合）又は（乙の収納口座と甲の保管口座を設ける場合）のどちらに該当するのかを判断するものとする。また、甲の経費の支払をする収納口座の名義が乙以外の場合には、1（2）④を適宜修正するものとする。</u>	
② 出納業務として、各専有部分の水道料等の計算、収納を委託する場合は、本表に以下の規定を加えるものとする。 　○ 甲の組合員等が甲に支払うべき水道料、冷暖房料、給湯料等（以下「水道料等」という。）の計算、収納 　　甲の管理規約等の定めに基づき、○月ごとに、甲の組合員等別の水道料等を計算し、甲の管理規	③ 出納業務として、各専有部分の水道料等の計算、収納を委託する場合は、本表に以下の規定を加えるものとする。 　○ 甲の組合員等が甲に支払うべき水道料、冷暖房料、給湯料等（以下「水道料等」という。）の計算、収納 　　甲の管理規約等の定めに基づき、○月ごとに、甲の組合員等別の水道料等を計算し、甲の管理規

新	旧
約第〇条に定める預金口座振替の方法により、甲の組合員等の口座から、甲の口座に振り替える。 ③ 乙は、甲から委託を受けて管理する管理組合の財産については、適正化法第76条の規定に則り、自己の固有財産及び他の管理組合の財産と分別して管理しなければならない。 ④ 乙が管理費等の収納事務を集金代行会社に再委託する場合は、1（2）①二及び三を以下のとおり記載するものとする。 　〇　二　組合員別管理費等負担額一覧表に基づき、毎月次号に定める預金口座収納日の〇営業日前までに、預金口座振替請求金額通知書を、次の集金代行会社（以下「集金代行会社」という。）に提出する。 　　　　再委託先の名称　　〇〇〇〇 　　　　再委託先の所在地　〇〇〇〇 　〇　三　甲の組合員の管理費等の収納は、甲の管理規約第〇条に定める預金口座振替の方法によるものとし、毎月〇日（当該日が金融機関の休業日に当たる場合はその翌営業日。以下「収納日」という。）に、甲の組合員の口座から集金代行会社の口座に振り替え、収納日の〇営業日後に集金代行会社の口座から乙の収納口座に収納し、④の事務を行った後その残額を、当該管理費等を充当する月の翌月末日までに、甲の保管口座に移し換える。この場合、甲の保管口座に移し換えるまでの管理費等については、利息を付さない。 　　　　収納口座　　〇〇銀行〇〇支店 　　　　保管口座　　〇〇銀行〇〇支店 ⑤ 適正化法施行規則第87条第2項第1号ロに定める方法による場合は、1（2）①三を以下のとおり記載するものとする。 　〇　三　甲の組合員の修繕積立金の収納は、甲の管理規約第〇条に定める預金口座振替の方	約第〇条に定める預金口座振替の方法により、甲の組合員等の口座から、甲の口座に振り替える。 ⑦ 甲の収納口座及び甲の保管口座については、適正化法第76条の規定に則り、乙の口座と明確に分別して管理しなければならない。

新	旧
法によるものとし、毎月〇日（当該日が金融機関の休業日に当たる場合はその翌営業日。以下同じ。）に、甲の組合員の口座から甲の保管口座に振り替える。甲の組合員の管理費等（修繕積立金を除く。）の収納は、甲の管理規約第〇条に定める預金口座振替の方法によるものとし、毎月〇日に、甲の組合員の口座から乙の収納口座に収納し、④の事務を行った後その残額を、当該管理費等を充当する月の翌月末日までに、甲の保管口座に移し換える。この場合、甲の保管口座に移し換えるまでの管理費等（修繕積立金を除く。）については、利息を付さない。 　　収納口座　　〇〇銀行〇〇支店 　　保管口座　　〇〇銀行〇〇支店	
⑥　収納口座を乙の名義とする場合は、収納口座に収納される一月分の管理費等の合計額以上の額につき有効な保証契約を締結していることが必要なことから、保証契約の内容等を記載するものとする。なお、「有効な保証契約」とは、マンション管理業者が保証契約を締結していなければならないすべての期間にわたって、適正化法施行規則第87条第3項に規定する保証契約を締結していることが必要であるとの趣旨である。したがって、管理委託契約の契約期間の途中で保証契約の期間が満了する場合には、当該保証契約の更新等をしなければならない。	⑥　収納代行方式又は支払一任代行方式を採用する場合、マンション管理業者は保証契約を締結することが必要なことから、保証契約の内容等を記載するものとする。
⑦　1（2）①四ハのdからfの項目は、保証契約書等を添付することにより、これらが確認できる場合は記載を省略することができる。	
⑧　マンション管理業者が、本契約書第10条第1項に基づく管理費等の滞納者に対する督促を行う場合は、その旨記載するものとする。	②　マンション管理業者が管理費等の滞納金の収納事務を行う場合は、その旨記載するものとする。
⑨　滞納者に対する督促については、マンション管理	④　滞納者に対する督促については、マンション管理

新	旧
業者は組合員異動届等により管理組合から提供を受けた情報の範囲内で督促するものとする。<u>なお、</u>督促の方法（電話若しくは自宅訪問又は督促状）については、滞納者の居住地、督促に係る費用等を踏まえ、合理的な方法で行うものとする。<u>また、その結果については滞納状況とあわせて書面で報告するものとする。</u> ⑩ 財産の分別管理の方法については、<u>以下の方法</u>の別に本表を作成するものとし、各方式の具体的な内容（集金代行会社委託、電子取引による決済等）を記載するものとする。 　<u>一　甲の収納・保管口座を設ける場合</u> 　<u>二　保証契約を締結する必要のないときに甲の収納口座と甲の保管口座を設ける場合</u> 　<u>三　乙の収納口座と甲の保管口座を設ける場合</u> 　<u>四　保証契約を締結して甲の収納口座と甲の保管口座を設ける場合</u> ⑪　<u>適正化法施行規則第87条第4項により、マンション管理業者が保管口座又は収納・保管口座に係る甲の印鑑、預貯金の引出用のカードその他これらに類するものを管理することは禁止されている。</u> ⑫　マンション管理業者が損害保険証券を保管する場合については、適正化法施行規則第87条に規定する有価証券の分別管理の規定に鑑み、掛け捨て型の保険契約に係る証券に限るものとする。 ⑬　<u>乙の収納口座と甲の保管口座を設ける場合における乙の収納口座からの支払、保証契約を締結して甲の収納口座と甲の保管口座を設ける場合における甲の収納口座からの支払</u>については、乙は甲からの支払委託により包括的に承認を受けていると考えられる。なお、甲の保管口座から支払う場合<u>及び保証契約を締結していないときの甲の収納口座から支払う場合</u>は、<u>甲の収納・保管口座を設ける場合</u>と同様、個別に甲の承認を得て支払うことが必要となる。	業者は組合員異動届等により管理組合から提供を受けた情報の範囲内で督促するものとする。<u>また、</u>督促の方法（電話若しくは自宅訪問又は督促状）については、滞納者の居住地、督促に係る費用等を踏まえ、合理的な方法で行うものとする。 ⑤　財産の分別管理の方法については、<u>原則方式、収納代行方式、支払一任代行方式</u>の別に本表を作成するものとし、各方式の具体的な内容（集金代行会社委託、電子取引による決済等）を記載するものとする。 ⑧　マンション管理業者が損害保険証券を保管する場合については、適正化法施行規則第87条に規定する有価証券の分別管理の規定に鑑み、掛け捨て型の保険契約に係る証券に限るものとする。 ⑨　<u>収納代行方式における乙の収納口座からの支払、支払一任代行方式における甲の収納口座からの支払</u>については、乙は甲からの支払委託により包括的に承認を受けていると考えられる。なお、甲の保管口座から支払う場合は、<u>原則方式</u>と同様、個別に甲の承認を得て支払うことが必要となる。

新	旧
⑭ 甲の会計に係る帳簿等とは、管理費等の出納簿や支出に係る証拠書類等をいう。 （保証契約を締結する必要がないときに甲の収納口座と甲の保管口座を設ける場合） ① 出納業務として、各専有部分の水道料等の計算、収納を委託する場合は、本表に以下の規定を加えるものとする。 　○ 甲の組合員等が甲に支払うべき水道料、冷暖房料、給湯料等（以下「水道料等」という。）の計算、収納 　　甲の管理規約等の定めに基づき、○月ごとに、甲の組合員等別の水道料等を計算し、甲の管理規約第○条に定める預金口座振替の方法により、甲の組合員等の口座から、甲の口座に振り替える。 ② 適正化法施行規則第 87 条第 2 項第 1 号ロに定める方法による場合は、1（2）①三を以下のとおり記載するものとする。 　○　三　甲の組合員の修繕積立金の収納は、甲の管理規約第○条に定める預金口座振替の方法によるものとし、毎月○日（当該日が金融機関の休業日に当たる場合はその翌営業日。以下同じ。）に、甲の組合員の口座から甲の保管口座に振り替える。甲の組合員の管理費等（修繕積立金を除く。）の収納は、甲の管理規約第○条に定める預金口座振替の方法によるものとし、毎月○日に、甲の組合員の口座から甲の収納口座に振り替えし、④の事務を行った後その残額を、当該管理費等を充当する月の翌月末日までに、甲の保管口座に移し換える。 　　　収納口座　　○○銀行○○支店 　　　保管口座　　○○銀行○○支店 ③ 甲の収納口座と甲の保管口座を設ける場合にあっては、次のいずれにも該当する場合のみ、マンシ	⑩ 甲の会計に係る帳簿等とは、管理費等の出納簿や支出に係る証拠書類等をいう。 ③ 出納業務として、各専有部分の水道料等の計算、収納を委託する場合は、本表に以下の規定を加えるものとする。 　○ 甲の組合員等が甲に支払うべき水道料、冷暖房料、給湯料等（以下「水道料等」という。）の計算、収納 　　甲の管理規約等の定めに基づき、○月ごとに、甲の組合員等別の水道料等を計算し、甲の管理規約第○条に定める預金口座振替の方法により、甲の組合員等の口座から、甲の口座に振り替える。 ⑥ 収納代行方式又は支払一任代行方式を採用する場合、マンション管理業者は保証契約を締結するこ

4 マンション標準管理委託契約書（新旧対照表）

新	旧
ョン管理業者は収納口座に収納される一月分の管理費等の合計額以上の額につき有効な保証契約を締結する必要がない。 　一　管理費等が組合員からマンション管理業者が受託契約を締結した管理組合若しくはその管理者等（以下「管理組合等」という。）を名義人とする収納口座に直接預入される場合又はマンション管理業者若しくはマンション管理業者から委託を受けた者が組合員から管理費等を徴収しない場合 　二　マンション管理業者が、管理組合等を名義人とする収納口座に係る当該管理組合等の印鑑、預貯金の引出用カードその他これらに類するものを管理しない場合 ④　乙は、甲から委託を受けて管理する管理組合の財産については、適正化法第76条の規定に則り、自己の固有財産及び他の管理組合の財産と分別して管理しなければならない。 ⑤　マンション管理業者が、本契約書第10条第1項に基づく管理費等の滞納者に対する督促を行う場合は、その旨記載するものとする。 ⑥　滞納者に対する督促については、マンション管理業者は組合員異動届等により管理組合から提供を受けた情報の範囲内で督促するものとする。なお、督促の方法（電話若しくは自宅訪問又は督促状）については、滞納者の居住地、督促に係る費用等を踏まえ、合理的な方法で行うものとする。また、その結果については滞納状況とあわせて書面で報告するものとする。 ⑦　財産の分別管理の方法については、以下の方法の別に本表を作成するものとし、各方式の具体的な内容（集金代行会社委託、電子取引による決済等）を記載するものとする。 　一　甲の収納・保管口座を設ける場合 　二　保証契約を締結する必要のないときに甲の収	とが必要なことから、保証契約の内容等を記載するものとする。 ⑦　甲の収納口座及び甲の保管口座については、適正化法第76条の規定に則り、乙の口座と明確に分別して管理しなければならない。 ②　マンション管理業者が管理費等の滞納金の収納事務を行う場合は、その旨記載するものとする。 ④　滞納者に対する督促については、マンション管理業者は組合員異動届等により管理組合から提供を受けた情報の範囲内で督促するものとする。また、督促の方法（電話若しくは自宅訪問又は督促状）については、滞納者の居住地、督促に係る費用等を踏まえ、合理的な方法で行うものとする。 ⑤　財産の分別管理の方法については、原則方式、収納代行方式、支払一任代行方式の別に本表を作成するものとし、各方式の具体的な内容（集金代行会社委託、電子取引による決済等）を記載するものとする。

新	旧
納口座と甲の保管口座を設ける場合 三 乙の収納口座と甲の保管口座を設ける場合 四 保証契約を締結して甲の収納口座と甲の保管口座を設ける場合 ⑧ 適正化法施行規則第87条第4項により、マンション管理業者が保管口座又は収納・保管口座に係る甲の印鑑、預貯金の引出用のカードその他これらに類するものを管理することは禁止されている。	
⑨ マンション管理業者が損害保険証券を保管する場合については、適正化法施行規則第87条に規定する有価証券の分別管理の規定に鑑み、掛け捨て型の保険契約に係る証券に限るものとする。	⑧ マンション管理業者が損害保険証券を保管する場合については、適正化法施行規則第87条に規定する有価証券の分別管理の規定に鑑み、掛け捨て型の保険契約に係る証券に限るものとする。
⑩ 乙の収納口座と甲の保管口座を設ける場合における乙の収納口座からの支払、保証契約を締結して甲の収納口座と甲の保管口座を設ける場合における甲の収納口座からの支払については、乙は甲からの支払委託により包括的に承認を受けていると考えられる。なお、甲の保管口座から支払う場合及び保証契約を締結していないときの甲の収納口座から支払う場合は、甲の収納・保管口座を設ける場合と同様、個別に甲の承認を得て支払うことが必要となる。	⑨ 収納代行方式における乙の収納口座からの支払、支払一任代行方式における甲の収納口座からの支払については、乙は甲からの支払委託により包括的に承認を受けていると考えられる。なお、甲の保管口座から支払う場合は、原則方式と同様、個別に甲の承認を得て支払うことが必要となる。
⑪ 甲の会計に係る帳簿等とは、管理費等の出納簿や支出に係る証拠書類等をいう。	⑩ 甲の会計に係る帳簿等とは、管理費等の出納簿や支出に係る証拠書類等をいう。
（甲の収納・保管口座を設ける場合） ① 出納業務として、各専有部分の水道料等の計算、収納を委託する場合は、本表に以下の規定を加えるものとする。 ○ 甲の組合員等が甲に支払うべき水道料、冷暖房料、給湯料等（以下「水道料等」という。）の計算、収納 　甲の管理規約等の定めに基づき、○月ごとに、甲の組合員等別の水道料等を計算し、甲の管理規約第○条に定める預金口座振替の方法により、甲	③ 出納業務として、各専有部分の水道料等の計算、収納を委託する場合は、本表に以下の規定を加えるものとする。 ○ 甲の組合員等が甲に支払うべき水道料、冷暖房料、給湯料等（以下「水道料等」という。）の計算、収納 　甲の管理規約等の定めに基づき、○月ごとに、甲の組合員等別の水道料等を計算し、甲の管理規約第○条に定める預金口座振替の方法により、甲

4 マンション標準管理委託契約書（新旧対照表）

新	旧
の組合員等の口座から、甲の口座に振り替える。 ② 乙は、甲から委託を受けて管理する管理組合の財産については、適正化法第76条の規定に則り、自己の固有財産及び他の管理組合の財産と分別して管理しなければならない。 ③ マンション管理業者が、本契約書第10条第1項に基づく管理費等の滞納者に対する督促を行う場合は、その旨記載するものとする。 ④ 滞納者に対する督促については、マンション管理業者は組合員異動届等により管理組合から提供を受けた情報の範囲内で督促するものとする。なお、督促の方法（電話若しくは自宅訪問又は督促状）については、滞納者の居住地、督促に係る費用等を踏まえ、合理的な方法で行うものとする。また、その結果については滞納状況とあわせて書面で報告するものとする。 ⑤ 財産の分別管理の方法については、以下の方法の別に本表を作成するものとし、各方式の具体的な内容（集金代行会社委託、電子取引による決済等）を記載するものとする。 一　甲の収納・保管口座を設ける場合 二　保証契約を締結する必要のないときに甲の収納口座と甲の保管口座を設ける場合 三　乙の収納口座と甲の保管口座を設ける場合 四　保証契約を締結して甲の収納口座と甲の保管口座を設ける場合 ⑥ 適正化法施行規則第87条第4項により、マンション管理業者が保管口座又は収納・保管口座に係る甲の印鑑、預貯金の引出用のカードその他これらに類するものを管理することは禁止されている。 ⑦ マンション管理業者が損害保険証券を保管する場合については、適正化法施行規則第87条に規定する有価証券の分別管理の規定に鑑み、掛け捨て型の保険契約に係る証券に限るものとする。 ⑧ 乙の収納口座と甲の保管口座を設ける場合にお	の組合員等の口座から、甲の口座に振り替える。 ⑦ 甲の収納口座及び甲の保管口座については、適正化法第76条の規定に則り、乙の口座と明確に分別して管理しなければならない。 ② マンション管理業者が管理費等の滞納金の収納事務を行う場合は、その旨記載するものとする。 ④ 滞納者に対する督促については、マンション管理業者は組合員異動届等により管理組合から提供を受けた情報の範囲内で督促するものとする。また、督促の方法（電話若しくは自宅訪問又は督促状）については、滞納者の居住地、督促に係る費用等を踏まえ、合理的な方法で行うものとする。 ⑤ 財産の分別管理の方法については、原則方式、収納代行方式、支払一任代行方式の別に本表を作成するものとし、各方式の具体的な内容（集金代行会社委託、電子取引による決済等）を記載するものとする。 ⑧ マンション管理業者が損害保険証券を保管する場合については、適正化法施行規則第87条に規定する有価証券の分別管理の規定に鑑み、掛け捨て型の保険契約に係る証券に限るものとする。 ⑨ 収納代行方式における乙の収納口座からの支払、

新	旧
ける乙の収納口座からの支払、保証契約を締結して甲の収納口座と甲の保管口座を設ける場合における甲の収納口座からの支払については、乙は甲からの支払委託により包括的に承認を受けていると考えられる。なお、甲の保管口座から支払う場合及び保証契約を締結していないときの甲の収納口座から支払う場合は、甲の収納・保管口座を設ける場合と同様、個別に甲の承認を得て支払うことが必要となる。	支払一任代行方式における甲の収納口座からの支払については、乙は甲からの支払委託により包括的に承認を受けていると考えられる。なお、甲の保管口座から支払う場合は、原則方式と同様、個別に甲の承認を得て支払うことが必要となる。
⑨ 甲の会計に係る帳簿等とは、管理費等の出納簿や支出に係る証拠書類等をいう。	⑩ 甲の会計に係る帳簿等とは、管理費等の出納簿や支出に係る証拠書類等をいう。
25 別表第1 1（3）関係 ① 長期修繕計画案の作成及び見直しは、長期修繕計画標準様式、長期修繕計画作成ガイドライン、長期修繕計画作成ガイドラインコメント（平成20年6月国土交通省公表）を参考にして作成することが望ましい。	
② 長期修繕計画案の作成業務（長期修繕計画案の作成のための建物等劣化診断業務を含む。）以外にも、必要な年度に特別に行われ、業務内容の独立性が高いという業務の性格から、以下の業務をマンション管理業者に委託するときは、本契約とは別個の契約にすることが望ましい。 一 修繕工事の前提としての建物等劣化診断業務 二 大規模修繕工事実施設計及び工事監理業務 三 マンション建替え支援業務	⑬ 管理事務として以下の業務をマンション管理業者に委託するときは、必要な年度に特別に行われ、業務内容の独立性が高いという業務の性格から、本契約とは別個の契約とすることが望ましい。 一 建物等劣化診断業務 二 大規模修繕工事実施設計業務 三 マンション建替え支援業務
③ 1（3）三の「本マンションの維持又は修繕（大規模修繕を除く修繕又は保守点検等。）を外注により乙以外の業者に行わせる場合」とは、本契約以外に管理組合が自ら本マンションの維持又は修繕（日常の維持管理として管理費を充当して行われる修繕、保守点検、清掃等）を第三者に外注する場合をいう。	⑫ （3）二の「本マンションの維持又は修繕（大規模修繕を除く修繕又は保守点検等。）を外注により乙以外の業者に行わせる場合の企画又は実施の調整」とは、管理組合が自ら本マンションの維持又は修繕（日常の維持管理として行われる修繕、保守点検、清掃等）を第三者に外注する場合において、マンション管理業者が管理組合に代わって行う維持又は修繕の企画又は実施の調整（見積りの精査、発

新	旧
④ 1（3）三の「大規模修繕」とは、建物の全体又は複数の部位について、修繕積立金を充当して行う計画的な修繕又は特別な事情により必要となる修繕等をいう。 ⑤ 1（3）三の「実施の確認」とは、別表第2　2（3）一に定める管理員が外注業務の完了の立会いにより確認できる内容のものをいう。 **26　別表第1　2関係** ① 理事会支援業務は、理事会の円滑な運営を支援するものであるが、理事会の運営主体があくまで管理組合であることに留意する。 ② 理事会及び総会の議事録は、管理組合の活動の重要な資料となることを踏まえ、マンション管理業者に議事録の案の作成を委託する場合は、その内容の適正さについて管理組合がチェックする等、十分留意する。 　また、マンション管理業者は、管理組合がチェックする上で十分な余裕をもって議事録の案を提出する。 ③ 大規模修繕、規約改正等、理事会が設置する各種専門委員会の運営支援業務を実施する場合は、その業務内容、費用負担について、別途、管理組合とマンション管理業者が協議して定めるものとする。 ④ 総会等の決議や議事録の作成を電磁的方法により行う場合には、事務処理の方法等について具体的に記述することが望ましい。 ⑤ 2（3）③一の設計図書とは、適正化法施行規則第102条に規定する設計図書その他の管理組合が宅地建物取引業者から承継した図書及び管理組合が実施したマンションの修繕等に関する図書であって管理組合から管理を依頼された図書をいう。 ⑥ 管理組合の管理者は、建物の区分所有等に関する法律（昭和37年法律第69号）（以下「区分所有法」	⑪ （3）一の「大規模修繕」とは、修繕積立金を充当して行う計画的な修繕又は特別な事情により必要となる修繕等をいう。 ⑭ 理事会及び総会の議事録は、管理組合の活動の重要な資料となることを踏まえ、マンション管理業者に議事録の案の作成を委託する場合は、その内容の適正さについて管理組合がチェックする等、十分留意する。 ⑮ 総会等の決議や議事録の作成を電磁的方法により行う場合には、事務処理の方法等について具体的に記述することが望ましい。 ⑯ 2（3）③一の設計図書とは、適正化法施行規則第102条に規定する設計図書その他の管理組合が宅地建物取引業者から承継した図書及び管理組合が実施したマンションの修繕等に関する図書であって管理組合から管理を依頼された図書をいう。 ⑰ 管理組合の管理者は、建物の区分所有等に関する法律（昭和37年法律第69号）（以下「区分所有法」

新	旧
という。）第33条及び第42条第3項により、管理規約及び総会議事録の保管、利害関係人に対する閲覧を義務付けられている。マンション管理業者は、管理者の依頼の下にこれらの図書の保管業務を行うものである。 ⑦ マンション分譲業者はマンションの分譲に際し、あらかじめ規約共用部分等について区分所有法第32条に基づき、単独で公正証書により規約設定することができる。マンションの管理規約は、本来、この公正証書規約と一覧性を有するよう作成すべきであるが、マンションによっては、公正証書規約とそれ以外の管理規約の両方の保管が必要な場合も想定される。 27 別表第2関係 ① 別表第2は、管理員の勤務形態で最も多い「管理員通勤方式」の勤務・業務態様を規定しているので、これ以外の方式（住込方式又は巡回方式等）による場合は、適宜本表を修正するものとする。 ② <u>管理員の休憩時間については、勤務形態に応じて適宜記載するものとする。</u> ③ 夏期休暇、年末年始休暇の対象日、<u>その他休暇の</u>日数等について、あらかじめ特定できる場合は、事前に書面で提示する等、できるだけ具体的に明示することが望ましい。 ④ 宅配物の預かり、引渡しについては、宅配ボックス等設備の設置状況、管理員の勤務時間等により、実質的に不要又は実施困難な場合も想定され、その場合は適宜修正を行う。 ⑤ 管理事務実施の必要上、管理員の勤務日以外の日に、外注業者が業務を行う場合、管理員による業務の着手、<u>実施</u>の立会いが困難な場合が想定される。このような場合、管理組合への連絡、事後の確認等により、適切な対応を行うことが望ましい。 ⑥ （3）一の「実施の立会い」とは、終業又は業務	という。）第33条及び第42条第3項により、管理規約及び総会議事録の保管、利害関係人に対する閲覧を義務付けられている。マンション管理業者は、管理者の依頼の下にこれらの図書の保管業務を行うものである。 ⑱ マンション分譲業者はマンションの分譲に際し、あらかじめ規約共用部分等について区分所有法第32条に基づき、単独で公正証書により規約設定することができる。マンションの管理規約は、本来、この公正証書規約と一覧性を有するよう作成すべきであるが、マンションによっては、公正証書規約とそれ以外の管理規約の両方の保管が必要な場合も想定される。 22 別表第2関係 ① 別表第2は、管理員の勤務形態で最も多い「管理員通勤方式」の勤務・業務態様を規定しているので、これ以外の方式（住込方式又は巡回方式等）による場合は、適宜本表を修正するものとする。 ② 夏期休暇、年末年始休暇の対象日、<u>有給休暇の</u>日数等について、あらかじめ特定できる場合は、事前に書面で提示する等、できるだけ具体的に明示することが望ましい。 ③ 宅配物の預かり、引渡しについては、宅配ボックス等設備の設置状況、管理員の勤務時間等により、実質的に不要又は実施困難な場合も想定され、その場合は適宜修正を行う。 ④ 管理事務実施の必要上、管理員の勤務日以外の日に、外注業者が業務を行う場合、管理員による業務の着手、<u>履行</u>の立会いが困難な場合が想定される。このような場合、管理組合への連絡、事後の確認等により、適切な対応を行うことが望ましい。

新	旧
の完了確認等を行うものであり、外注業者の業務中、常に立会うことを意味しない。また、工事の完了確認を行う場合は、工事が設計図書のとおりに実施されているかいないかを確認するものではなく、外観目視等によりその完了を確認することや外注業者から業務終了の報告を受けることをいう。	
<u>28</u> 別表第３関係 ① 本仕様書は、予想される清掃業務のほとんどを網羅しているが、実際の契約書作成に当たっては、契約の実態に合わせて適宜追加・修正・削除を行う。<u>なお、管理員が清掃業務を兼務する場合は、その旨を明記する。</u> ② 作業回数の記入に当たっては、当該欄に「１回/日」「３回/週」「１回/月」等の例により記入する。 ③ 本仕様書でいう日常清掃とは床の掃き拭きやちりはらい等を中心とした清掃をいい、特別清掃とは定期に床の洗浄やワックス仕上げ等を行うことをいい、いずれも、清掃員が作業を行うこととしている。 <u>④ 植栽の散水・除草は、季節や植木の状態に応じて適宜実施する方が望ましい場合もある。また、本業務は日常清掃業務として行うものであり、植栽の規模が大きい場合や施肥、剪定、害虫駆除等の業務を行う場合は、植栽管理業務として本契約に追加するか別個の契約とすることが望ましい。</u>	23 別表第３関係 ① 本仕様書は、予想される清掃業務のほとんどを網羅しているが、実際の契約書作成に当たっては、契約の実態に合わせて適宜追加・修正・削除を行う。 ② 作業回数の記入に当たっては、当該欄に「１回/日」「３回/週」「１回/月」等の例により記入する。 ③ 本仕様書でいう日常清掃とは床の掃き拭きやちりはらい等を中心とした清掃をいい、特別清掃とは定期に床の洗浄やワックス仕上げ等を行うことをいい、いずれも、清掃員が作業を行うこととしている。
<u>29</u> 別表第４関係 ① 本仕様書は、予期される建物・設備管理業務のほとんどを網羅しているが、実際の契約書作成に当たっては、当該マンションの設備の状況や本契約の契約期間内に実施される業務かどうかに応じて、適宜追加・修正・削除を行う。 ② エレベーター設備の保守管理方式については、一般的にフルメンテナンス方式とＰＯＧ方式の２種	24 別表第４関係 ① 本仕様書は、予期される建物・設備管理業務のほとんどを網羅しているが、実際の契約書作成に当たっては、当該マンションの設備の状況や本契約の契約期間内に実施される業務かどうかに応じて、適宜追加・修正・削除を行う。 ② エレベーター設備の保守管理方式については、一般的にフルメンテナンス方式とＰＯＧ方式の２種

新	旧
類があるため、両方式の<u>いずれかを選択する</u>。 　イ．フルメンテナンス方式 　　ⅰ　部品の予備品、修繕計画、故障時の原因に対する処理、官庁検査の手続及び対策等については、メンテナンス会社が実施又は代行する。 　　ⅱ　エレベーターの計画修繕（ただし意匠・建築面は除く。）に関してはメンテナンス会社が負担実施する。 　ロ．POG方式（PARTS＝消耗部品、OIL＝給油用オイル、GREASE＝グリス等の略） 　　ⅰ　点検保守を主体としたメンテナンス条件であり、定められた消耗部品、給油等はメンテナンス会社が負担する。 　　ⅱ　ⅰ以外の修繕費用は管理組合が負担する。 　具体の契約に当たっては、両方式の特性、金額等を明確化した上で、契約することが望ましい。 <u>③　1（2）の建築基準法第 12 条第１項の規定による特殊建築物定期調査の報告の時期は、建築物の用途、構造、延べ面積等に応じて、おおむね六月から三年までの間隔において特定行政庁が定める時期と規定されている。</u> <u>④　建築基準法第 12 条第３項の規定による1（3）の特殊建築物の建築設備定期検査及び２の昇降機定期検査の報告の時期は、建築設備及び昇降機の種類、用途、構造等に応じて、おおむね六月から一年まで（ただし、一部の検査項目については一年から三年まで）の間隔において特定行政庁が定める時期と規定されている。</u>	類があるため、両方式<u>を例示した</u>。 　イ．フルメンテナンス方式 　　ⅰ　部品の予備品、修繕計画、故障時の原因に対する処理、官庁検査の手続及び対策等については、メンテナンス会社が実施又は代行する。 　　ⅱ　エレベーターの計画修繕（ただし意匠・建築面は除く。）に関してはメンテナンス会社が負担実施する。 　ロ．POG方式（PARTS＝消耗部品、OIL＝給油用オイル、GREASE＝グリス等の略） 　　ⅰ　点検保守を主体としたメンテナンス条件であり、定められた消耗部品、給油等はメンテナンス会社が負担する。 　　ⅱ　ⅰ以外の修繕費用は管理組合が負担する。 　具体の契約に当たっては、両方式の特性、金額等を明確化した上で、契約することが望ましい。

参考資料

1　マンション標準管理委託契約書の改訂について

2　マンションの管理の適正化に関する法令

3　マンション管理適正化指針

4　マンション管理適正化法関係通達

5　マンション管理担当部局一覧

1　マンション標準管理委託契約書の改訂について

○マンション標準管理委託契約書の改訂について

〔平成21年10月2日　国総動指第30号〕

国土交通省建設流通政策審議官から関係業界団体の長あて

　マンションの管理委託契約に係る契約書については、「マンションの管理委託契約に係る標準管理委託契約書について」（平成15年4月9日国土交通省総合政策局長通知）において、従前の「中高層共同住宅標準管理委託契約書」及び「中高層共同住宅標準管理委託契約書コメント」を改訂し、「マンション標準管理委託契約書」及び「マンション標準管理委託契約書コメント」を、マンションに係る管理委託契約を締結する際の指針として活用されるよう通知してきたところである。

　今般、マンション管理組合の修繕積立金等の毀損などの事案に対応するためのマンションの管理の適正化の推進に関する法律施行規則の一部を改正する省令（平成21年国土交通省令第35号）が平成21年5月1日に公布され、管理組合財産の分別管理の方法等に係る改正後の規定が平成22年5月1日に施行されることから、本省令改正と整合を図る必要があること、及び管理委託契約に関するトラブルの実態等を踏まえ、前回改訂時以降の全体的な見直しを行うこととし、別添1及び2のとおり改訂を行った。

　については、今回の改訂の趣旨を踏まえ、マンションに係る管理委託契約を締結する場合には、これらを指針として活用するよう、貴団体加盟の業者に対して周知徹底されたい。

　また、改訂後の標準管理委託契約書の活用に当たっては、一部改正省令の改正事項に係る内容については一部改正省令の施行後に締結する契約から改正後の規定が適用になることに留意すること。

　なお、本件に関しては、別添3のとおり各地方支分部局の長あて通達、別添4のとおり各都道府県知事あて及び各政令指定都市の長あて通知したので、参考までに送付する。

2　マンションの管理の適正化に関する法令

○マンションの管理の適正化の推進に関する法律

[平成12年12月8日　法律第149号]

最終改正　平成18年6月2日法律第50号

目次
　第1章　総　則（第1条—第5条）
　第2章　マンション管理士
　　第1節　資　格（第6条）
　　第2節　試　験（第7条—第29条）
　　第3節　登　録（第30条—第39条）
　　第4節　義務等（第40条—第43条の2）
　第3章　マンション管理業
　　第1節　登　録（第44条—第55条）
　　第2節　管理業務主任者（第56条—第69条）
　　第3節　業　務（第70条—第80条）
　　第4節　監　督（第81条—第86条）
　　第5節　雑　則（第87条—第90条）
　第4章　マンション管理適正化推進センター（第91条—第94条）
　第5章　マンション管理業者の団体（第95条—第102条）
　第6章　雑　則（第103条—第105条）
　第7章　罰　則（第106条—第113条）
　附　則

第1章　総　則

（目的）
第1条　この法律は、土地利用の高度化の進展その他国民の住生活を取り巻く環境の変化に伴い、多数の区分所有者が居住するマンションの重要性が増大していることにかんがみ、マンション管理士の資格を定め、マンション管理業者の登録制度を実施する等マンションの管理の適正化を推進するための措置を講ずることにより、マンションにおける良好な居住環境の確保を図り、もって国民生活の安定向上と国民経済の健全な発展に寄与することを目的とする。

（定義）
第2条　この法律において、次の各号に掲げる用語の意義は、それぞれ当該各号の定めるところによる。
　一　マンション　次に掲げるものをいう。
　　イ　2以上の区分所有者（建物の区分所有等に関する法律（昭和37年法律第69号。以下「区分所有法」という。）第2条第2項に規定する区分所有者をいう。以下同じ。）が存する建物で人の居住の用に供する専有部分（区分所有法第2条第3項に規定する専有部分をいう。以下同じ。）のあるもの並びにその敷地及び附属施設
　　ロ　一団地内の土地又は附属施設（これらに関する権利を含む。）が当該団地内にあるイに掲げる建物を含む数棟の建物の所有者（専有部分のある建物にあっては、区分所有者）の共有に属する場合における当該土地及び附属施設
　二　マンションの区分所有者等　前号イに掲げる建物の区分所有者並びに同号ロに掲げる土地及び附属施設の同号ロの所有者をいう。
　三　管理組合　マンションの管理を行う区分所有法第3条若しくは第65条に規定する団体又は区分所有法第47条第1項（区分所有法第66条において準用する場合を含む。）に規定する法人をいう。
　四　管理者等　区分所有法第25条第1項（区分所有法第66条において準用する場合を含む。）の規定により選任された管理者又は区分所有法第49条第1項（区分所有法第66条において準用する場合を含む。）の規定により置かれた理事をいう。
　五　マンション管理士　第30条第1項の登録を受け、マンション管理士の名称を用いて、専門的知識をもって、管理組合の運営その他マンションの管理に関し、管理組合の管理者等又はマンションの区分所有者等の相談に応じ、助言、指導その他の援助を行うことを業務（他の法律においてその業務を行うことが制限されているものを除く。）とする者をいう。

六　管理事務　マンションの管理に関する事務であって、基幹事務（管理組合の会計の収入及び支出の調定及び出納並びにマンション（専有部分を除く。）の維持又は修繕に関する企画又は実施の調整をいう。以下同じ。）を含むものをいう。

七　マンション管理業　管理組合から委託を受けて管理事務を行う行為で業として行うもの（マンションの区分所有者等が当該マンションについて行うものを除く。）をいう。

八　マンション管理業者　第44条の登録を受けてマンション管理業を営む者をいう。

九　管理業務主任者　第60条第１項に規定する管理業務主任者証の交付を受けた者をいう。

（マンション管理適正化指針）

第3条　国土交通大臣は、マンションの管理の適正化の推進を図るため、管理組合によるマンションの管理の適正化に関する指針（以下「マンション管理適正化指針」という。）を定め、これを公表するものとする。

（管理組合等の努力）

第4条　管理組合は、マンション管理適正化指針の定めるところに留意して、マンションを適正に管理するよう努めなければならない。

2　マンションの区分所有者等は、マンションの管理に関し、管理組合の一員としての役割を適切に果たすよう努めなければならない。

（国及び地方公共団体の措置）

第5条　国及び地方公共団体は、マンションの管理の適正化に資するため、管理組合又はマンションの区分所有者等の求めに応じ、必要な情報及び資料の提供その他の措置を講ずるよう努めなければならない。

　　　第２章　マンション管理士
　　　　第１節　資　格

第6条　マンション管理士試験（以下この章において「試験」という。）に合格した者は、マンション管理士となる資格を有する。

　　　　第２節　試　験

（試験）

第7条　試験は、マンション管理士として必要な知識について行う。

2　国土交通省令で定める資格を有する者に対しては、国土交通省令で定めるところにより、試験の一部を免除することができる。

（試験の実施）

第8条　試験は、毎年１回以上、国土交通大臣が行う。

（試験の無効等）

第9条　国土交通大臣は、試験に関して不正の行為があった場合には、その不正行為に関係のある者に対しては、その受験を停止させ、又はその試験を無効とすることができる。

2　国土交通大臣は、前項の規定による処分を受けた者に対し、期間を定めて試験を受けることができないものとすることができる。

（受験手数料）

第10条　試験を受けようとする者は、実費を勘案して政令で定める額の受験手数料を国に納付しなければならない。

2　前項の受験手数料は、これを納付した者が試験を受けない場合においても、返還しない。

（指定試験機関の指定）

第11条　国土交通大臣は、国土交通省令で定めるところにより、その指定する者（以下この節において「指定試験機関」という。）に、試験の実施に関する事務（以下この節において「試験事務」という。）を行わせることができる。

2　指定試験機関の指定は、国土交通省令で定めるところにより、試験事務を行おうとする者の申請により行う。

3　国土交通大臣は、他に指定を受けた者がなく、かつ、前項の申請が次の要件を満たしていると認めるときでなければ、指定試験機関の指定をしてはならない。

一　職員、設備、試験事務の実施の方法その他の事項についての試験事務の実施に関する計画が、試験事務の適正かつ確実な実施のために適切なものであること。

二　前号の試験事務の実施に関する計画の適正かつ確実な実施に必要な経理的及び技術的な基礎を有するものであること。

4　国土交通大臣は、第２項の申請をした者が次の各号のいずれかに該当するときは、指定試験機関の指定をしてはならない。

一　一般社団法人又は一般財団法人以外の者であること。

二　その行う試験事務以外の業務により試験事務を公正に実施することができないおそれがあること。

三　この法律の規定により刑に処せられ、その執行を終わり、又は執行を受けることが

なくなった日から2年を経過しない者であること。
四　第24条の規定により指定を取り消され、その取消しの日から2年を経過しない者であること。
五　その役員のうちに、次のいずれかに該当する者があること。
　　イ　第3号に該当する者
　　ロ　第13条第2項の規定による命令により解任され、その解任の日から2年を経過しない者

（変更の届出）
第12条　指定試験機関は、その名称又は主たる事務所の所在地を変更しようとするときは、変更しようとする日の2週間前までに、その旨を国土交通大臣に届け出なければならない。

（指定試験機関の役員の選任及び解任）
第13条　試験事務に従事する指定試験機関の役員の選任及び解任は、国土交通大臣の認可を受けなければ、その効力を生じない。
2　国土交通大臣は、指定試験機関の役員が、この法律（この法律に基づく命令又は処分を含む。）若しくは第15条第1項に規定する試験事務規程に違反する行為をしたとき、又は試験事務に関し著しく不適当な行為をしたときは、指定試験機関に対し、当該役員の解任を命ずることができる。

（事業計画の認可等）
第14条　指定試験機関は、毎事業年度、事業計画及び収支予算を作成し、当該事業年度の開始前に（指定を受けた日の属する事業年度にあっては、その指定を受けた後遅滞なく）、国土交通大臣の認可を受けなければならない。これを変更しようとするときも、同様とする。
2　指定試験機関は、毎事業年度の経過後3月以内に、その事業年度の事業報告書及び収支決算書を作成し、国土交通大臣に提出しなければならない。

（試験事務規程）
第15条　指定試験機関は、試験事務の開始前に、試験事務の実施に関する規程（以下この節において「試験事務規程」という。）を定め、国土交通大臣の認可を受けなければならない。これを変更しようとするときも、同様とする。
2　試験事務規程で定めるべき事項は、国土交通省令で定める。
3　国土交通大臣は、第1項の認可をした試験事務規程が試験事務の適正かつ確実な実施上不適当となったと認めるときは、指定試験機関に対し、これを変更すべきことを命ずることができる。

（試験委員）
第16条　指定試験機関は、試験事務を行う場合において、マンション管理士として必要な知識を有するかどうかの判定に関する事務については、マンション管理士試験委員（以下この節において「試験委員」という。）に行わせなければならない。
2　指定試験機関は、試験委員を選任しようとするときは、国土交通省令で定める要件を備える者のうちから選任しなければならない。
3　指定試験機関は、試験委員を選任したときは、国土交通省令で定めるところにより、国土交通大臣にその旨を届け出なければならない。試験委員に変更があったときも、同様とする。
4　第13条第2項の規定は、試験委員の解任について準用する。

（規定の適用等）
第17条　指定試験機関が試験事務を行う場合における第9条第1項及び第10条第1項の規定の適用については、第9条第1項中「国土交通大臣」とあり、及び第10条第1項中「国」とあるのは、「指定試験機関」とする。
2　前項の規定により読み替えて適用する第10条第1項の規定により指定試験機関に納付された受験手数料は、指定試験機関の収入とする。

（秘密保持義務等）
第18条　指定試験機関の役員若しくは職員（試験委員を含む。次項において同じ。）又はこれらの職にあった者は、試験事務に関して知り得た秘密を漏らしてはならない。
2　試験事務に従事する指定試験機関の役員又は職員は、刑法（明治40年法律第45号）その他の罰則の適用については、法令により公務に従事する職員とみなす。

（帳簿の備付け等）
第19条　指定試験機関は、国土交通省令で定めるところにより、試験事務に関する事項で国土交通省令で定めるものを記載した帳簿を備え、これを保存しなければならない。

（監督命令）

第20条 国土交通大臣は、試験事務の適正な実施を確保するため必要があると認めるときは、指定試験機関に対し、試験事務に関し監督上必要な命令をすることができる。
（報告）
第21条 国土交通大臣は、試験事務の適正な実施を確保するため必要があると認めるときは、その必要な限度で、指定試験機関に対し、報告をさせることができる。
（立入検査）
第22条 国土交通大臣は、試験事務の適正な実施を確保するため必要があると認めるときは、その必要な限度で、その職員に、指定試験機関の事務所に立ち入り、指定試験機関の帳簿、書類その他必要な物件を検査させ、又は関係者に質問させることができる。
2　前項の規定により立入検査を行う職員は、その身分を示す証明書を携帯し、かつ、関係者の請求があるときは、これを提示しなければならない。
3　第1項に規定する権限は、犯罪捜査のために認められたものと解釈してはならない。
（試験事務の休廃止）
第23条 指定試験機関は、国土交通大臣の許可を受けなければ、試験事務の全部又は一部を休止し、又は廃止してはならない。
2　国土交通大臣は、指定試験機関の試験事務の全部又は一部の休止又は廃止により試験事務の適正かつ確実な実施が損なわれるおそれがないと認めるときでなければ、前項の規定による許可をしてはならない。
（指定の取消し等）
第24条 国土交通大臣は、指定試験機関が第11条第4項各号（第4号を除く。）のいずれかに該当するに至ったときは、その指定を取り消さなければならない。
2　国土交通大臣は、指定試験機関が次の各号のいずれかに該当するに至ったときは、その指定を取り消し、又は期間を定めて試験事務の全部若しくは一部の停止を命ずることができる。
　一　第11条第3項各号の要件を満たさなくなったと認められるとき。
　二　第13条第2項（第16条第4項において準用する場合を含む。）、第15条第3項又は第20条の規定による命令に違反したとき。
　三　第14条、第16条第1項から第3項まで、第19条又は前条第1項の規定に違反したとき。

　四　第15条第1項の認可を受けた試験事務規程によらないで試験事務を行ったとき。
　五　次条第1項の条件に違反したとき。
　六　試験事務に関し著しく不適当な行為をしたとき、又はその試験事務に従事する試験委員若しくは役員が試験事務に関し著しく不適当な行為をしたとき。
　七　偽りその他不正の手段により第11条第1項の規定による指定を受けたとき。
（指定等の条件）
第25条 第11条第1項、第13条第1項、第14条第1項、第15条第1項又は第23条第1項の規定による指定、認可又は許可には、条件を付し、及びこれを変更することができる。
2　前項の条件は、当該指定、認可又は許可に係る事項の確実な実施を図るため必要な最小限度のものに限り、かつ、当該指定、認可又は許可を受ける者に不当な義務を課することとなるものであってはならない。
（指定試験機関がした処分等に係る不服申立て）
第26条 指定試験機関が行う試験事務に係る処分又はその不作為について不服がある者は、国土交通大臣に対し、行政不服審査法（昭和37年法律第160号）による審査請求をすることができる。
（国土交通大臣による試験事務の実施等）
第27条 国土交通大臣は、指定試験機関の指定をしたときは、試験事務を行わないものとする。
2　国土交通大臣は、指定試験機関が第23条第1項の規定による許可を受けて試験事務の全部若しくは一部を休止したとき、第24条第2項の規定により指定試験機関に対し試験事務の全部若しくは一部の停止を命じたとき、又は指定試験機関が天災その他の事由により試験事務の全部若しくは一部を実施することが困難となった場合において必要があると認めるときは、試験事務の全部又は一部を自ら行うものとする。
（公示）
第28条 国土交通大臣は、次に掲げる場合には、その旨を官報に公示しなければならない。
　一　第11条第1項の規定による指定をしたとき。
　二　第12条の規定による届出があったとき。

三　第23条第1項の規定による許可をしたとき。
四　第24条の規定により指定を取り消し、又は試験事務の全部若しくは一部の停止を命じたとき。
五　前条第2項の規定により試験事務の全部若しくは一部を自ら行うこととするとき、又は自ら行っていた試験事務の全部若しくは一部を行わないこととするとき。

（国土交通省令への委任）

第29条　この節に定めるもののほか、試験、指定試験機関その他この節の規定の施行に関し必要な事項は、国土交通省令で定める。

第3節　登　録

（登録）

第30条　マンション管理士となる資格を有する者は、国土交通大臣の登録を受けることができる。ただし、次の各号のいずれかに該当する者については、この限りでない。
一　成年被後見人又は被保佐人
二　禁錮以上の刑に処せられ、その執行を終わり、又は執行を受けることがなくなった日から2年を経過しない者
三　この法律の規定により罰金の刑に処せられ、その執行を終わり、又は執行を受けることがなくなった日から2年を経過しない者
四　第33条第1項第二号又は第2項の規定により登録を取り消され、その取消しの日から2年を経過しない者
五　第65条第1項第二号から第四号まで又は同条第2項第二号若しくは第三号のいずれかに該当することにより第59条第1項の登録を取り消され、その取消しの日から2年を経過しない者
六　第83条第二号又は第三号に該当することによりマンション管理業者の登録を取り消され、その取消しの日から2年を経過しない者（当該登録を取り消された者が法人である場合においては、当該取消しの日前30日以内にその法人の役員（業務を執行する社員、取締役、執行役又はこれらに準ずる者をいう。第3章において同じ。）であった者で当該取消しの日から2年を経過しないもの）

2　前項の登録は、国土交通大臣が、マンション管理士登録簿に、氏名、生年月日その他国土交通省令で定める事項を登載してするものとする。

（マンション管理士登録証）

第31条　国土交通大臣は、マンション管理士の登録をしたときは、申請者に前条第2項に規定する事項を記載したマンション管理士登録証（以下「登録証」という。）を交付する。

（登録事項の変更の届出等）

第32条　マンション管理士は、第30条第2項に規定する事項に変更があったときは、遅滞なく、その旨を国土交通大臣に届け出なければならない。

2　マンション管理士は、前項の規定による届出をするときは、当該届出に登録証を添えて提出し、その訂正を受けなければならない。

（登録の取消し等）

第33条　国土交通大臣は、マンション管理士が次の各号のいずれかに該当するときは、その登録を取り消さなければならない。
一　第30条第1項各号（第四号を除く。）のいずれかに該当するに至ったとき。
二　偽りその他不正の手段により登録を受けたとき。

2　国土交通大臣は、マンション管理士が第40条から第42条までの規定に違反したときは、その登録を取り消し、又は期間を定めてマンション管理士の名称の使用の停止を命ずることができる。

（登録の消除）

第34条　国土交通大臣は、マンション管理士の登録がその効力を失ったときは、その登録を消除しなければならない。

（登録免許税及び手数料）

第35条　マンション管理士の登録を受けようとする者は、登録免許税法（昭和42年法律第35号）の定めるところにより登録免許税を国に納付しなければならない。

2　登録証の再交付又は訂正を受けようとする者は、実費を勘案して政令で定める額の手数料を国に納付しなければならない。

（指定登録機関の指定等）

第36条　国土交通大臣は、国土交通省令で定めるところにより、その指定する者（以下「指定登録機関」という。）に、マンション管理士の登録の実施に関する事務（以下「登録事務」という。）を行わせることができる。

2　指定登録機関の指定は、国土交通省令で定めるところにより、登録事務を行おうとする者の申請により行う。

第37条 指定登録機関が登録事務を行う場合における第30条、第31条、第32条第１項、第34条及び第35条第２項の規定の適用については、これらの規定中「国土交通大臣」とあり、及び「国」とあるのは、「指定登録機関」とする。

2　指定登録機関が登録を行う場合において、マンション管理士の登録を受けようとする者は、実費を勘案して政令で定める額の手数料を指定登録機関に納付しなければならない。

3　第１項の規定により読み替えて適用する第35条第２項及び前項の規定により指定登録機関に納付された手数料は、指定登録機関の収入とする。

（準用）

第38条　第11条第３項及び第４項、第12条から第15条まで並びに第18条から第28条までの規定は、指定登録機関について準用する。この場合において、これらの規定中「試験事務」とあるのは「登録事務」と、「試験事務規程」とあるのは「登録事務規程」と、第11条第３項中「前項」とあり、及び同条第４項各号列記以外の部分中「第２項」とあるのは「第36条第２項」と、第24条第２項第七号、第25条第１項及び第28条第一号中「第11条第１項」とあるのは「第36条第１項」と読み替えるものとする。

（国土交通省令への委任）

第39条　この節に定めるもののほか、マンション管理士の登録、指定登録機関その他この節の規定の施行に関し必要な事項は、国土交通省令で定める。

第４節　義務等

（信用失墜行為の禁止）

第40条　マンション管理士は、マンション管理士の信用を傷つけるような行為をしてはならない。

（講習）

第41条　マンション管理士は、国土交通省令で定める期間ごとに、次条から第41条の４までの規定により国土交通大臣の登録を受けた者（以下この節において「登録講習機関」という。）が国土交通省令で定めるところにより行う講習（以下この節において「講習」という。）を受けなければならない。

（登録）

第41条の２　前条の登録は、講習の実施に関する事務（以下この節において「講習事務」という。）を行おうとする者の申請により行う。

（欠格条項）

第41条の３　次の各号のいずれかに該当する者は、第41条の登録を受けることができない。

一　この法律又はこの法律に基づく命令に違反し、罰金以上の刑に処せられ、その執行を終わり、又は執行を受けることがなくなった日から２年を経過しない者

二　第41条の13の規定により第41条の登録を取り消され、その取消しの日から２年を経過しない者

三　法人であって、講習事務を行う役員のうちに前二号のいずれかに該当する者があるもの

（登録基準等）

第41条の４　国土交通大臣は、第41条の２の規定により登録を申請した者の行う講習が、別表第１の上欄に掲げる科目について、それぞれ同表の下欄に掲げる講師により行われるものであるときは、その登録をしなければならない。この場合において、登録に関して必要な手続は、国土交通省令で定める。

2　登録は、登録講習機関登録簿に次に掲げる事項を記載してするものとする。

一　登録年月日及び登録番号

二　登録講習機関の氏名又は名称及び住所並びに法人にあっては、その代表者の氏名

三　登録講習機関が講習事務を行う事務所の所在地

四　前三号に掲げるもののほか、国土交通省令で定める事項

（登録の更新）

第41条の５　第41条の登録は、３年を下らない政令で定める期間ごとにその更新を受けなければ、その期間の経過によって、その効力を失う。

2　前３条の規定は、前項の登録の更新について準用する。

（講習事務の実施に係る義務）

第41条の６　登録講習機関は、公正に、かつ、第41条の４第１項の規定及び国土交通省令で定める基準に適合する方法により講習事務を行わなければならない。

（登録事項の変更の届出）

第41条の７　登録講習機関は、第41条の４第２項第二号から第四号までに掲げる事項を変更しようとするときは、変更しようとする日の２週間前までに、その旨を国土交通大臣に届

け出なければならない。
(講習事務規程)

第41条の8 登録講習機関は、講習事務に関する規程(以下この節において「講習事務規程」という。)を定め、講習事務の開始前に、国土交通大臣に届け出なければならない。これを変更しようとするときも、同様とする。

2 講習事務規程には、講習の実施方法、講習に関する料金その他の国土交通省令で定める事項を定めておかなければならない。
(講習事務の休廃止)

第41条の9 登録講習機関は、講習事務の全部又は一部を休止し、又は廃止しようとするときは、国土交通省令で定めるところにより、あらかじめ、その旨を国土交通大臣に届け出なければならない。
(財務諸表等の備付け及び閲覧等)

第41条の10 登録講習機関は、毎事業年度経過後3月以内に、その事業年度の財産目録、貸借対照表及び損益計算書又は収支計算書並びに事業報告書(その作成に代えて電磁的記録(電子的方式、磁気的方式その他の人の知覚によっては認識することができない方式で作られる記録であって、電子計算機による情報処理の用に供されるものをいう。以下この条において同じ。)の作成がされている場合における当該電磁的記録を含む。次項及び第112条の2において「財務諸表等」という。)を作成し、5年間登録講習機関の事務所に備えて置かなければならない。

2 マンション管理士その他の利害関係人は、登録講習機関の業務時間内は、いつでも、次に掲げる請求をすることができる。ただし、第二号又は第四号の請求をするには、登録講習機関の定めた費用を支払わなければならない。
 一 財務諸表等が書面をもって作成されているときは、当該書面の閲覧又は謄写の請求
 二 前号の書面の謄本又は抄本の請求
 三 財務諸表等が電磁的記録をもって作成されているときは、当該電磁的記録に記録された事項を国土交通省令で定める方法により表示したものの閲覧又は謄写の請求
 四 前号の電磁的記録に記録された事項を電磁的方法であって国土交通省令で定めるものにより提供することの請求又は当該事項を記載した書面の交付の請求
(適合命令)

第41条の11 国土交通大臣は、登録講習機関が第41条の4第1項の規定に適合しなくなったと認めるときは、その登録講習機関に対し、同項の規定に適合するため必要な措置をとるべきことを命ずることができる。
(改善命令)

第41条の12 国土交通大臣は、登録講習機関が第41条の6の規定に違反していると認めるときは、その登録講習機関に対し、同条の規定による講習事務を行うべきこと又は講習の方法その他の業務の方法の改善に関し必要な措置をとるべきことを命ずることができる。
(登録の取消し等)

第41条の13 国土交通大臣は、登録講習機関が次の各号のいずれかに該当するときは、その登録を取り消し、又は期間を定めて講習事務の全部若しくは一部の停止を命ずることができる。
 一 第41条の3第一号又は第三号に該当するに至ったとき。
 二 第41条の7から第41条の9まで、第41条の10第1項又は次条の規定に違反したとき。
 三 正当な理由がないのに第41条の10第2項各号の規定による請求を拒んだとき。
 四 前2条の規定による命令に違反したとき。
 五 不正の手段により第41条の登録を受けたとき。
(帳簿の記載)

第41条の14 登録講習機関は、国土交通省令で定めるところにより、帳簿を備え、講習事務に関し国土交通省令で定める事項を記載し、これを保存しなければならない。
(国土交通大臣による講習事務の実施)

第41条の15 国土交通大臣は、第41条の登録を受けた者がいないとき、第41条の9の規定による講習事務の全部又は一部の休止又は廃止の届出があったとき、第41条の13の規定により第41条の登録を取り消し、又は登録講習機関に対し講習事務の全部若しくは一部の停止を命じたとき、登録講習機関が天災その他の事由により講習事務の全部又は一部を実施することが困難となったとき、その他必要があると認めるときは、講習事務の全部又は一部を自ら行うことができる。

2 国土交通大臣が前項の規定により講習事務の全部又は一部を自ら行う場合における講習

事務の引継ぎその他の必要な事項については、国土交通省令で定める。
3　第1項の規定により国土交通大臣が行う講習を受けようとする者は、実費を勘案して政令で定める額の手数料を国に納付しなければならない。
（報告）
第41条の16　国土交通大臣は、講習事務の適正な実施を確保するため必要があると認めるときは、その必要な限度で、登録講習機関に対し、報告をさせることができる。
（立入検査）
第41条の17　国土交通大臣は、講習事務の適正な実施を確保するため必要があると認めるときは、その必要な限度で、その職員に、登録講習機関の事務所に立ち入り、登録講習機関の帳簿、書類その他必要な物件を検査させ、又は関係者に質問させることができる。
2　前項の規定により立入検査を行う職員は、その身分を示す証明書を携帯し、かつ、関係者の請求があるときは、これを提示しなければならない。
3　第1項に規定する権限は、犯罪捜査のために認められたものと解釈してはならない。
（公示）
第41条の18　国土交通大臣は、次に掲げる場合には、その旨を官報に公示しなければならない。
一　第41条の登録をしたとき。
二　第41条の7の規定による届出があったとき。
三　第41条の9の規定による届出があったとき。
四　第41条の13の規定により第41条の登録を取り消し、又は講習事務の停止を命じたとき。
五　第41条の15の規定により講習事務の全部若しくは一部を自ら行うこととするとき、又は自ら行っていた講習事務の全部若しくは一部を行わないこととするとき。
（秘密保持義務）
第42条　マンション管理士は、正当な理由がなく、その業務に関して知り得た秘密を漏らしてはならない。マンション管理士でなくなった後においても、同様とする。
（名称の使用制限）
第43条　マンション管理士でない者は、マンション管理士又はこれに紛らわしい名称を使用してはならない。
（国土交通省令への委任）
第43条の2　この節に定めるもののほか、講習、登録講習機関その他この節の施行に関し必要な事項は、国土交通省令で定める。

第3章　マンション管理業
第1節　登　録

（登録）
第44条　マンション管理業を営もうとする者は、国土交通省に備えるマンション管理業者登録簿に登録を受けなければならない。
2　マンション管理業者の登録の有効期間は、5年とする。
3　前項の有効期間の満了後引き続きマンション管理業を営もうとする者は、更新の登録を受けなければならない。
4　更新の登録の申請があった場合において、第2項の有効期間の満了の日までにその申請に対する処分がなされないときは、従前の登録は、同項の有効期間の満了後もその処分がなされるまでの間は、なお効力を有する。
5　前項の場合において、更新の登録がなされたときは、その登録の有効期間は、従前の登録の有効期間の満了の日の翌日から起算するものとする。
（登録の申請）
第45条　前条第1項又は第3項の規定により登録を受けようとする者（以下「登録申請者」という。）は、国土交通大臣に次に掲げる事項を記載した登録申請書を提出しなければならない。
一　商号、名称又は氏名及び住所
二　事務所（本店、支店その他の国土交通省令で定めるものをいう。以下この章において同じ。）の名称及び所在地並びに当該事務所が第56条第1項ただし書に規定する事務所であるかどうかの別
三　法人である場合においては、その役員の氏名
四　未成年者である場合においては、その法定代理人の氏名及び住所
五　第56条第1項の規定により第二号の事務所ごとに置かれる成年者である専任の管理業務主任者（同条第2項の規定によりその者とみなされる者を含む。）の氏名
2　前項の登録申請書には、登録申請者が第47条各号のいずれにも該当しない者であることを誓約する書面その他国土交通省令で定める

書類を添付しなければならない。
（登録の実施）
第46条 国土交通大臣は、前条の規定による書類の提出があったときは、次条の規定により登録を拒否する場合を除くほか、遅滞なく、次に掲げる事項をマンション管理業者登録簿に登録しなければならない。
一　前条第1項各号に掲げる事項
二　登録年月日及び登録番号
2　国土交通大臣は、前項の規定による登録をしたときは、遅滞なく、その旨を登録申請者に通知しなければならない。
（登録の拒否）
第47条 国土交通大臣は、登録申請者が次の各号のいずれかに該当するとき、又は登録申請書若しくはその添付書類のうちに重要な事項について虚偽の記載があり、若しくは重要な事実の記載が欠けているときは、その登録を拒否しなければならない。
一　成年被後見人若しくは被保佐人又は破産者で復権を得ないもの
二　第83条の規定により登録を取り消され、その取消しの日から2年を経過しない者
三　マンション管理業者で法人であるものが第83条の規定により登録を取り消された場合において、その取消しの日前30日以内にそのマンション管理業者の役員であった者でその取消しの日から2年を経過しないもの
四　第82条の規定により業務の停止を命ぜられ、その停止の期間が経過しない者
五　禁錮以上の刑に処せられ、その執行を終わり、又は執行を受けることがなくなった日から2年を経過しない者
六　この法律の規定により罰金の刑に処せられ、その執行を終わり、又は執行を受けることがなくなった日から2年を経過しない者
七　マンション管理業に関し成年者と同一の行為能力を有しない未成年者でその法定代理人が前各号のいずれかに該当するもの
八　法人でその役員のうちに第一号から第六号までのいずれかに該当する者があるもの
九　事務所について第56条に規定する要件を欠く者
十　マンション管理業を遂行するために必要と認められる国土交通省令で定める基準に適合する財産的基礎を有しない者

（登録事項の変更の届出）
第48条 マンション管理業者は、第45条第1項各号に掲げる事項に変更があったときは、その日から30日以内に、その旨を国土交通大臣に届け出なければならない。
2　国土交通大臣は、前項の規定による届出を受理したときは、当該届出に係る事項が前条第七号から第九号までのいずれかに該当する場合を除き、届出があった事項をマンション管理業者登録簿に登録しなければならない。
3　第45条第2項の規定は、第1項の規定による届出について準用する。
（マンション管理業者登録簿等の閲覧）
第49条 国土交通大臣は、国土交通省令で定めるところにより、マンション管理業者登録簿その他国土交通省令で定める書類を一般の閲覧に供しなければならない。
（廃業等の届出）
第50条 マンション管理業者が次の各号のいずれかに該当することとなった場合においては、当該各号に定める者は、その日（第一号の場合にあっては、その事実を知った日）から30日以内に、その旨を国土交通大臣に届け出なければならない。
一　死亡した場合　　その相続人
二　法人が合併により消滅した場合　　その法人を代表する役員であった者
三　破産手続開始の決定があった場合　　その破産管財人
四　法人が合併及び破産手続開始の決定以外の理由により解散した場合　　その清算人
五　マンション管理業を廃止した場合　　マンション管理業者であった個人又はマンション管理業者であった法人を代表する役員
2　マンション管理業者が前項各号のいずれかに該当するに至ったときは、マンション管理業者の登録は、その効力を失う。
（登録の消除）
第51条 国土交通大臣は、マンション管理業者の登録がその効力を失ったときは、その登録を消除しなければならない。
（登録免許税及び手数料）
第52条 第44条第1項の規定により登録を受けようとする者は、登録免許税法の定めるところにより登録免許税を、同条第3項の規定により更新の登録を受けようとする者は、実費を勘案して政令で定める額の手数料を、それ

ぞれ国に納付しなければならない。
（無登録営業の禁止）

第53条 マンション管理業者の登録を受けない者は、マンション管理業を営んではならない。
（名義貸しの禁止）

第54条 マンション管理業者は、自己の名義をもって、他人にマンション管理業を営ませてはならない。
（国土交通省令への委任）

第55条 この節に定めるもののほか、マンション管理業者の登録に関し必要な事項は、国土交通省令で定める。

第2節 管理業務主任者

（管理業務主任者の設置）

第56条 マンション管理業者は、その事務所ごとに、事務所の規模を考慮して国土交通省令で定める数の成年者である専任の管理業務主任者を置かなければならない。ただし、人の居住の用に供する独立部分（区分所有法第1条に規定する建物の部分をいう。以下同じ。）が国土交通省令で定める数以上である第2条第一号イに掲げる建物の区分所有者を構成員に含む管理組合から委託を受けて行う管理事務を、その業務としない事務所については、この限りでない。

2　前項の場合において、マンション管理業者（法人である場合においては、その役員）が管理業務主任者であるときは、その者が自ら主として業務に従事する事務所については、その者は、その事務所に置かれる成年者である専任の管理業務主任者とみなす。

3　マンション管理業者は、第1項の規定に抵触する事務所を開設してはならず、既存の事務所が同項の規定に抵触するに至ったときは、2週間以内に、同項の規定に適合させるため必要な措置をとらなければならない。
（試験）

第57条 管理業務主任者試験（以下この節において「試験」という。）は、管理業務主任者として必要な知識について行う。

2　第7条第2項及び第8条から第10条までの規定は、試験について準用する。
（指定試験機関の指定等）

第58条 国土交通大臣は、国土交通省令で定めるところにより、その指定する者（以下この節において「指定試験機関」という。）に、試験の実施に関する事務（以下この節において「試験事務」という。）を行わせることができる。

2　指定試験機関の指定は、国土交通省令で定めるところにより、試験事務を行おうとする者の申請により行う。

3　第11条第3項及び第4項並びに第12条から第28条までの規定は、指定試験機関について準用する。この場合において、第11条第3項中「前項」とあり、及び同条第4項各号列記以外の部分中「第2項」とあるのは「第58条第2項」と、第16条第1項中「マンション管理士として」とあるのは「管理業務主任者として」と、「マンション管理士試験委員」とあるのは「管理業務主任者試験委員」と、第24条第2項第七号、第25条第1項及び第28条第一号中「第11条第1項」とあるのは「第58条第1項」と読み替えるものとする。
（登録）

第59条 試験に合格した者で、管理事務に関し国土交通省令で定める期間以上の実務の経験を有するもの又は国土交通大臣がその実務の経験を有するものと同等以上の能力を有すると認めたものは、国土交通大臣の登録を受けることができる。ただし、次の各号のいずれかに該当する者については、この限りでない。

一　成年被後見人若しくは被保佐人又は破産者で復権を得ないもの

二　禁錮以上の刑に処せられ、その執行を終わり、又は執行を受けることがなくなった日から2年を経過しない者

三　この法律の規定により罰金の刑に処せられ、その執行を終わり、又は執行を受けることがなくなった日から2年を経過しない者

四　第33条第1項第二号又は第2項の規定によりマンション管理士の登録を取り消され、その取消しの日から2年を経過しない者

五　第65条第1項第二号から第四号まで又は同条第2項第二号若しくは第三号のいずれかに該当することにより登録を取り消され、その取消しの日から2年を経過しない者

六　第83条第二号又は第三号に該当することによりマンション管理業者の登録を取り消され、その取消しの日から2年を経過しない者（当該登録を取り消された者が法人で

ある場合においては、当該取消しの日前30日以内にその法人の役員であった者で当該取消しの日から2年を経過しないもの）
2　前項の登録は、国土交通大臣が、管理業務主任者登録簿に、氏名、生年月日その他国土交通省令で定める事項を登載してするものとする。
（管理業務主任者証の交付等）
第60条　前条第1項の登録を受けている者は、国土交通大臣に対し、氏名、生年月日その他国土交通省令で定める事項を記載した管理業務主任者証の交付を申請することができる。
2　管理業務主任者証の交付を受けようとする者は、第61条の2において準用する第41条の2から第41条の4までの規定により国土交通大臣の登録を受けた者（以下この節において「登録講習機関」という。）が国土交通省令で定めるところにより行う講習（以下この節において「講習」という。）で交付の申請の日前6月以内に行われるものを受けなければならない。ただし、試験に合格した日から1年以内に管理業務主任者証の交付を受けようとする者については、この限りでない。
3　管理業務主任者証の有効期間は、5年とする。
4　管理業務主任者は、前条第1項の登録が消除されたとき、又は管理業務主任者証がその効力を失ったときは、速やかに、管理業務主任者証を国土交通大臣に返納しなければならない。
5　管理業務主任者は、第64条第2項の規定による禁止の処分を受けたときは、速やかに、管理業務主任者証を国土交通大臣に提出しなければならない。
6　国土交通大臣は、前項の禁止の期間が満了した場合において、同項の規定により管理業務主任者証を提出した者から返還の請求があったときは、直ちに、当該管理業務主任者証を返還しなければならない。
（管理業務主任者証の有効期間の更新）
第61条　管理業務主任者証の有効期間は、申請により更新する。
2　前条第2項本文の規定は管理業務主任者証の有効期間の更新を受けようとする者について、同条第3項の規定は更新後の管理業務主任者証の有効期間について準用する。
（準用規定）
第61条の2　第41条の2から第41条の18までの規定は、登録講習機関について準用する。この場合において、第41条の2中「前条」とあるのは「第60条第2項本文（前条第2項において準用する場合を含む。以下同じ。）」と、第41条の3、第41条の5第1項、第41条の13第五号、第41条の15第1項並びに第41条の18第一号及び第四号中「第41条の登録」とあるのは「第60条第2項本文の登録」と、第41条の4中「別表第1」とあるのは「別表第2」と、第41条の10第2項中「マンション管理士」とあるのは「管理業務主任者」と読み替えるものとする。
（登録事項の変更の届出等）
第62条　第59条第1項の登録を受けた者は、登録を受けた事項に変更があったときは、遅滞なく、その旨を国土交通大臣に届け出なければならない。
2　管理業務主任者は、前項の規定による届出をする場合において、管理業務主任者証の記載事項に変更があったときは、当該届出に管理業務主任者証を添えて提出し、その訂正を受けなければならない。
（管理業務主任者証の提示）
第63条　管理業務主任者は、その事務を行うに際し、マンションの区分所有者等その他の関係者から請求があったときは、管理業務主任者証を提示しなければならない。
（指示及び事務の禁止）
第64条　国土交通大臣は、管理業務主任者が次の各号のいずれかに該当するときは、当該管理業務主任者に対し、必要な指示をすることができる。
一　マンション管理業者に自己が専任の管理業務主任者として従事している事務所以外の事務所の専任の管理業務主任者である旨の表示をすることを許し、当該マンション管理業者がその旨の表示をしたとき。
二　他人に自己の名義の使用を許し、当該他人がその名義を使用して管理業務主任者である旨の表示をしたとき。
三　管理業務主任者として行う事務に関し、不正又は著しく不当な行為をしたとき。
2　国土交通大臣は、管理業務主任者が前項各号のいずれかに該当するとき、又は同項の規定による指示に従わないときは、当該管理業務主任者に対し、1年以内の期間を定めて、管理業務主任者としてすべき事務を行うことを禁止することができる。

（登録の取消し）
第65条 国土交通大臣は、管理業務主任者が次の各号のいずれかに該当するときは、その登録を取り消さなければならない。
一 第59条第1項各号（第五号を除く。）のいずれかに該当するに至ったとき。
二 偽りその他不正の手段により登録を受けたとき。
三 偽りその他不正の手段により管理業務主任者証の交付を受けたとき。
四 前条第1項各号のいずれかに該当し情状が特に重いとき、又は同条第2項の規定による事務の禁止の処分に違反したとき。
2 国土交通大臣は、第59条第1項の登録を受けている者で管理業務主任者証の交付を受けていないものが次の各号のいずれかに該当するときは、その登録を取り消さなければならない。
一 第59条第1項各号（第五号を除く。）のいずれかに該当するに至ったとき。
二 偽りその他不正の手段により登録を受けたとき。
三 管理業務主任者としてすべき事務を行った場合（第78条の規定により事務所を代表する者又はこれに準ずる地位にある者として行った場合を除く。）であって、情状が特に重いとき。

（登録の消除）
第66条 国土交通大臣は、第59条第1項の登録がその効力を失ったときは、その登録を消除しなければならない。

（報告）
第67条 国土交通大臣は、管理業務主任者の事務の適正な遂行を確保するため必要があると認めるときは、その必要な限度で、管理業務主任者に対し、報告をさせることができる。

（手数料）
第68条 第59条第1項の登録を受けようとする者及び管理業務主任者証の交付、有効期間の更新、再交付又は訂正を受けようとする者は、実費を勘案して政令で定める額の手数料を国に納付しなければならない。

（国土交通省令への委任）
第69条 この節に定めるもののほか、試験、指定試験機関、管理業務主任者の登録、講習、登録講習機関その他この節の規定の施行に関し必要な事項は、国土交通省令で定める。

第3節 業務

（業務処理の原則）
第70条 マンション管理業者は、信義を旨とし、誠実にその業務を行わなければならない。

（標識の掲示）
第71条 マンション管理業者は、その事務所ごとに、公衆の見やすい場所に、国土交通省令で定める標識を掲げなければならない。

（重要事項の説明等）
第72条 マンション管理業者は、管理組合から管理事務の委託を受けることを内容とする契約（新たに建設されたマンションの当該建設工事の完了の日から国土交通省令で定める期間を経過する日までの間に契約期間が満了するものを除く。以下「管理受託契約」という。）を締結しようとするとき（次項に規定するときを除く。）は、あらかじめ、国土交通省令で定めるところにより説明会を開催し、当該管理組合を構成するマンションの区分所有者等及び当該管理組合の管理者等に対し、管理業務主任者をして、管理受託契約の内容及びその履行に関する事項であって国土交通省令で定めるもの（以下「重要事項」という。）について説明をさせなければならない。この場合において、マンション管理業者は、当該説明会の日の1週間前までに、当該管理組合を構成するマンションの区分所有者等及び当該管理組合の管理者等の全員に対し、重要事項並びに説明会の日時及び場所を記載した書面を交付しなければならない。
2 マンション管理業者は、従前の管理受託契約と同一の条件で管理組合との管理受託契約を更新しようとするときは、あらかじめ、当該管理組合を構成するマンションの区分所有者等全員に対し、重要事項を記載した書面を交付しなければならない。
3 前項の場合において当該管理組合に管理者等が置かれているときは、マンション管理業者は、当該管理者等に対し、管理業務主任者をして、重要事項について、これを記載した書面を交付して説明をさせなければならない。
4 管理業務主任者は、第1項又は前項の説明をするときは、説明の相手方に対し、管理業務主任者証を提示しなければならない。
5 マンション管理業者は、第1項から第3項までの規定により交付すべき書面を作成するときは、管理業務主任者をして、当該書面に

記名押印させなければならない。
（契約の成立時の書面の交付）
第73条 マンション管理業者は、管理組合から管理事務の委託を受けることを内容とする契約を締結したときは、当該管理組合の管理者等（当該マンション管理業者が当該管理組合の管理者等である場合又は当該管理組合に管理者等が置かれていない場合にあっては、当該管理組合を構成するマンションの区分所有者等全員）に対し、遅滞なく、次に掲げる事項を記載した書面を交付しなければならない。
一　管理事務の対象となるマンションの部分
二　管理事務の内容及び実施方法（第76条の規定により管理する財産の管理の方法を含む。）
三　管理事務に要する費用並びにその支払の時期及び方法
四　管理事務の一部の再委託に関する定めがあるときは、その内容
五　契約期間に関する事項
六　契約の更新に関する定めがあるときは、その内容
七　契約の解除に関する定めがあるときは、その内容
八　その他国土交通省令で定める事項
2　マンション管理業者は、前項の規定により交付すべき書面を作成するときは、管理業務主任者をして、当該書面に記名押印させなければならない。
（再委託の制限）
第74条 マンション管理業者は、管理組合から委託を受けた管理事務のうち基幹事務については、これを一括して他人に委託してはならない。
（帳簿の作成等）
第75条 マンション管理業者は、管理組合から委託を受けた管理事務について、国土交通省令で定めるところにより、帳簿を作成し、これを保存しなければならない。
（財産の分別管理）
第76条 マンション管理業者は、管理組合から委託を受けて管理する修繕積立金その他国土交通省令で定める財産については、整然と管理する方法として国土交通省令で定める方法により、自己の固有財産及び他の管理組合の財産と分別して管理しなければならない。
（管理事務の報告）

第77条 マンション管理業者は、管理事務の委託を受けた管理組合に管理者等が置かれているときは、国土交通省令で定めるところにより、定期に、当該管理者等に対し、管理業務主任者をして、当該管理事務に関する報告をさせなければならない。
2　マンション管理業者は、管理事務の委託を受けた管理組合に管理者等が置かれていないときは、国土交通省令で定めるところにより、定期に、説明会を開催し、当該管理組合を構成するマンションの区分所有者等に対し、管理業務主任者をして、当該管理事務に関する報告をさせなければならない。
3　管理業務主任者は、前2項の説明をするときは、説明の相手方に対し、管理業務主任者証を提示しなければならない。
（管理業務主任者としてすべき事務の特例）
第78条 マンション管理業者は、第56条第1項ただし書に規定する管理事務以外の管理事務については、管理業務主任者に代えて、当該事務所を代表する者又はこれに準ずる地位にある者をして、管理業務主任者としてすべき事務を行わせることができる。
（書類の閲覧）
第79条 マンション管理業者は、国土交通省令で定めるところにより、当該マンション管理業者の業務及び財産の状況を記載した書類をその事務所ごとに備え置き、その業務に係る関係者の求めに応じ、これを閲覧させなければならない。
（秘密保持義務）
第80条 マンション管理業者は、正当な理由がなく、その業務に関して知り得た秘密を漏らしてはならない。マンション管理業者でなくなった後においても、同様とする。

第4節　監　督
（指示）
第81条 国土交通大臣は、マンション管理業者が次の各号のいずれかに該当するとき、又はこの法律の規定に違反したときは、当該マンション管理業者に対し、必要な指示をすることができる。
一　業務に関し、管理組合又はマンションの区分所有者等に損害を与えたとき、又は損害を与えるおそれが大であるとき。
二　業務に関し、その公正を害する行為をしたとき、又はその公正を害するおそれが大であるとき。

三 業務に関し他の法令に違反し、マンション管理業者として不適当であると認められるとき。
四 管理業務主任者が第64条又は第65条第1項の規定による処分を受けた場合において、マンション管理業者の責めに帰すべき理由があるとき。

（業務停止命令）

第82条 国土交通大臣は、マンション管理業者が次の各号のいずれかに該当するときは、当該マンション管理業者に対し、1年以内の期間を定めて、その業務の全部又は一部の停止を命ずることができる。
一 前条第三号又は第四号に該当するとき。
二 第48条第1項、第54条、第56条第3項、第71条、第72条第1項から第3項まで若しくは第5項、第73条から第76条まで、第77条第1項若しくは第2項、第79条、第80条又は第88条第1項の規定に違反したとき。
三 前条の規定による指示に従わないとき。
四 この法律の規定に基づく国土交通大臣の処分に違反したとき。
五 マンション管理業に関し、不正又は著しく不当な行為をしたとき。
六 営業に関し成年者と同一の行為能力を有しない未成年者である場合において、その法定代理人が業務の停止をしようとするとき以前2年以内にマンション管理業に関し不正又は著しく不当な行為をしたとき。
七 法人である場合において、役員のうちに業務の停止をしようとするとき以前2年以内にマンション管理業に関し不正又は著しく不当な行為をした者があるに至ったとき。

（登録の取消し）

第83条 国土交通大臣は、マンション管理業者が次の各号のいずれかに該当するときは、その登録を取り消さなければならない。
一 第47条第一号、第三号又は第五号から第八号までのいずれかに該当するに至ったとき。
二 偽りその他不正の手段により登録を受けたとき。
三 前条各号のいずれかに該当し情状が特に重いとき、又は同条の規定による業務の停止の命令に違反したとき。

（監督処分の公告）

第84条 国土交通大臣は、前2条の規定による処分をしたときは、国土交通省令で定めるところにより、その旨を公告しなければならない。

（報告）

第85条 国土交通大臣は、マンション管理業の適正な運営を確保するため必要があると認めるときは、その必要な限度で、マンション管理業を営む者に対し、報告をさせることができる。

（立入検査）

第86条 国土交通大臣は、マンション管理業の適正な運営を確保するため必要があると認めるときは、その必要な限度で、その職員に、マンション管理業を営む者の事務所その他の業務を行う場所に立ち入り、帳簿、書類その他必要な物件を検査させ、又は関係者に質問させることができる。
2 前項の規定により立入検査を行う職員は、その身分を示す証明書を携帯し、かつ、関係者の請求があるときは、これを提示しなければならない。
3 第1項に規定する権限は、犯罪捜査のために認められたものと解釈してはならない。

第5節 雑則

（使用人等の秘密保持義務）

第87条 マンション管理業者の使用人その他の従業者は、正当な理由がなく、マンションの管理に関する事務を行ったことに関して知り得た秘密を漏らしてはならない。マンション管理業者の使用人その他の従業者でなくなった後においても、同様とする。

（証明書の携帯等）

第88条 マンション管理業者は、国土交通省令で定めるところにより、使用人その他の従業者に、その従業者であることを証する証明書を携帯させなければ、その者をその業務に従事させてはならない。
2 マンション管理業者の使用人その他の従業者は、マンションの管理に関する事務を行うに際し、マンションの区分所有者等その他の関係者から請求があったときは、前項の証明書を提示しなければならない。

（登録の失効に伴う業務の結了）

第89条 マンション管理業者の登録がその効力を失った場合には、当該マンション管理業者であった者又はその一般承継人は、当該マンション管理業者の管理組合からの委託に係る管理事務を結了する目的の範囲内において

は、なおマンション管理業者とみなす。
（適用の除外）
第90条 この章の規定は、国及び地方公共団体には、適用しない。

第4章　マンション管理適正化推進センター

（指定）
第91条 国土交通大臣は、管理組合によるマンションの管理の適正化の推進に寄与することを目的とする一般財団法人であって、次条に規定する業務（以下「管理適正化業務」という。）に関し次に掲げる基準に適合すると認められるものを、その申請により、全国に一を限って、マンション管理適正化推進センター（以下「センター」という。）として指定することができる。
一　職員、管理適正化業務の実施の方法その他の事項についての管理適正化業務の実施に関する計画が、管理適正化業務の適正かつ確実な実施のために適切なものであること。
二　前号の管理適正化業務の実施に関する計画の適正かつ確実な実施に必要な経理的及び技術的な基礎を有するものであること。

（業務）
第92条 センターは、次に掲げる業務を行うものとする。
一　マンションの管理に関する情報及び資料の収集及び整理をし、並びにこれらを管理組合の管理者等その他の関係者に対し提供すること。
二　マンションの管理の適正化に関し、管理組合の管理者等その他の関係者に対し技術的な支援を行うこと。
三　マンションの管理の適正化に関し、管理組合の管理者等その他の関係者に対し講習を行うこと。
四　マンションの管理に関する苦情の処理のために必要な指導及び助言を行うこと。
五　マンションの管理に関する調査及び研究を行うこと。
六　マンションの管理の適正化の推進に資する啓発活動及び広報活動を行うこと。
七　前各号に掲げるもののほか、マンションの管理の適正化の推進に資する業務を行うこと。

（センターへの情報提供等）
第93条 国土交通大臣は、センターに対し、管理適正化業務の実施に関し必要な情報及び資料の提供又は指導及び助言を行うものとする。

（準用）
第94条 第12条から第15条まで、第18条第1項、第19条から第23条まで、第24条第2項、第25条、第28条（第五号を除く。）及び第29条の規定は、センターについて準用する。この場合において、これらの規定中「試験事務」とあるのは「管理適正化業務」と、「試験事務規程」とあるのは「管理適正化業務規程」と、第12条中「名称又は主たる事務所」とあるのは「名称若しくは住所又は管理適正化業務を行う事務所」と、第13条第2項中「指定試験機関の役員」とあるのは「管理適正化業務に従事するセンターの役員」と、第14条第1項中「事業計画」とあるのは「管理適正化業務に係る事業計画」と、同条第2項中「事業報告書」とあるのは「管理適正化業務に係る事業報告書」と、第24条第2項第一号中「第11条第3項各号」とあるのは「第91条各号」と、同項第七号及び第25条第1項中「第11条第1項」とあるのは「第91条」と、第28条中「その旨」とあるのは「その旨（第一号の場合にあっては、管理適正化業務を行う事務所の所在地を含む。）」と、同条第一号中「第11条第1項」とあるのは「第91条」と読み替えるものとする。

第5章　マンション管理業者の団体

（指定）
第95条 国土交通大臣は、マンション管理業者の業務の改善向上を図ることを目的とし、かつ、マンション管理業者を社員とする一般社団法人であって、次項に規定する業務を適正かつ確実に行うことができると認められるものを、その申請により、同項に規定する業務を行う者として指定することができる。
2　前項の指定を受けた法人（以下「指定法人」という。）は、次に掲げる業務を行うものとする。
一　社員の営む業務に関し、社員に対し、この法律又はこの法律に基づく命令を遵守させるための指導、勧告その他の業務を行うこと。
二　社員の営む業務に関する管理組合等からの苦情の解決を行うこと。
三　管理業務主任者その他マンション管理業の業務に従事し、又は従事しようとする者

に対し、研修を行うこと。
　四　マンション管理業の健全な発達を図るための調査及び研究を行うこと。
　五　前各号に掲げるもののほか、マンション管理業者の業務の改善向上を図るために必要な業務を行うこと。
3　指定法人は、前項の業務のほか、国土交通省令で定めるところにより、社員であるマンション管理業者との契約により、当該マンション管理業者が管理組合又はマンションの区分所有者等から受領した管理費、修繕積立金等の返還債務を負うこととなった場合においてその返還債務を保証する業務（以下「保証業務」という。）を行うことができる。
（苦情の解決）
第96条　指定法人は、管理組合等から社員の営む業務に関する苦情について解決の申出があったときは、その相談に応じ、申出人に必要な助言をし、その苦情に係る事情を調査するとともに、当該社員に対しその苦情の内容を通知してその迅速な処理を求めなければならない。
2　指定法人は、前項の申出に係る苦情の解決について必要があると認めるときは、当該社員に対し、文書若しくは口頭による説明を求め、又は資料の提出を求めることができる。
3　社員は、指定法人から前項の規定による求めがあったときは、正当な理由がないのに、これを拒んではならない。
4　指定法人は、第1項の申出、当該苦情に係る事情及びその解決の結果について、社員に周知させなければならない。
（保証業務の承認等）
第97条　指定法人は、保証業務を行う場合においては、あらかじめ、国土交通省令で定めるところにより、国土交通大臣の承認を受けなければならない。
2　前項の承認を受けた指定法人は、保証業務を廃止したときは、その旨を国土交通大臣に届け出なければならない。
（保証業務に係る契約の締結の制限）
第98条　前条第1項の承認を受けた指定法人は、その保証業務として社員であるマンション管理業者との間において締結する契約に係る保証債務の額の合計額が、国土交通省令で定める額を超えることとなるときは、当該契約を締結してはならない。
（保証業務に係る事業計画書等）

第99条　第97条第1項の承認を受けた指定法人は、毎事業年度、保証業務に係る事業計画書及び収支予算書を作成し、当該事業年度の開始前に（承認を受けた日の属する事業年度にあっては、その承認を受けた後遅滞なく）、国土交通大臣に提出しなければならない。これを変更しようとするときも、同様とする。
2　第97条第1項の承認を受けた指定法人は、毎事業年度の経過後3月以内に、その事業年度の保証業務に係る事業報告書及び収支決算書を作成し、国土交通大臣に提出しなければならない。
（改善命令）
第100条　国土交通大臣は、指定法人の第95条第2項又は第3項の業務の運営に関し改善が必要であると認めるときは、その指定法人に対し、その改善に必要な措置を講ずべきことを命ずることができる。
（指定の取消し）
第101条　国土交通大臣は、指定法人が前条の規定による命令に違反したときは、その指定を取り消すことができる。
（報告及び立入検査）
第102条　第21条及び第22条の規定は、指定法人について準用する。この場合において、これらの規定中「試験事務の適正な実施」とあるのは、「第95条第2項及び第3項の業務の適正な運営」と読み替えるものとする。

　　　第6章　雑　則
（設計図書の交付等）
第103条　宅地建物取引業者（宅地建物取引業法（昭和27年法律第176号）第2条第三号に規定する宅地建物取引業者をいい、同法第77条第2項の規定により宅地建物取引業者とみなされる者を含む。以下同じ。）は、自ら売主として人の居住の用に供する独立部分がある建物（新たに建設された建物で人の居住の用に供したことがないものに限る。以下同じ。）を分譲した場合においては、国土交通省令で定める期間内に当該建物又はその附属施設の管理を行う管理組合の管理者等が選任されたときは、速やかに、当該管理者等に対し、当該建物又はその附属施設の設計に関する図書で国土交通省令で定めるものを交付しなければならない。
2　前項に定めるもののほか、宅地建物取引業者は、自ら売主として人の居住の用に供する独立部分がある建物を分譲する場合において

は、当該建物の管理が管理組合に円滑に引き継がれるよう努めなければならない。
　（権限の委任）
第104条　この法律に規定する国土交通大臣の権限は、国土交通省令で定めるところにより、その一部を地方整備局長又は北海道開発局長に委任することができる。
　（経過措置）
第105条　この法律の規定に基づき命令を制定し、又は改廃する場合においては、その命令で、その制定又は改廃に伴い合理的に必要とされる範囲内において、所要の経過措置（罰則に関する経過措置を含む。）を定めることができる。

第7章　罰　則

第106条　次の各号のいずれかに該当する者は、1年以下の懲役又は50万円以下の罰金に処する。
一　偽りその他不正の手段により第44条第1項又は第3項の登録を受けた者
二　第53条の規定に違反して、マンション管理業を営んだ者
三　第54条の規定に違反して、他人にマンション管理業を営ませた者
四　第82条の規定による業務の停止の命令に違反して、マンション管理業を営んだ者

第107条　次の各号のいずれかに該当する者は、1年以下の懲役又は30万円以下の罰金に処する。
一　第18条第1項（第38条、第58条第3項及び第94条において準用する場合を含む。）の規定に違反した者
二　第42条の規定に違反した者
2　前項第二号の罪は、告訴がなければ公訴を提起することができない。

第108条　第24条第2項（第38条、第58条第3項及び第94条において準用する場合を含む。）の規定による試験事務（第11条第1項に規定する試験事務及び第58条第1項に規定する試験事務をいう。第110条において同じ。）、登録事務若しくは管理適正化業務の停止の命令又は第41条の13（第61条の2において準用する場合を含む。）の規定による講習事務（第41条の2に規定する講習事務及び第61条の2において準用する第41条の2に規定する講習事務をいう。第110条において同じ。）の停止の命令に違反したときは、その違反行為をした指定試験機関（第11条第1項に規定する指定試験機関及び第58条第1項に規定する指定試験機関をいう。第110条において同じ。）、指定登録機関、登録講習機関（第41条に規定する登録講習機関及び第60条第2項本文に規定する登録講習機関をいう。第110条において同じ。）又はセンターの役員又は職員は、1年以下の懲役又は30万円以下の罰金に処する。

第109条　次の各号のいずれかに該当する者は、30万円以下の罰金に処する。
一　第33条第2項の規定によりマンション管理士の名称の使用の停止を命ぜられた者で、当該停止を命ぜられた期間中に、マンション管理士の名称を使用したもの
二　第43条の規定に違反した者
三　第48条第1項の規定による届出をせず、又は虚偽の届出をした者
四　第56条第3項の規定に違反した者
五　第98条の規定に違反して契約を締結した者

第110条　次の各号のいずれかに該当するときは、その違反行為をした指定試験機関、指定登録機関、登録講習機関、センター又は指定法人の役員又は職員は、30万円以下の罰金に処する。
一　第19条（第38条、第58条第3項及び第94条において準用する場合を含む。）又は第41条の14（第61条の2において準用する場合を含む。）の規定に違反して帳簿を備えず、帳簿に記載せず、若しくは帳簿に虚偽の記載をし、又は帳簿を保存しなかったとき。
二　第21条（第38条、第58条第3項、第94条及び第102条において準用する場合を含む。）又は第41条の16（第61条の2において準用する場合を含む。）の規定による報告をせず、又は虚偽の報告をしたとき。
三　第22条第1項（第38条、第58条第3項、第94条及び第102条において準用する場合を含む。）又は第41条の17第1項（第61条の2において準用する場合を含む。）の規定による立入り若しくは検査を拒み、妨げ、若しくは忌避し、又は質問に対して陳述をせず、若しくは虚偽の陳述をしたとき。
四　第23条第1項（第38条、第58条第3項及び第94条において準用する場合を含む。）の許可を受けないで、又は第41条の9（第

61条の2において準用する場合を含む。）の規定による届出をしないで、試験事務、登録事務、講習事務又は管理適正化業務の全部を廃止したとき。

第111条 次の各号のいずれかに該当する者は、30万円以下の罰金に処する。
一 第67条又は第85条の規定による報告をせず、又は虚偽の報告をした者
二 第73条第1項の規定に違反して、書面を交付せず、又は同項各号に掲げる事項を記載しない書面若しくは虚偽の記載のある書面を交付した者
三 第73条第2項の規定による記名押印のない書面を同条第1項の規定により交付すべき者に対し交付した者
四 第80条又は第87条の規定に違反した者
五 第86条第1項の規定による立入り若しくは検査を拒み、妨げ、若しくは忌避し、又は質問に対して陳述をせず、若しくは虚偽の陳述をした者
六 第88条第1項の規定に違反した者
七 第99条第1項の規定による事業計画書若しくは収支予算書若しくは同条第2項の規定による事業報告書若しくは収支決算書の提出をせず、又は虚偽の記載をした事業計画書、収支予算書、事業報告書若しくは収支決算書を提出した者

2 前項第四号の罪は、告訴がなければ公訴を提起することができない。

第112条 法人の代表者又は法人若しくは人の代理人、使用人その他の従業者が、その法人又は人の業務に関して、第106条、第109条第三号から第五号まで又は前条第1項（第四号を除く。）の違反行為をしたときは、その行為者を罰するほか、その法人又は人に対しても、各本条の罰金刑を科する。

第112条の2 第41条の10第1項（第61条の2において準用する場合を含む。）の規定に違反して財務諸表等を備えて置かず、財務諸表等に記載すべき事項を記載せず、若しくは虚偽の記載をし、又は正当な理由がないのに第41条の10第2項各号（第61条の2において準用する場合を含む。）の規定による請求を拒んだ者は、20万円以下の過料に処する。

第113条 次の各号のいずれかに該当する者は、10万円以下の過料に処する。
一 第50条第1項の規定による届出を怠った者
二 第60条第4項若しくは第5項、第72条第4項又は第77条第3項の規定に違反した者
三 第71条の規定による標識を掲げない者

　　　附　則
（施行期日）
第1条 この法律は、公布の日から起算して9月を超えない範囲内において政令で定める日から施行する。
（経過措置）
第2条 この法律の施行の際現にマンション管理士又はこれに紛らわしい名称を使用している者については、第43条の規定は、この法律の施行後9月間は、適用しない。

第3条 第72条の規定は、管理組合から管理事務の委託を受けることを内容とする契約でこの法律の施行の日から起算して1月を経過する日前に締結されるものについては、適用しない。

2 第73条の規定は、管理組合から管理事務の委託を受けることを内容とする契約でこの法律の施行前に締結されたものについては、適用しない。

3 第77条の規定は、管理組合から管理事務の委託を受けることを内容とする契約でこの法律の施行前に締結されたものに基づき行う管理事務については、その契約期間が満了するまでの間は、適用しない。

4 第103条第1項の規定は、この法律の施行前に建設工事が完了した建物の分譲については、適用しない。

第4条 この法律の施行の際現にマンション管理業を営んでいる者は、この法律の施行の日から9月間（当該期間内に第47条の規定に基づく登録の拒否の処分があったとき、又は次項の規定により読み替えて適用される第83条の規定によりマンション管理業の廃止を命ぜられたときは、当該処分のあった日又は当該廃止を命ぜられた日までの間）は、第44条第1項の登録を受けないでも、引き続きマンション管理業を営むことができる。その者がその期間内に第45条第1項の規定による登録の申請をした場合において、その期間を経過したときは、その申請について登録又は登録の拒否の処分があるまでの間も、同様とする。

2 前項の規定により引き続きマンション管理業を営むことができる場合においては、その者を第44条第1項の登録を受けたマンション

管理業者と、その事務所（第45条第1項第二号に規定する事務所をいう。）を代表する者、これに準ずる地位にある者その他国土交通省令で定める者を管理業務主任者とみなして、第56条（第1項ただし書を除く。）、第70条、第72条第1項から第3項まで及び第5項、第73条から第76条まで、第77条第1項及び第2項、第79条、第80条、第81条（第四号を除く。）、第82条、第83条（第二号を除く。）並びに第85条から第89条までの規定（これらの規定に係る罰則を含む。）並びに前条第1項から第3項までの規定を適用する。この場合において、第56条第1項中「事務所の規模を考慮して国土交通省令で定める数の成年者である専任の管理業務主任者」とあるのは「成年者である専任の管理業務主任者」と、同条第3項中「既存の事務所が同項の規定に抵触するに至ったときは」とあるのは「この法律の施行の際事務所が同項の規定に抵触するときはこの法律の施行の日から、既存の事務所が同項の規定に抵触するに至ったときはその日から」と、第82条第一号中「前条第三号又は第四号」とあるのは「前条第三号」と、同条第二号中「第48条第1項、第54条、第56条第3項、第71条」とあるのは「第56条第3項」と、第83条中「その登録を取り消さなければならない」とあるのは「マンション管理業の廃止を命ずることができる」と、第89条中「マンション管理業者の登録がその効力を失った場合には」とあるのは「第50条第1項各号のいずれかに該当することとなった場合又は附則第4条第2項の規定により読み替えて適用される第83条の規定によりマンション管理業の廃止を命ぜられた場合には」と、第106条第四号中「第82条の規定による業務の停止の命令に違反して」とあるのは「第82条の規定による業務の停止の命令又は附則第4条第2項の規定により読み替えて適用される第83条の規定によるマンション管理業の廃止の命令に違反して」とする。

3　前項の規定により読み替えて適用される第83条の規定によりマンション管理業の廃止が命ぜられた場合における第30条第1項第六号、第47条第二号及び第三号並びに第59条第1項第六号の規定の適用については、当該廃止の命令をマンション管理業者の登録の取消しの処分と、当該廃止を命ぜられた日を当該登録の取消しの日とみなす。

第5条　国土交通省令で定めるところによりマンションの管理に関し知識及び実務の経験を有すると認められる者でこの法律の施行の日から9月を経過する日までに国土交通大臣が指定する講習会の課程を修了したものは、第59条第1項に規定する試験に合格した者で管理事務に関し国土交通省令で定める期間以上の実務の経験を有するものとみなす。この場合における第60条第2項ただし書の規定の適用については、同項中「試験に合格した日」とあるのは、「附則第5条に規定する国土交通大臣が指定する講習会の課程を修了した日」とする。

（検討）

第8条　政府は、この法律の施行後3年を経過した場合において、この法律の施行の状況について検討を加え、その結果に基づいて必要な措置を講ずるものとする。

　　　附　則〔平成14年5月29日法律第45号〕
（施行期日）
1　この法律は、公布の日から起算して1年を超えない範囲内において政令で定める日から施行する。
（経過措置）
2　この法律の施行の日が農業協同組合法等の一部を改正する法律（平成13年法律第94号）第2条の規定の施行の日前である場合には、第9条のうち農業協同組合法第30条第12項の改正規定中「第30条第12項」とあるのは、「第30条第11項」とする。

　　　附　則〔平成15年6月18日法律第96号〕抄
（施行期日）
第1条　この法律は、平成16年3月1日から施行する。
（マンションの管理の適正化の推進に関する法律の一部改正に伴う経過措置）
第13条　第12条の規定による改正後のマンションの管理の適正化の推進に関する法律（以下この条において「新マンション管理適正化法」という。）第41条又は第60条第2項本文の登録を受けようとする者は、第12条の規定の施行前においても、その申請を行うことができる。新マンション管理適正化法第41条の8第1項又は新マンション管理適正化法第61条の2において準用する新マンション管理適正化法第41条の8第1項の規定による講習事務規程の届出についても、同様とする。

2　第12条の規定の施行の際現に同条の規定に

よる改正前のマンションの管理の適正化の推進に関する法律（以下この条において「旧マンション管理適正化法」という。）第60条第2項本文の指定を受けている者は、第12条の規定の施行の日から起算して6月を経過する日までの間は、新マンション管理適正化法第60条第2項本文の登録を受けているものとみなす。

3　第12条の規定の施行前6月以内に受けた旧マンション管理適正化法第60条第2項本文の指定を受けた者が同項本文の規定により行った講習は、その受けた日から起算して6月を経過する日までの間は、新マンション管理適正化法第60条第2項本文の登録を受けた者が同項本文の規定により行う講習とみなす。

（処分、手続等の効力に関する経過措置）

第14条　附則第2条から前条までに規定するもののほか、この法律の施行前にこの法律による改正前のそれぞれの法律（これに基づく命令を含む。）の規定によってした処分、手続その他の行為であって、この法律による改正後のそれぞれの法律（これに基づく命令を含む。）中相当する規定があるものは、これらの規定によってした処分、手続その他の行為とみなす。

（罰則の適用に関する経過措置）

第15条　この法律の施行前にした行為及びこの附則の規定によりなお従前の例によることとされる場合におけるこの法律の施行後にした行為に対する罰則の適用については、なお従前の例による。

（その他の経過措置の政令への委任）

第16条　附則第2条から前条までに定めるもののほか、この法律の施行に関し必要となる経過措置（罰則に関する経過措置を含む。）は、政令で定める。

　　　附　則　〔平成16年6月2日法律第76号〕抄

（施行期日）

第1条　この法律は、破産法（平成16年法律第75号。次条第8項並びに附則第3条第8項、第5条第8項、第16項及び第21項、第8条第3項並びに第13条において「新破産法」という。）の施行の日から施行する。

（政令への委任）

第14条　附則第2条から前条までに規定するもののほか、この法律の施行に関し必要な経過措置は、政令で定める。

　　　附　則　〔平成16年12月1日法律第147号〕抄

（施行期日）

第1条　この法律は、公布の日から起算して6月を超えない範囲内において政令で定める日から施行する。

　　　附　則　〔平成16年12月3日法律第154号〕抄

（施行期日）

第1条　この法律は、公布の日から起算して6月を超えない範囲内において政令で定める日（以下「施行日」という。）から施行する。

（処分等の効力）

第121条　この法律の施行前のそれぞれの法律（これに基づく命令を含む。以下この条において同じ。）の規定によってした処分、手続その他の行為であって、改正後のそれぞれの法律の規定に相当の規定があるものは、この附則に別段の定めがあるものを除き、改正後のそれぞれの法律の相当の規定によってしたものとみなす。

（罰則に関する経過措置）

第122条　この法律の施行前にした行為並びにこの附則の規定によりなお従前の例によることとされる場合及びこの附則の規定によりなおその効力を有することとされる場合におけるこの法律の施行後にした行為に対する罰則の適用については、なお従前の例による。

（その他の経過措置の政令への委任）

第123条　この附則に規定するもののほか、この法律の施行に伴い必要な経過措置は、政令で定める。

（検討）

第124条　政府は、この法律の施行後3年以内に、この法律の施行の状況について検討を加え、必要があると認めるときは、その結果に基づいて所要の措置を講ずるものとする。

　　　附　則　〔平成17年7月15日法律第83号〕抄

（施行期日）

第1条　この法律は、平成19年4月1日から施行する。

　　　附　則　〔平成17年7月26日法律第87号〕抄

この法律は、会社法の施行の日から施行する。

　　　附　則　〔平成18年6月2日法律第50号〕抄

（施行期日）

1　この法律は、一般社団・財団法人法の施行の日〔平成20年12月1日〕から施行する。

別表第1（第41条の4関係）

科　目	講　師
一　マンションの管理に関する法令及び実務に関する科目（四の項に掲げる科目を除く。）	一　学校教育法（昭和22年法律第26号）による大学（以下「大学」という。）において民事法学、行政法学若しくは会計学を担当する教授若しくは准教授の職にあり、又はこれらの職にあった者 二　前号に掲げる者と同等以上の知識及び経験を有する者
二　管理組合の運営の円滑化に関する科目	一　大学において民事法学を担当する教授若しくは准教授の職にあり、又はこれらの職にあった者 二　前号に掲げる者と同等以上の知識及び経験を有する者
三　マンションの建物及び附属施設の構造及び設備に関する科目	一　大学において建築学を担当する教授若しくは准教授の職にあり、又はこれらの職にあった者 二　前号に掲げる者と同等以上の知識及び経験を有する者
四　この法律に関する科目	一　大学において行政法学を担当する教授若しくは准教授の職にあり、又はこれらの職にあった者 二　前号に掲げる者と同等以上の知識及び経験を有する者

別表第2（第61条の2関係）

科　目	講　師
一　この法律その他関係法令に関する科目 二　管理事務の委託契約に関する科目	一　弁護士 二　管理業務主任者であって、現に管理業務主任者としてマンション管理業に従事している者 三　前号に掲げる者と同等以上の知識及び経験を有する者
三　管理組合の会計の収入及び支出の調定並びに出納に関する科目	一　公認会計士 二　管理業務主任者であって、現に管理業務主任者としてマンション管理業に従事している者 三　前号に掲げる者と同等以上の知識及び経験を有する者
四　マンションの建物及び附属設備の維持又は修繕に関する企画又は実施の調整に関する科目	一　一級建築士 二　管理業務主任者であって、現に管理業務主任者としてマンション管理業に従事している者 三　前号に掲げる者と同等以上の知識及び経験を有する者

○マンションの管理の適正化の推進に関する法律施行令

[平成13年7月4日
政令第238号]

最終改正 平成16年12月28日政令第429号

マンションの管理の適正化の推進に関する法律施行令をここに公布する。
　　　マンションの管理の適正化の推進に関する法律施行令
内閣は、マンションの管理の適正化の推進に関する法律（平成12年法律第149号）第10条第1項（同法第57条第2項において準用する場合を含む。）、第35条第2項、第37条第2項、第41条第2項、第52条及び第68条の規定に基づき、この政令を制定する。

（マンション管理士試験の受験手数料）
第1条 マンションの管理の適正化の推進に関する法律（以下「法」という。）第10条第1項の政令で定める受験手数料の額は、九千四百円とする。
（マンション管理士登録証の再交付等手数料）
第2条 法第35条第2項の政令で定める手数料の額は、二千三百円とする。
（マンション管理士の登録手数料）
第3条 法第37条第2項の政令で定める手数料の額は、四千二百五十円とする。
（マンション管理士等に係る登録講習機関の登録の有効期間）
第4条 法第41条の5第1項（法第61条の2において準用する場合を含む。）の政令で定める期間は、3年とする。
（マンション管理士の講習手数料）
第5条 法第41条の15第3項の政令で定める手数料の額は、一万三千五百円とする。
（マンション管理業者の更新登録手数料）
第6条 法第52条の政令で定める手数料の額は、一万二千百円とする。
（管理業務主任者試験の受験手数料）
第7条 法第57条第2項において準用する法第10条第1項の政令で定める受験手数料の額は、八千九百円とする。
（管理業務主任者の講習手数料）
第8条 法第61条の2において準用する法第41条の15第3項の政令で定める手数料の額は、六千七百円とする。
（管理業務主任者の登録等の手数料）

第9条 法第68条の政令で定める手数料の額は、次の各号に掲げる者の区分に応じ、それぞれ当該各号に定める額とする。
一　法第59条第1項の登録を受けようとする者　四千二百五十円
二　管理業務主任者証の交付、有効期間の更新、再交付又は訂正を受けようとする者　二千三百円
（宅地建物取引業者とみなされる信託業務を兼営する金融機関）
第10条 法第103条第1項の政令で定める信託業務を兼営する金融機関は、次に掲げるものとする。
一　宅地建物取引業法施行令（昭和39年政令第383号）第9条第2項の規定により宅地建物取引業者とみなされる信託業務を兼営する金融機関
二　銀行法等の一部を改正する法律（平成13年法律第117号）附則第11条の規定によりなお従前の例によるものとされ、引き続き宅地建物取引業を営んでいる信託業務を兼営する金融機関
　　　附　則　抄
（施行期日）
第1条　この政令は、法の施行の日〔平成13年8月1日〕から施行する。
　　　附　則　〔平成16年12月28日政令第429号〕抄
（施行期日）
第1条　この政令は、法の施行の日（平成16年12月30日）から施行する。

○マンションの管理の適正化の推進に関する法律施行規則

〔平成13年7月19日
国土交通省令第110号〕

最終改正 平成21年5月1日国土交通省令第35号

目次
 第1章 マンション管理士（第1条—第49条）
  第1節 マンション管理士試験（第1条—第24条）
  第2節 マンション管理士の登録（第25条—第40条）
  第3節 マンション管理士の講習（第41条—第49条）
 第2章 マンション管理業（第50条—第93条）
  第1節 マンション管理業の登録（第50条—第60条）
  第2節 管理業務主任者の設置（第61条・第62条）
  第3節 管理業務主任者試験（第63条—第67条）
  第4節 管理業務主任者登録（第68条—第80条）
  第5節 マンション管理業務（第81条—第93条）
 第3章 マンション管理適正化推進センター（第94条—第96条）
 第4章 マンション管理業者の団体（第97条—第100条）
 第5章 雑則（第101条—第104条）
 附則

第1章　マンション管理士
第1節　マンション管理士試験

（試験の基準）

第1条　マンション管理士試験（以下この節において「試験」という。）は、管理組合の運営その他マンションの管理に関する専門的知識を有するかどうかを判定することに基準を置くものとする。

（試験の内容）

第2条　前条の基準によって試験すべき事項は、おおむね次のとおりである。
 一　マンションの管理に関する法令及び実務に関すること（第四号に掲げるものを除く。）。
 二　管理組合の運営の円滑化に関すること。
 三　マンションの建物及び附属施設の構造及び設備に関すること。
 四　マンションの管理の適正化の推進に関する法律（以下「法」という。）に関すること。

（法第7条第2項の国土交通省令で定める資格を有する者）

第3条　法第7条第2項の国土交通省令で定める資格を有する者は、管理業務主任者試験に合格した者とする。

（試験の一部免除）

第4条　管理業務主任者試験に合格した者については、第2条に掲げる試験すべき事項のうち同条第四号に掲げるものを免除する。

（試験期日等の公告）

第5条　試験を施行する期日、場所その他試験の施行に関して必要な事項は、国土交通大臣があらかじめ官報で公告する。

（受験手続）

第6条　試験を受けようとする者は、別記様式第1号によるマンション管理士試験受験申込書（以下この節において「受験申込書」という。）を国土交通大臣に提出しなければならない。

（試験の方法）

第7条　試験は、筆記の方法により行う。

（合格証書の交付及び合格者の公告）

第8条　国土交通大臣は、試験に合格した者には、合格証書を交付するほか、その氏名を官報で公告するものとする。

（受験手数料の納付）

第9条　法第10条第1項に規定する受験手数料（以下この節において単に「受験手数料」という。）は、受験申込書に収入印紙をはって納付するものとする。ただし、行政手続等における情報通信の技術の利用に関する法律（平成14年法律第151号）第3条第1項の規定により同項に規定する電子情報処理組織を使用して（以下「電子情報処理組織により」という。）受験の申込みをする場合において、当該申込みを行ったことにより得られた納付情報により納付するときは、現金をもってす

ることができる。
（指定の申請等）
第10条 法第11条第2項の規定による指定を受けようとする者は、次に掲げる事項を記載した申請書を国土交通大臣に提出しなければならない。
　一　名称及び住所
　二　法第11条第1項に規定する試験の実施に関する事務（以下この節において「試験事務」という。）を行おうとする事務所の名称及び所在地
　三　試験事務を開始しようとする年月日
2　前項の申請書には、次に掲げる書類を添付しなければならない。
　一　定款又は寄附行為及び登記事項証明書
　二　申請の日の属する事業年度の前事業年度の貸借対照表及び当該事業年度末の財産目録
　三　申請の日の属する事業年度及び翌事業年度における事業計画書及び収支予算書
　四　指定の申請に関する意思の決定を証する書類
　五　役員の氏名及び略歴を記載した書類
　六　現に行っている業務の概要を記載した書類
　七　試験事務の実施の方法に関する計画を記載した書類
3　法第11条第1項に規定する指定試験機関（以下この節において単に「指定試験機関」という。）の名称及び主たる事務所の所在地並びに指定をした日は、次のとおりとする。

指定試験機関		指定をした日
名称	主たる事務所の所在地	
財団法人マンション管理センター	東京都千代田区一ツ橋2丁目5番5号	平成13年8月10日

（指定試験機関の名称の変更等の届出）
第11条 指定試験機関は、その名称又は主たる事務所の所在地を変更しようとするときは、次に掲げる事項を記載した届出書を国土交通大臣に提出しなければならない。
　一　変更後の指定試験機関の名称又は主たる事務所の所在地
　二　変更しようとする年月日
　三　変更の理由
2　指定試験機関は、試験事務を行う事務所を新設し、又は廃止しようとするときは、次に掲げる事項を記載した届出書を国土交通大臣に提出しなければならない。
　一　新設し、又は廃止しようとする事務所の名称及び所在地
　二　新設し、又は廃止しようとする事務所において試験事務を開始し、又は廃止しようとする年月日
　三　新設又は廃止の理由
（役員の選任及び解任）
第12条 指定試験機関は、法第13条第1項の認可を受けようとするときは、次に掲げる事項を記載した申請書を国土交通大臣に提出しなければならない。
　一　選任に係る役員の氏名及び略歴又は解任に係る役員の氏名
　二　選任又は解任の理由
（事業計画等の認可の申請）
第13条 指定試験機関は、法第14条第1項前段の認可を受けようとするときは、その旨を記載した申請書に事業計画書及び収支予算書を添えて、これを国土交通大臣に提出しなければならない。
2　指定試験機関は、法第14条第1項後段の認可を受けようとするときは、次に掲げる事項を記載した申請書を国土交通大臣に提出しなければならない。
　一　変更しようとする事項
　二　変更しようとする年月日
　三　変更の理由
（試験事務規程の認可の申請）
第14条 指定試験機関は、法第15条第1項前段の認可を受けようとするときは、その旨を記載した申請書に同項に規定する試験事務規程（以下この節において単に「試験事務規程」という。）を添えて、これを国土交通大臣に提出しなければならない。
2　指定試験機関は、法第15条第1項後段の認可を受けようとするときは、次に掲げる事項を記載した申請書を国土交通大臣に提出しなければならない。
　一　変更しようとする事項
　二　変更しようとする年月日
　三　変更の理由
（試験事務規程の記載事項）
第15条 法第15条第2項の国土交通省令で定め

る事項は、次のとおりとする。
一　試験事務を行う時間及び休日に関する事項
二　試験事務を行う事務所及び試験地に関する事項
三　試験事務の実施の方法に関する事項
四　受験手数料の収納の方法に関する事項
五　マンション管理士試験委員（以下この節において「試験委員」という。）の選任及び解任に関する事項
六　試験事務に関する秘密の保持に関する事項
七　試験事務に関する帳簿及び書類の管理に関する事項
八　その他試験事務の実施に関し必要な事項
（試験委員の要件）
第16条　法第16条第2項の国土交通省令で定める要件は、次の各号のいずれかに該当する者であることとする。
一　学校教育法（昭和22年法律第26号）による大学において民事法学、行政法学、会計学又は建築学を担当する教授又は助教授の職にあり、又はあった者その他これらの者に相当する知識及び経験を有する者
二　国又は地方公共団体の職員又は職員であった者で、第2条各号に掲げる事項について専門的な知識を有するもの
（試験委員の選任等の届出）
第17条　法第16条第3項の規定による試験委員の選任又は変更の届出は、次に掲げる事項を記載した届出書によって行わなければならない。
一　選任した試験委員の氏名及び略歴又は変更した試験委員の氏名
二　選任し、又は変更した年月日
三　選任又は変更の理由
（規定の適用）
第18条　指定試験機関が試験事務を行う場合における第6条、第8条及び第9条の規定の適用については、第6条及び第8条中「国土交通大臣」とあるのは「指定試験機関」と、第9条中「受験申込書に収入印紙をはって納付するものとする。ただし、行政手続等における情報通信の技術の利用に関する法律（平成14年法律第151号）第3条第1項の規定により同項に規定する電子情報処理組織を使用して（以下「電子情報処理組織により」という。）受験の申込みをする場合において、当該申込みを行ったことにより得られた納付情報により納付するときは、現金をもってすることができる」とあるのは「試験事務規程で定めるところにより納付するものとする」とする。
（受験停止の処分等の報告等）
第19条　指定試験機関は、法第17条第1項の規定により読み替えて適用する法第9条第1項の規定により、試験に関する不正行為に関係のある者に対して、その受験を停止させ、又はその試験を無効としたときは、遅滞なく、次に掲げる事項を記載した報告書を国土交通大臣に提出しなければならない。
一　処分を行った者の氏名、生年月日及び住所
二　処分の内容及び処分を行った年月日
三　不正の行為の内容
2　前項の場合において、国土交通大臣は、法第9条第2項の処分を行ったときは、次に掲げる事項を指定試験機関に通知するものとする。
一　処分を行った者の氏名、生年月日及び住所
二　処分の内容及び処分を行った年月日
（帳簿の備付け等）
第20条　法第19条に規定する国土交通省令で定める事項は、次のとおりとする。
一　試験年月日
二　試験地
三　受験者の受験番号、氏名、生年月日、住所及び合否の別
四　試験の合格年月日
2　前項各号に掲げる事項が、電子計算機（入出力装置を含む。以下同じ。）に備えられたファイル又は磁気ディスク、シー・ディー・ロムその他これに準ずる方法により一定の事項を確実に記録しておくことができる物（以下「磁気ディスク等」という。）に記録され、必要に応じ指定試験機関において電子計算機その他の機器を用いて明確に紙面に表示されるときは、当該記録をもって法第19条に規定する帳簿への記載に代えることができる。
3　法第19条に規定する帳簿（前項の規定による記録が行われた同項のファイル又は磁気ディスク等を含む。）は、試験事務を廃止するまで保存しなければならない。
（試験結果の報告）
第21条　指定試験機関は、試験事務を実施した

ときは、遅滞なく次に掲げる事項を記載した報告書を国土交通大臣に提出しなければならない。
　一　試験年月日
　二　試験地
　三　受験申込者数
　四　受験者数
　五　試験に合格した者の数
　六　試験の合格年月日
2　前項の報告書には、試験に合格した者の受験番号、氏名、生年月日及び住所を記載した合格者一覧表を添えなければならない。
（立入検査を行う職員の証明書）
第22条　法第22条第2項の職員の身分を示す証明書の様式は、別記様式第2号によるものとする。
（試験事務の休廃止の許可の申請）
第23条　指定試験機関は、法第23条第1項の許可を受けようとするときは、次に掲げる事項を記載した申請書を国土交通大臣に提出しなければならない。
　一　休止し、又は廃止しようとする試験事務の範囲
　二　休止し、又は廃止しようとする年月日
　三　休止しようとする場合にあっては、その期間
　四　休止又は廃止の理由
（試験事務の引継ぎ等）
第24条　指定試験機関は、法第23条の規定による許可を受けて試験事務の全部若しくは一部を廃止する場合、法第24条の規定により指定を取り消された場合又は法第27条第2項の規定により国土交通大臣が試験事務の全部若しくは一部を自ら行う場合には、次に掲げる事項を行わなければならない。
　一　試験事務を国土交通大臣に引き継ぐこと。
　二　試験事務に関する帳簿及び書類を国土交通大臣に引き継ぐこと。
　三　その他国土交通大臣が必要と認める事項
　　　　第2節　マンション管理士の登録
（登録の申請）
第25条　法第30条第1項の規定によりマンション管理士の登録を受けようとする者は、別記様式第3号によるマンション管理士登録申請書を国土交通大臣に提出しなければならない。
2　マンション管理士登録申請書には、次に掲げる書類を添付しなければならない。ただし、第1号の書類のうち、成年被後見人に該当しない旨の登記事項証明書（後見登記等に関する法律（平成11年法律第152号）第10条第1項に規定する登記事項証明書をいう。以下「後見等登記事項証明書」という。）については、その旨を証明した市町村（特別区を含む。以下同じ。）の長の証明書をもって代えることができる。
　一　成年被後見人及び被保佐人に該当しない旨の後見等登記事項証明書
　二　民法の一部を改正する法律（平成11年法律第149号）附則第3条第1項及び第2項の規定により成年被後見人及び被保佐人とみなされる者に該当しない旨の市町村の長の証明書
　三　法第30条第1項第二号から第六号までに該当しない旨を誓約する書面
3　国土交通大臣は、法第30条第1項の規定によりマンション管理士の登録を受けようとする者に係る本人確認情報（住民基本台帳法（昭和42年法律第81号）第30条の5第1項に規定する本人確認情報をいう。以下同じ。）について、同法第30条の7第3項の規定によるその提供を受けることができないときは、その者に対し、住民票の抄本又はこれに代わる書面を提出させることができる。
4　第2項第三号の誓約書の様式は、別記様式第4号によるものとする。
（マンション管理士登録簿の登載事項）
第26条　法第30条第2項に規定する国土交通省令で定める事項は、次に掲げるものとする。
　一　住所
　二　本籍（日本の国籍を有しない者にあっては、その者の有する国籍）及び性別
　三　試験の合格年月日及び合格証書番号
　四　登録番号及び登録年月日
2　国土交通大臣は、登録講習機関から第42条の11第1項の報告書の提出があったとき、又は第42条の14の規定により講習の課程を修了したことを証する書面を交付したときは、講習の修了年月日及び講習を行った機関の氏名又は名称をマンション管理士登録簿に記載するものとする。
3　マンション管理士登録簿の様式は、別記様式第5号によるものとする。
（マンション管理士登録証）
第27条　マンション管理士登録証（以下「登録

証」という。）の様式は、別記様式第6号によるものとする。
（登録事項の変更の届出）
第28条 マンション管理士は、法第30条第2項に規定する事項に変更があったときは、別記様式第7号による登録事項変更届出書（以下この節において「変更届出書」という。）を国土交通大臣に提出しなければならない。
（登録証再交付の申請等）
第29条 マンション管理士は、登録証を亡失し、滅失し、汚損し、又は破損したときは、国土交通大臣に登録証の再交付を申請することができる。
2 前項の規定による再交付を申請しようとする者は、別記様式第8号による登録証再交付申請書（以下この節において「再交付申請書」という。）を提出しなければならない。
3 汚損又は破損を理由とする登録証の再交付は、汚損し、又は破損した登録証と引換えに新たな登録証を交付して行うものとする。
4 マンション管理士は、登録証の亡失によりその再交付を受けた後において、亡失した登録証を発見したときは、速やかに、発見した登録証を国土交通大臣に返納しなければならない。
（登録の取消しの通知等）
第30条 国土交通大臣は、法第33条の規定によりマンション管理士の登録を取り消し、又はマンション管理士の名称の使用の停止を命じたときは、理由を付し、その旨を登録の取消し又は名称の使用の停止の処分を受けた者に通知しなければならない。
2 法第33条の規定によりマンション管理士の登録を取り消された者は、前項の通知を受けた日から起算して10日以内に、登録証を国土交通大臣に返納しなければならない。
（死亡等の届出）
第31条 マンション管理士が次の各号のいずれかに該当するに至った場合には、当該マンション管理士又は戸籍法（昭和22年法律第224号）に規定する届出義務者若しくは法定代理人は、遅滞なく、登録証を添え、その旨を国土交通大臣に届け出なければならない。
一 死亡し、又は失踪の宣告を受けた場合
二 法第30条各号（第四号を除く。）のいずれかに該当するに至った場合
（登録簿の登録の訂正等）
第32条 国土交通大臣は、第28条の届出があったとき、第31条の届出があったとき、又は法第33条第1項若しくは第2項の規定によりマンション管理士の登録を取り消し、若しくはマンション管理士の名称の使用の停止を命じたときは、マンション管理士登録簿の当該マンション管理士に関する登録を訂正し、若しくは消除し、又は当該マンション管理士の名称の使用の停止をした旨をマンション管理士登録簿に記載するとともに、それぞれ登録の訂正若しくは消除又は名称の使用の停止の理由及びその年月日を記載するものとする。
（登録証の再交付等に係る手数料の納付）
第33条 法第35条第2項に規定する手数料は、変更届出書又は再交付申請書に、それぞれ収入印紙をはって納付するものとする。ただし、電子情報処理組織により同項の再交付又は訂正の申請をする場合において、当該申請を行ったことにより得られた納付情報により納付するときは、現金をもってすることができる。
2 前項の規定により納付された手数料は、これを返還しない。
（規定の適用）
第34条 法第36条第1項に規定する指定登録機関（以下この節及び次節において単に「指定登録機関」という。）がマンション管理士の登録の実施に関する事務（以下この節及び次節において「登録事務」という。）を行う場合における第25条第1項及び第3項、第26条第2項、第28条、第29条第1項及び第4項、第30条第2項、第31条、第32条並びに第33条第1項の規定の適用については、これらの規定（第33条第1項を除く。）中「国土交通大臣」とあるのは「指定登録機関」と、第25条第1項中「法第30条第1項」とあるのは「法第37条第1項の規定により読み替えて適用する法第30条第1項」と、第26条第2項中「第42条の11第1項の報告書」とあるのは「第42条の11第3項の規定により修了者一覧表」と、「、又は」とあるのは「、又は第35条の規定により国土交通大臣から」と、「交付した」とあるのは「交付した旨の通知を受けた」と、第32条中「法第33条第1項若しくは第2項の規定により」とあるのは「法第33条第1項若しくは第2項の規定により国土交通大臣が」と、「停止をした」とあるのは「停止があった」と、第33条第1項中「法第35条第2項」とあるのは「法第37条第1項の規定

により読み替えて適用する法第35条第2項及び法第37条第2項」と、「変更届出書又は再交付申請書に、それぞれ収入印紙をはって納付するものとする。ただし、電子情報処理組織により同項の再交付又は訂正の申請をする場合において、当該申請を行ったことにより得られた納付情報により納付するときは、現金をもってすることができる」とあるのは「法第38条において準用する法第15条第1項に規定する登録事務規程で定めるところにより納付するものとする」とする。
（指定登録機関への通知）

第35条 指定登録機関が登録事務を行う場合において、国土交通大臣は、法第33条の規定によりマンション管理士の登録を取り消し、若しくは期間を定めてマンション管理士の名称の使用の停止を命じたとき、又は第42条の14に規定する講習の課程を修了したことを証する書面を交付したときは、その旨を指定登録機関に通知しなければならない。
（登録事務規程の記載事項）

第36条 法第38条において準用する法第15条第2項の国土交通省令で定める事項は、次のとおりとする。
一　登録事務を行う時間及び休日に関する事項
二　登録事務を行う事務所に関する事項
三　登録事務の実施の方法に関する事項
四　手数料の収納の方法に関する事項
五　登録事務に関する秘密の保持に関する事項
六　登録事務に関する帳簿及び書類並びにマンション管理士登録簿の管理に関する事項
七　その他登録事務の実施に関し必要な事項
（帳簿の備付け等）

第37条 法第38条において準用する法第19条に規定する国土交通省令で定める事項は、次のとおりとする。
一　各月における登録の件数
二　各月における登録事項の変更の届出の件数
三　各月における登録の消除の件数
四　各月における登録証の訂正及び再交付の件数
五　各月の末日において登録を受けている者の人数
2　前項各号に掲げる事項が、電子計算機に備えられたファイル又は磁気ディスク等に記録され、必要に応じ指定登録機関において電子計算機その他の機器を用いて明確に紙面に表示されるときは、当該記録をもって法第38条において準用する法第19条に規定する帳簿への記載に代えることができる。
3　法第38条において準用する法第19条に規定する帳簿（前項の規定による記録が行われた同項のファイル又は磁気ディスク等を含む。）は、登録事務を廃止するまで保存しなければならない。
（登録状況の報告）

第38条 指定登録機関は、事業年度の各四半期の経過後遅滞なく、当該四半期における登録の件数、登録事項の変更の届出の件数、登録の消除の件数、登録証の訂正及び再交付の件数並びに当該四半期の末日において登録を受けている者の人数を記載した登録状況報告書を国土交通大臣に提出しなければならない。
（不正登録者の報告）

第39条 指定登録機関は、マンション管理士が偽りその他不正の手段により登録を受けたと思料するときは、直ちに、次に掲げる事項を記載した報告書を国土交通大臣に提出しなければならない。
一　当該マンション管理士に係る登録事項
二　偽りその他不正の手段
（準用）

第40条 第10条から第14条まで及び第22条から第24条までの規定は、指定登録機関について準用する。この場合において、これらの規定（第12条から第14条まで及び第22条の規定を除く。）中「試験事務」とあるのは「登録事務」と、第10条第1項中「法第11条第2項」とあるのは「法第36条第2項」と、同項第二号中「法第11条第1項」とあるのは「法第36条第1項」と、「試験」とあるのは「登録」と、第12条中「法第13条第1項」とあるのは「法第38条において準用する法第13条第1項」と、法第13条第1項中「法第14条第1項前段」とあるのは「法第38条において準用する法第14条第1項前段」と、同条第2項中「法第14条第1項後段」とあるのは「法第38条において準用する法第14条第1項後段」と、第14条第1項中「法第15条第1項前段」とあるのは「法第38条において準用する法第15条第1項前段」と、「試験事務規程」とあるのは「登録事務規程」と、同条第2項中「法第15条第1項後段」とあるのは「法第38条におい

て準用する法第15条第1項後段」と、第22条中「法第22条第2項」とあるのは「法第38条において準用する法第22条第2項」と、「別記様式第二号」とあるのは「別記様式第九号」と、第23条中「法第23条第1項」とあるのは「法第38条において準用する法第23条第1項」と、第24条中「法第23条」とあるのは「法第38条において準用する法第23条」と、「法第24条」とあるのは「法第38条において準用する法第24条」と、「法第27条第2項」とあるのは「法第38条において準用する法第27条第2項」と、同条第二号中「及び書類」とあるのは「、書類及びマンション管理士登録簿」と読み替えるものとする。

第3節 マンション管理士の講習

（法第41条の国土交通省令で定める期間）

第41条 法第41条の国土交通省令で定める期間は、5年とする。

（登録の申請）

第42条 法第41条の登録又は法第41条の5第1項の登録の更新（以下この条において「登録等」という。）を受けようとする者は、別記様式第10号による申請書（第42条の3において「申請書」という。）に次に掲げる書類を添えて、これを国土交通大臣に提出しなければならない。
一　法人である場合においては、次に掲げる書類
　　イ　定款又は寄附行為及び登記事項証明書
　　ロ　申請に係る意思の決定を証する書類
　　ハ　役員の氏名及び略歴を記載した書類
二　個人である場合においては、登録等を受けようとする者の略歴を記載した書類
三　法第41条の講習（以下この節において「登録講習」という。）が法別表第1の上欄に掲げる科目（以下この節において「登録講習科目」という。）について、同表の下欄に掲げる講師（以下この節において「登録講習講師」という。）により行われるものであることを証する書類
四　法第41条の2の講習事務（以下この節において「登録講習事務」という。）以外の業務を行おうとするときは、その業務の種類及び概要を記載した書類
五　登録等を受けようとする者が法第41条の3各号のいずれにも該当しない者であることを誓約する書面
六　その他参考となる事項を記載した書類

2　国土交通大臣は、登録等を受けようとする者（個人である場合に限る。）に係る本人確認情報について、住民基本台帳法第30条の7第3項の規定によるその提供を受けることができないときは、その者に対し、住民票の抄本又はこれに代わる書面を提出させることができる。

（登録講習機関登録簿の記載事項）

第42条の2 法第41条の4第2項第四号（法第41条の5第2項において準用する場合を含む。）の国土交通省令で定める事項は、法第41条に規定する登録講習機関（以下この節において単に「登録講習機関」という。）が法人である場合における役員の氏名とする。

（登録の更新の申請期間）

第42条の3 法第41条の5第1項の登録の更新を受けようとする者は、登録の有効期間満了の日の90日前から30日前までの間に申請書を提出しなければならない。

（登録講習事務の実施基準）

第42条の4 法第41条の6の国土交通省令で定める基準は、次に掲げるとおりとする。
一　登録講習を毎年1回以上行うこと。
二　登録講習は講義により行い、講義時間の合計はおおむね6時間とし、登録講習科目ごとの講義時間は国土交通大臣が定める時間とすること。
三　登録講習科目に応じ国土交通大臣が定める事項を含む適切な内容の教材（以下この節において「登録講習教材」という。）を用いること。
四　登録講習講師は講義の内容に関する受講者の質問に対し、登録講習中に適切に応答すること。
五　登録講習の課程を修了した者（以下この節において「登録講習修了者」という。）に対して、別記様式第10号の2による修了証（以下この節において単に「修了証」という。）を交付すること。
六　不正な受講を防止するための措置を講じること。
七　登録講習を実施する日時、場所その他登録講習の実施に関し必要な事項及び当該講習が登録講習である旨を公示すること。
八　登録講習事務以外の業務を行う場合にあっては、当該業務が登録講習事務であると誤認されるおそれがある表示その他の行為をしないこと。

（登録事項の変更の届出）

第42条の5 登録講習機関は、法第41条の7の規定による届出をしようとするときは、次に掲げる事項を記載した届出書を国土交通大臣に提出しなければならない。
一 変更しようとする事項
二 変更しようとする年月日
三 変更の理由

（講習事務規程の記載事項）

第42条の6 法第41条の8第2項の国土交通省令で定める事項は、次に掲げるものとする。
一 登録講習事務を行う時間及び休日に関する事項
二 登録講習事務を行う事務所及び登録講習の実施場所に関する事項
三 登録講習の実施に係る公示の方法に関する事項
四 登録講習の受講の申込みに関する事項
五 登録講習の実施方法に関する事項
六 登録講習に関する料金の額及びその収納方法に関する事項
七 登録講習の内容及び時間に関する事項
八 登録講習に用いる登録講習教材に関する事項
九 修了証の交付に関する事項
十 第42条の10第3項の帳簿その他の登録講習事務に関する書類の管理に関する事項
十一 不正受講者の処分に関する事項
十二 その他登録講習事務の実施に関し必要な事項

（登録講習事務の休廃止の届出）

第42条の7 登録講習機関は、法第41条の9の規定により登録講習事務の全部又は一部を休止し、又は廃止しようとするときは、次に掲げる事項を記載した届出書を国土交通大臣に提出しなければならない。
一 休止し、又は廃止しようとする登録講習事務の範囲
二 休止し、又は廃止しようとする年月日
三 休止しようとする場合にあっては、その期間
四 休止又は廃止の理由

（電磁的記録に記録された事項を表示する方法）

第42条の8 法第41条の10第2項第三号の国土交通省令で定める方法は、当該電磁的記録に記録された事項を紙面又は出力装置の映像面に表示する方法とする。

（電磁的記録に記録された事項を提供するための方法）

第42条の9 法第41条の10第2項第四号の国土交通省令で定める方法は、次に掲げるもののうち、登録講習機関が定めるものとする。
一 送信者の使用に係る電子計算機と受信者の使用に係る電子計算機とを電気通信回線で接続した電子情報処理組織を使用する方法であって、当該電気通信回線を通じて情報が送信され、受信者の使用に係る電子計算機に備えられたファイルに当該情報が記録されるもの
二 磁気ディスク等をもって調製するファイルに情報を記録したものを交付する方法
2 前項各号に掲げる方法は、受信者がファイルへの記録を出力することによる書面を作成することができるものでなければならない。

（帳簿の備付け等）

第42条の10 法第41条の14の国土交通省令で定める事項は、次に掲げるものとする。
一 登録講習の実施年月日
二 登録講習の実施場所
三 講義を行った登録講習講師の氏名並びに講義において担当した登録講習科目及びその時間
四 受講者の氏名、生年月日、住所及びマンション管理士の登録番号
五 登録講習修了者にあっては、前号に掲げる事項のほか、修了証の交付年月日及び修了証番号
2 前項各号に掲げる事項が、電子計算機に備えられたファイル又は磁気ディスク等に記録され、必要に応じ登録講習機関において電子計算機その他の機器を用いて明確に紙面に表示されるときは、当該記録をもって帳簿への記載に代えることができる。
3 登録講習機関は、法第41条の14に規定する帳簿（前項の規定による記録が行われた同項のファイル又は磁気ディスク等を含む。）を、登録講習事務の全部を廃止するまで保存しなければならない。
4 登録講習機関は、登録講習に用いた登録講習教材を登録講習を実施した日から3年間保存しなければならない。

（登録講習事務の実施結果の報告）

第42条の11 登録講習機関は、登録講習事務を実施したときは、遅滞なく、次に掲げる事項を記載した報告書を国土交通大臣に提出しな

ければならない。
一　登録講習の実施年月日
二　登録講習の実施場所
三　受講申込者数
四　受講者数
五　登録講習修了者数
2　前項の報告書には、登録講習修了者の氏名、生年月日、住所及びマンション管理士の登録番号並びに登録講習の修了年月日、修了証の交付年月日及び修了証番号を記載した修了者一覧表並びに登録講習に用いた登録講習教材を添えなければならない。
3　指定登録機関が登録事務を行う場合において、登録講習機関は、登録講習事務を実施したときは、遅滞なく、前項の修了者一覧表を指定登録機関に提出しなければならない。
（登録講習事務の引継ぎ等）
第42条の12　登録講習機関は、法第41条の15第2項に規定する場合には、次に掲げる事項を行わなければならない。
一　登録講習事務を国土交通大臣に引き継ぐこと。
二　第42条の10第3項の帳簿その他の登録講習事務に関する書類を国土交通大臣に引き継ぐこと。
三　その他国土交通大臣が必要と認める事項
（国土交通大臣が行う講習の受講手続）
第42条の13　法第41条の15第1項の規定により国土交通大臣が行う講習を受けようとする者は、別記様式第10号の3によるマンション管理士講習受講申込書を国土交通大臣に提出しなければならない。
（講習の修了）
第42条の14　国土交通大臣は、その行う講習の課程を修了した者に対して、講習の課程を修了したことを証する書面を交付するものとする。
（講習手数料の納付）
第42条の15　法第41条の15第3項に規定する手数料は、第42条の13に規定するマンション管理士講習受講申込書に収入印紙をはって納付するものとする。ただし、電子情報処理組織により法第41条の15第1項の規定により国土交通大臣が行う講習の受講の申込みをする場合において、当該申込みを行ったことにより得られた納付情報により納付するときは、現金をもってすることができる。
（立入検査を行う職員の証明書）

第42条の16　法第41条の17第2項の職員の身分を示す証明書の様式は、別記様式第10号の4によるものとする。
第43条　削除
第44条　削除
第45条　削除
第46条　削除
第47条　削除
第48条　削除
第49条　削除

第2章　マンション管理業
第1節　マンション管理業の登録

（更新の登録の申請期間）
第50条　法第44条第3項の規定により同項の更新の登録を受けようとする者は、登録の有効期間満了の日の90日前から30日前までの間に登録申請書を提出しなければならない。
（登録申請書）
第51条　法第45条第1項に規定する登録申請書（以下この節において単に「登録申請書」という。）の様式は、別記様式第11号によるものとする。
（法第45条第1項第二号の事務所）
第52条　法第45条第1項第二号の事務所は、次に掲げるものとする。
一　本店又は支店（商人以外の者にあっては、主たる事務所又は従たる事務所）
二　前号に掲げるもののほか、継続的に業務を行うことができる施設を有する場所で、マンション管理業に係る契約の締結又は履行に関する権限を有する使用人を置くもの
（添付書類）
第53条　法第45条第2項に規定する国土交通省令で定める書類は、次に掲げるものとする。ただし、第三号の書類のうち成年被後見人に該当しない旨の後見等登記事項証明書については、その旨を証明した市町村の長の証明書をもって代えることができる。
一　マンション管理業経歴書
二　事務所について法第56条第1項に規定する要件を備えていることを証する書面
三　登録申請者（法人である場合においてはその役員（相談役及び顧問を含む。）をいい、営業に関し成年者と同一の行為能力を有しない未成年者である場合においてはその法定代理人を含む。以下本条において同じ。）及び事務所ごとに置かれる専任の管理業務主任者が、成年被後見人及び被保佐

人に該当しない旨の後見等登記事項証明書
四　登録申請者及び事務所ごとに置かれる専任の管理業務主任者が、民法の一部を改正する法律附則第3条第1項及び第2項の規定により成年被後見人及び被保佐人とみなされる者並びに破産者で復権を得ないものに該当しない旨の市町村の長の証明書
五　法人である場合においては、相談役及び顧問の氏名及び住所並びに発行済株式総数の100分の5以上の株式を有する株主又は出資の額の100分の5以上の額に相当する出資をしている者の氏名又は名称、住所及びその有する株式の数又はその者のなした出資の金額を記載した書面
六　登録申請者、事務所ごとに置かれる専任の管理業務主任者の略歴を記載した書面
七　法人である場合においては、直前1年の各事業年度の貸借対照表及び損益計算書
八　個人である場合においては、資産に関する調書
九　法人である場合においては法人税、個人である場合においては所得税の直前1年の各年度における納付すべき額及び納付済額を証する書面
十　法人である場合においては、登記事項証明書
十一　マンション管理業者が第三者との間で締結する契約であって、当該マンション管理業者が管理組合に対して、法第76条に規定する修繕積立金及び第87条第1項に規定する財産（以下「修繕積立金等」という。）が金銭である場合における当該金銭（以下「修繕積立金等金銭」という。）の返還債務を負うこととなったときに当該第三者がその返還債務を保証することを内容とするもの（以下「保証契約」という。）を締結した場合においては、当該契約に関する事項を記載した書面
2　国土交通大臣は、登録申請者（個人に限る。）に係る本人確認情報について、住民基本台帳法第30条の7第3項の規定によるその提供を受けることができないときは、その者に対し、住民票の抄本又はこれに代わる書面を提出させることができる。
3　法第45条第2項並びに第1項第一号、第二号、第五号、第六号、第八号及び第十一号に掲げる添付書類の様式は、別記様式第11号によるものとする。

（財産的基礎）
第54条　法第47条第10号の国土交通省令で定める基準は、次条に定めるところにより算定した資産額（以下「基準資産額」という。）が、300万円以上であることとする。
第55条　基準資産額は、第53条第1項第七号又は第八号に規定する貸借対照表又は資産に関する調書（以下「基準資産表」という。）に計上された資産（創業費その他の繰延資産及び営業権を除く。以下同じ。）の総額から当該基準資産表に計上された負債の総額に相当する金額を控除した額とする。
2　前項の場合において、資産又は負債の評価額が基準資産表に計上された価額と異なることが明確であるときは、当該資産又は負債の価額は、その評価額によって計算するものとする。
3　第1項の規定にかかわらず、前2項の規定により算定される額に増減があったことが明確であるときは、当該増減後の額を基準資産額とするものとする。
（変更の手続）
第56条　法第48条第1項の規定による変更の届出は、別記様式第13号による登録事項変更届出書により行うものとする。
2　法第48条第3項において準用する法第45条第2項の国土交通省令で定める書類は、法第48条第1項の規定による変更が法人の役員若しくは事務所ごとに置かれる専任の管理業務主任者の増員若しくは交代又は事務所の新設若しくは移転によるものであるときは、その届出に係る者又は事務所に関する第53条第1項第二号から第四号まで及び第六号に掲げる書類とする。
（登録簿等の閲覧）
第57条　国土交通大臣は、法第49条の規定によりマンション管理業者登録簿その他次条で定める書類を一般の閲覧に供するため、マンション管理業者登録簿閲覧所（以下「閲覧所」という。）を設けなければならない。
2　国土交通大臣は、前項の規定により閲覧所を設けたときは、当該閲覧所の閲覧規則を定めるとともに、当該閲覧所の場所及び閲覧規則を告示しなければならない。
第58条　法第49条に規定する国土交通省令で定める書類は、法第45条の規定による登録の申請及び法第48条第1項の規定による変更の届出に係る書類とする。

（廃業等の手続）

第59条 法第50条第1項の規定による廃業等の届出は、別記様式第14号による廃業等届出書により行うものとする。

（登録申請手数料の納付方法）

第60条 法第52条に規定する手数料は、登録申請書に収入印紙をはって納付するものとする。ただし、電子情報処理組織により法第44条第3項の更新の登録の申請をする場合において、当該申請を行ったことにより得られた納付情報により納付するときは、現金をもってすることができる。

第2節　管理業務主任者の設置

（法第56条第1項の国土交通省令で定める管理業務主任者の数）

第61条 法第56条第1項の国土交通省令で定める管理業務主任者の数は、マンション管理業者が管理事務の委託を受けた管理組合の数を30で除したもの（1未満の端数は切り上げる。）以上とする。

（法第56条第1項の国土交通省令で定める人の居住の用に供する独立部分の数）

第62条 法第56条第1項の国土交通省令で定める人の居住の用に供する独立部分の数は、6とする。

第3節　管理業務主任者試験

（試験の基準）

第63条 管理業務主任者試験（以下この節及び次節において「試験」という。）は、マンション管理業に関する実用的な知識を有するかどうかを判定することに基準を置くものとする。

（試験の内容）

第64条 前条の基準によって試験すべき事項は、おおむね次のとおりである。
一　管理事務の委託契約に関すること。
二　管理組合の会計の収入及び支出の調定並びに出納に関すること。
三　建物及び附属設備の維持又は修繕に関する企画又は実施の調整に関すること。
四　マンションの管理の適正化の推進に関する法律に関すること。
五　前各号に掲げるもののほか、管理事務の実施に関すること。

（法第57条第2項において準用する法第7条第2項の国土交通省令で定める資格を有する者）

第65条 法第57条第2項の規定により準用する法第7条第2項の国土交通省令で定める資格を有する者は、法第6条に規定するマンション管理士試験に合格した者とする。

（試験の一部免除）

第66条 マンション管理士試験に合格した者については、第64条に掲げる試験すべき事項のうち同条第四号に掲げるものを免除する。

（準用）

第67条 第5条から第24条までの規定は、試験及び法第58条第1項に規定する指定試験機関について準用する。この場合において、第6条中「別記様式第1号」とあるのは「別記様式第15号」と、「マンション管理士試験受験申込書」とあるのは「管理業務主任者試験受験申込書」と、第9条中「法第10条第1項」とあるのは「法第57条において準用する法第10条第1項」と、第10条第1項中「法第11条第2項」とあるのは「法第58条第2項」と、同項第二号中「法第11条第1項」とあるのは「法第58条第1項」と、同条第3項の表中「財団法人マンション管理センター」とあるのは「社団法人高層住宅管理業協会」と、「東京都千代田区一ツ橋2丁目5番5号」とあるのは「東京都港区虎ノ門1丁目23番7号」と、第12条中「法第13条第1項」とあるのは「法第58条第3項において準用する法第13条第1項」と、第13条第1項中「法第14条第1項前段」とあるのは「法第58条第3項において準用する法第14条第1項前段」と、同条第2項中「法第14条第1項後段」とあるのは「法第58条第3項において準用する法第14条第1項後段」と、第14条第1項中「法第15条第1項前段」とあるのは「法第58条第3項において準用する法第15条第1項前段」と、同条第2項中「法第15条第1項後段」とあるのは「法第58条第3項において準用する法第15条第1項後段」と、第15条中「法第15条第2項」とあるのは「法第58条第3項において準用する法第15条第2項」と、同条第五号中「マンション管理士試験委員」とあるのは「管理業務主任者試験委員」と、第16条中「法第16条第2項」とあるのは「法第58条第3項において準用する法第16条第2項」と、同条第二号中「第2条各号」とあるのは「第64条各号」と、第17条中「法第16条第3項」とあるのは「法第58条第3項において準用する法第16条第3項」と、第19条第1項中「法第17条第1項」とあるのは「法第58条第3項

において準用する法第17条第1項」と、同条第2項中「法第9条第2項」とあるのは「法第57条第2項において準用する法第9条第2項」と、第20条第1項及び第3項中「法第19条」とあるのは「法第58条第3項において準用する法第19条」と、第22条中「法第22条第2項」とあるのは「法第58条第3項において準用する法第22条第2項」と、「別記様式第2号」とあるのは「別記様式第16号」と、第23条中「法第23条第1項」とあるのは「法第58条第3項において準用する法第23条第1項」と、第24条中「法第23条」とあるのは「法第58条第3項において準用する法第23条」と、「法第24条」とあるのは「法第58条第3項において準用する法第24条」と、「法第27条第2項」とあるのは「法第58条第3項において準用する法第27条第2項」と読み替えるものとする。

第4節　管理業務主任者の登録

（法第59条第1項の国土交通省令で定める期間）

第68条　法第59条第1項の国土交通省令で定める期間は、2年とする。

（法第59条第1項の国土交通大臣が実務の経験を有するものと同等以上の能力を有すると認めたもの）

第69条　法第59条第1項の規定により国土交通大臣がその実務の経験を有するものと同等以上の能力を有すると認めた者は、次のいずれかに該当する者とする。
一　管理事務に関する実務についての講習であって、次条から第69条の4までの規定により国土交通大臣の登録を受けたもの（以下「登録実務講習」という。）を修了した者
二　国、地方公共団体又は国若しくは地方公共団体の出資により設立された法人において管理事務に従事した期間が通算して2年以上である者
三　国土交通大臣が前二号に掲げるものと同等以上の能力を有すると認めた者

（登録の申請）

第69条の2　前条第一号の登録は、登録実務講習の実施に関する事務（以下「登録実務講習事務」という。）を行おうとする者の申請により行う。
2　前条第一号の登録を受けようとする者（以下「登録実務講習事務申請者」という。）は、別記様式第16号の2による申請書に次に掲げる書類を添えて、これを国土交通大臣に提出しなければならない。
一　個人である場合においては、次に掲げる書類
　イ　住民票の抄本又はこれに代わる書面
　ロ　登録実務講習事務申請者の略歴を記載した書類
二　法人である場合においては、次に掲げる書類
　イ　定款又は寄附行為及び登記事項証明書
　ロ　株主名簿若しくは社員名簿の写し又はこれらに代わる書面
　ハ　申請に係る意思の決定を証する書類
　ニ　役員（持分会社（会社法（平成17年法律第86号）第575条第1項に規定する持分会社をいう。）にあっては、業務を執行する社員をいう。次条第三号において同じ。）の氏名及び略歴を記載した書類
三　講師が第69条の6第四号の表の第3欄のいずれかに該当する者であることを証する書類
四　登録実務講習事務以外の業務を行おうとするときは、その業務の種類及び概要を記載した書類
五　登録実務講習事務申請者が次条各号のいずれにも該当しない者であることを誓約する書面
六　その他参考となる事項を記載した書類

（欠格条項）

第69条の3　次の各号のいずれかに該当する者が行う講習は、第69条第一号の登録を受けることができない。
一　法又は法に基づく命令の規定に違反し、罰金以上の刑に処せられ、その執行を終わり、又は執行を受けることがなくなった日から起算して2年を経過しない者
二　第69条の13の規定により第69条第一号の登録を取り消され、その取消しの日から起算して2年を経過しない者
三　法人であって、登録実務講習事務を行う役員のうちに前二号のいずれかに該当する者があるもの

（登録の要件等）

第69条の4　国土交通大臣は、第69条の2第1項の規定による登録の申請が第69条の6第四号に掲げる基準に適合する講習を行おうとするものであるときは、その登録をしなければ

ならない。
2　第69条第一号の登録は、登録実務講習登録簿に次に掲げる事項を記載してするものとする。
　一　登録年月日及び登録番号
　二　登録実務講習を行う者（以下「登録実務講習実施機関」という。）の氏名又は名称及び住所並びに法人にあっては、その代表者の氏名
　三　登録実務講習事務を行う事務所の名称及び所在地
　四　登録実務講習事務を開始する年月日
（登録の更新）
第69条の5　第69条第一号の登録は、3年ごとにその更新を受けなければ、その期間の経過によって、その効力を失う。
2　前3条の規定は、前項の登録の更新について準用する。ただし、前項の登録の更新を受けようとする者は、前項の登録の有効期間満了の日の90日前から30日前までの間に申請書を提出しなければならない。
（登録実務講習事務の実施に係る義務）
第69条の6　登録実務講習実施機関は、公正に、かつ、次に掲げる基準に適合する方法により登録実務講習事務を行わなければならない。
　一　試験に合格した者で、第68条に定める期間以上の実務の経験を有しない者に対し、登録実務講習を行うこと。
　二　登録実務講習を毎年1回以上行うこと。
　三　講義及び登録実務講習修了試験により登録実務講習を行うこと。
　四　次の表の第1欄に掲げる科目の区分に応じ、それぞれ同表の第2欄に掲げる内容を同表の第3欄に掲げる講師により、おおむね同表の第4欄に掲げる時間を標準として登録実務講習を行うこと。

科目	内容	講師	時間
一　法その他の関係法令に関する科目	管理業務主任者制度の趣旨、管理事務の委託契約及び法第72条第1項の書面の作成並びに管理事務の報告に関する事項	一　弁護士　二　管理業務主任者としてマンション管理業に2年以上従事した者　三　前二号に掲げる者と同等以上の知識及び経験を有する者	7時間
二　管理組合の会計の収入及び支出の調定並びに出納に関する科目	管理組合の会計及び財産の分別管理に関する事項	一　公認会計士　二　管理業務主任者としてマンション管理業に2年以上従事した者　三　前二号に掲げる者と同等以上の知識及び経験を有する者	3時間
三　マンションの建物及び付属設備の維持又は修繕に関する企画又は実施の調整に関する科目	建物の維持保全及び長期修繕計画並びに大規模修繕に関する事項	一　一級建築士　二　管理業務主任者としてマンション管理業に2年以上従事した者　三　前二号に掲げる者と同等以上の知識及び経験を有する者	5時間

　五　受講者があらかじめ受講を申し込んだ者本人であることを確認すること。
　六　第4号の表の第1欄に掲げる科目に応じ、適切な内容の教材を用いて登録実務講習を行うこと。
　七　講師は、講義の内容に関する受講者の質問に対し、講義中に適切に応答すること。
　八　登録実務講習修了試験は、講義の終了後に国土交通大臣の定めるところにより行い、受講者が講義の内容を十分に理解しているかどうか的確に把握できるものであること。
　九　登録実務講習を実施する日時、場所その他登録実務講習の実施に関し必要な事項を

あらかじめ公示すること。
十　登録実務講習に関する不正行為を防止するための措置を講じること。
十一　終了した登録実務講習の教材及び国土交通大臣の定めるところにより作成した登録実務講習修了試験の合格基準を公表すること。
十二　登録実務講習を修了した者（以下「修了者」という。）に対し、別記様式第16号の3による修了証（以下単に「修了証」という。）を交付すること。
十三　登録実務講習以外の業務を行う場合にあっては、当該業務が登録実務講習事務であると誤認されるおそれがある表示その他の行為をしないこと。
（登録事項の変更の届出）
第69条の7　登録実務講習実施機関は、第69条の4第2項第二号から第四号までに掲げる事項を変更しようとするときは、変更しようとする日の2週間前までに、その旨を国土交通大臣に届け出なければならない。
（登録実務講習事務規程）
第69条の8　登録実務講習実施機関は、次に掲げる事項を記載した登録実務講習事務に関する規程を定め、当該事務の開始前に、国土交通大臣に届け出なければならない。これを変更しようとするときも、同様とする。
一　登録実務講習事務を行う時間及び休日に関する事項
二　登録実務講習の受講の申請に関する事項
三　登録実務講習事務を行う事務所及び講習の実施場所に関する事項
四　登録実務講習に関する料金の額及びその収納の方法に関する事項
五　登録実務講習の日程、公示方法その他の登録実務講習の実施の方法に関する事項
六　講師の選任及び解任に関する事項
七　講義に用いる教材及び登録実務講習修了試験の方法に関する事項
八　修了証の交付及び再交付に関する事項
九　登録実務講習事務に関する秘密の保持に関する事項
十　登録実務講習事務に関する公正の確保に関する事項
十一　不正受講者の処分に関する事項
十二　第69条の14第3項の帳簿その他の登録実務講習事務に関する書類の管理に関する事項
十三　その他登録実務講習事務に関し必要な事項
（登録実務講習事務の休廃止）
第69条の9　登録実務講習実施機関は、登録実務講習事務の全部又は一部を休止し、又は廃止しようとするときは、あらかじめ、次に掲げる事項を記載した届出書を国土交通大臣に提出しなければならない。
一　休止し、又は廃止しようとする登録実務講習事務の範囲
二　休止し、又は廃止しようとする年月日及び休止しようとする場合にあっては、その期間
三　休止又は廃止の理由
（財務諸表等の備付け及び閲覧等）
第69条の10　登録実務講習実施機関は、毎事業年度経過後3月以内に、その事業年度の財産目録、貸借対照表及び損益計算書又は収支計算書並びに事業報告書（その作成に代えて電磁的記録（電子的方式、磁気的方式その他の人の知覚によっては認識することができない方式で作られる記録であって、電子計算機による情報処理の用に供されるものをいう。以下この条において同じ。）の作成がされている場合における当該電磁的記録を含む。次項において「財務諸表等」という。）を作成し、5年間事務所に備えて置かなければならない。
2　登録実務講習を受講しようとする者その他の利害関係人は、登録実務講習実施機関の業務時間内は、いつでも、次に掲げる請求をすることができる。ただし、第二号又は第四号の請求をするには、登録実務講習実施機関の定めた費用を支払わなければならない。
一　財務諸表等が書面をもって作成されているときは、当該書面の閲覧又は謄写の請求
二　前号の書面の謄本又は抄本の請求
三　財務諸表等が電磁的記録をもって作成されているときは、当該電磁的記録に記録された事項を紙面又は出力装置の映像面に表示したものの閲覧又は謄写の請求
四　前号の電磁的記録に記録された事項を電磁的方法であって、次に掲げるもののうち登録実務講習実施機関が定めるものにより提供することの請求又は当該事項を記載した書面の交付の請求
　イ　送信者の使用に係る電子計算機と受信者の使用に係る電子計算機とを電気通信

回線で接続した電子情報処理組織を使用する方法であって、当該電気通信回線を通じて情報が送信され、受信者の使用に係る電子計算機に備えられたファイルに当該情報が記録されるもの
　　ロ　磁気ディスク等をもって調製するファイルに情報を記録したものを交付する方法
3　前項第四号イ又はロに掲げる方法は、受信者がファイルへの記録を出力することにより書面を作成することができるものでなければならない。
（適合命令）
第69条の11　国土交通大臣は、登録実務講習実施機関が第69条の4第1項の規定に適合しなくなったと認めるときは、当該登録実務講習実施機関に対し、同項の規定に適合するため必要な措置をとるべきことを命ずることができる。
（改善命令）
第69条の12　国土交通大臣は、登録実務講習実施機関が第69条の6の規定に違反していると認めるときは、当該登録実務講習実施機関に対し、同条の規定による登録実務講習事務を行うべきこと又は登録実務講習事務の方法その他の業務の方法の改善に関し必要な措置をとるべきことを命ずることができる。
（登録の取消し等）
第69条の13　国土交通大臣は、登録実務講習実施機関が次の各号のいずれかに該当するときは、当該登録実務講習実施機関が行う登録実務講習の登録を取り消し、又は期間を定めて登録実務講習事務の全部若しくは一部の停止を命ずることができる。
　一　第69条の3第一号又は第三号に該当するに至ったとき。
　二　第69条の7から第69条の9まで、第69条の10第1項又は次条の規定に違反したとき。
　三　正当な理由がないのに第69条の10第2項各号の規定による請求を拒んだとき。
　四　前2条の規定による命令に違反したとき。
　五　第69条の16の規定による報告を求められて、報告をせず、又は虚偽の報告をしたとき。
　六　不正の手段により第69条第一号の登録を受けたとき。

（帳簿の記載等）
第69条の14　登録実務講習実施機関は、登録実務講習に関する次に掲げる事項を記載した帳簿を備えなければならない。
　一　実施年月日
　二　実施場所
　三　受講者の受講番号、氏名、生年月日、住所及び登録実務講習修了試験の合否の別
　四　修了者にあっては、前号に掲げる事項のほか、修了年月日、修了証の交付年月日及び修了証番号
2　前項各号に掲げる事項が、電子計算機に備えられたファイル又は磁気ディスク等に記録され、必要に応じ登録実務講習実施機関において電子計算機その他の機器を用いて明確に紙面に表示されるときは、当該記録をもって同項に規定する帳簿への記載に代えることができる。
3　登録実務講習実施機関は、第1項に規定する帳簿（前項の規定による記録が行われた同項のファイル又は磁気ディスク等を含む。）を、登録実務講習事務の全部を廃止するまで保存しなければならない。
4　登録実務講習実施機関は、次に掲げる書類を備え、登録実務講習を実施した日から3年間保存しなければならない。
　一　登録実務講習の受講申込書及び添付書類
　二　終了した登録実務講習の教材
　三　終了した登録実務講習修了試験の問題用紙及び答案用紙
（登録実務講習事務の実施結果の報告）
第69条の15　登録実務講習実施機関は、登録実務講習事務を実施したときは、遅滞なく、登録実務講習に関する次に掲げる事項を記載した報告書を国土交通大臣に提出しなければならない。
　一　実施年月日
　二　実施場所
　三　受講申込者数
　四　受講者数
　五　修了者数
2　前項の報告書には、修了者の氏名、生年月日、住所、修了年月日、修了証の交付年月日及び修了証番号を記載した修了者一覧表、登録実務講習に用いた教材並びに登録実務講習修了試験の問題、解答及び合格基準を記載した書面を添えなければならない。
（報告の徴収）

第69条の16　国土交通大臣は、登録実務講習事務の適切な実施を確保するため必要があると認めるときは、登録実務講習実施機関に対し、登録実務講習事務の状況に関し必要な報告を求めることができる。
（公示）
第69条の17　国土交通大臣は、次に掲げる場合には、その旨を官報に公示しなければならない。
一　第69条第一号の登録をしたとき。
二　第69条の7の規定による届出があったとき。
三　第69条の9の規定による届出があったとき。
四　第69条の13の規定により登録を取り消し、又は登録実務講習事務の停止を命じたとき。
（登録の申請）
第70条　法第59条第1項の規定により管理業務主任者の登録を受けることができる者がその登録を受けようとするときは、別記様式第17号による管理業務主任者登録申請書を国土交通大臣に提出しなければならない。
2　国土交通大臣は、前項の登録申請書の提出があったときは、遅滞なく、登録をしなければならない。
3　管理業務主任者登録申請書には、次に掲げる書類を添付しなければならない。ただし、第二号の書類のうち成年被後見人に該当しない旨の後見等登記事項証明書については、その旨を証明した市町村の長の証明書をもって代えることができる。
一　法第59条第1項の実務の経験を有するものであることを証する書面又は同項の規定により能力を有すると認められたものであることを証する書面
二　法第59条第1項第一号に規定する成年被後見人及び被保佐人に該当しない旨の後見等登記事項証明書
三　民法の一部を改正する法律附則第3条第1項及び第2項の規定により法第59条第1項第一号に規定する成年被後見人及び被保佐人とみなされる者並びに破産者で復権を得ないものに該当しない旨の市町村の長の証明書
四　法第59条第1項第二号から第六号までに該当しない旨を誓約する書面
4　国土交通大臣は、法第59条第1項の登録を受けようとする者に係る本人確認情報について、住民基本台帳法第30条の7第3項の規定によるその提供を受けることができないときは、その者に対し、住民票の抄本又はこれに代わる書面を提出させることができる。
5　第3項第一号の書面のうち法第59条第1項の実務の経験を有するものであることを証する書面及び第3項第四号の誓約書の様式は、それぞれ別記様式第18号及び別記様式第19号によるものとする。
（登録の通知等）
第71条　国土交通大臣は、法第59条第1項の規定により登録をしたときは、遅滞なく、その旨を当該登録に係る者に通知しなければならない。
2　国土交通大臣は、法第59条第1項の登録を受けようとする者が次の各号のいずれかに該当する者であるときは、その登録を拒否するとともに、遅滞なく、その理由を示して、その旨をその者に通知しなければならない。
一　法第59条第1項の実務の経験を有するもの又は同項の規定により能力を有すると認められたもの以外のもの
二　法第59条第1項各号のいずれかに該当する者
（管理業務主任者登録簿の登載事項）
第72条　法第59条第2項に規定する国土交通省令で定める事項は、次に掲げるものとする。
一　住所
二　本籍（日本の国籍を有しない者にあっては、その者の有する国籍）及び性別
三　試験の合格年月日及び合格証書番号
四　法第59条第1項の実務の経験を有する者である場合においては、申請時現在の実務の経験の期間及びその内容並びに従事していたマンション管理業者の商号又は名称及び登録番号
五　法第59条第1項の規定により能力を有すると認められた者である場合においては、当該認定の内容及び年月日
六　マンション管理業者の業務に従事する者にあっては、当該マンション管理業者の商号又は名称及び登録番号
七　登録番号及び登録年月日
2　国土交通大臣は、次の各号に掲げる場合には、それぞれ当該各号に掲げる事項を管理業務主任者登録簿に記載するものとする。
一　法第64条第1項の規定による指示又は同

条第2項の規定による禁止の処分をした場合　当該指示又は処分をした年月日及びその内容
二　管理業務主任者証を交付した場合　当該管理業務主任者証の交付年月日、有効期間の満了する日及び発行番号
三　法第60条第1項の規定による管理業務主任者証の交付の申請に当たって、次条第2項の修了証明書又は同項の講習の課程を修了したことを証する書類が添付されている場合　当該修了証明書又は書類に係る講習の修了年月日及び講習を行った機関の氏名又は名称
3　管理業務主任者登録簿の様式は、別記様式第20号によるものとする。

（管理業務主任者証交付の申請）

第73条　法第60条第1項の規定により管理業務主任者証の交付を申請しようとする者は、次に掲げる事項を記載した管理業務主任者証交付申請書に交付の申請前6月以内に撮影した無帽、正面、上半身、無背景の縦の長さ3センチメートル、横の長さ2.4センチメートルの写真でその裏面に氏名及び撮影年月日を記入したもの（以下「管理業務主任者証用写真」という。）を添えて、国土交通大臣に提出しなければならない。
一　申請者の氏名、生年月日及び住所
二　登録番号
三　マンション管理業者の業務に従事している場合にあっては、当該マンション管理業者の商号又は名称及び登録番号
四　試験に合格した後1年を経過しているか否かの別

2　管理業務主任者証の交付を申請しようとする者（試験に合格した後1年以内に交付を申請しようとする者を除く。）は、管理業務主任者証交付申請書に第75条において読み替えて準用する第42条の4第1項第五号の修了証明書又は第75条において準用する第42条の14の講習の課程を修了したことを証する書面を添付しなければならない。

3　管理業務主任者証交付申請書の様式は、別記様式第21号によるものとする。

（管理業務主任者証の記載事項）

第74条　法第60条第1項の国土交通省令で定める事項は、次のとおりとする。
一　管理業務主任者の住所
二　登録番号及び登録年月日
三　管理業務主任者証の交付年月日
四　管理業務主任者証の有効期間の満了する日

2　管理業務主任者証の様式は、別記様式第22号によるものとする。

第75条　第42条から第42条の16までの規定（第42条の11第3項を除く。）は、法第61条の2において準用する法第41条の2の講習事務及び法第61条の2において準用する法第41条の15第1項の規定により国土交通大臣が行う講習事務について準用する。この場合において、第42条第1項中「法第41条の登録又は法第41条の5第1項」とあるのは「法第60条第2項本文（法第61条第2項において準用する場合を含む。以下同じ。）の登録又は法第61条の2において準用する法第41条の5第1項」と、「別記様式第10号」とあるのは「別記様式第23号」と、「第42条の3」とあるのは「第75条において準用する第42条の3」と、同項第三号中「法第41条」とあるのは「法第60条第2項本文」と、「法別表第1」とあるのは「法別表第2」と、同項第四号中「法第41条の2」とあるのは「法第61条の2において準用する法第41条の2」と、同項第五号中「法第41条の3」とあるのは「法第61条の2において準用する法第41条の3」と、第42条の2中「法第41条の4第2項第四号（法第41条の5第2項）」とあるのは「法第61条の2において準用する法第41条の4第2項第四号（法第61条の2において準用する法第41条の5第2項）」と、「法第41条に」とあるのは「法第60条第2項本文に」と、第42条の3中「法第41条の5第1項」とあるのは「法第61条の2において準用する法第41条の5第1項」と、第42条の4中「法第41条の6」とあるのは「法第61条の2において準用する法第41条の6」と、同条第五号中「別記様式第10号の2」とあるのは「別記様式第23号の2」と、「修了証」とあるのは「修了証明書」と、第42条の5中「法第41条の7」とあるのは「法第61条の2において準用する法第41条の7」と、第42条の6中「法第41条の8第2項」とあるのは「法第61条の2において準用する法第41条の8第2項」と、同条第九号中「修了証」とあるのは「修了証明書」と、同条第十号中「第42条の10第3項」とあるのは「第75条において準用する第42条の10第3項」と、第42条の7中「法第41条の9」とあるの

は「法第61条の2において準用する法第41条の9」と、第42条の8中「法第41条の10第2項第三号」とあるのは「法第61条の2において準用する法第41条の10第2項第三号」と、第42条の9第1項中「法第41条の10第2項第四号」とあるのは「法第61条の2において準用する法第41条の10第2項第四号」と、第42条の10第1項及び第3項中「法第41条の14」とあるのは「法第61条の2において準用する法第41条の14」と、同条第1項第四号中「マンション管理士」とあるのは「管理業務主任者」と、同項第五号中「修了証の」とあるのは「修了証明書の」と、「修了証番号」とあるのは「修了番号」と、第42条の11第2項中「マンション管理士」とあるのは「管理業務主任者」と、「修了証の」とあるのは「修了証明書の」と、「修了証番号」とあるのは「修了番号」と、第42条の12中「法第41条の15第2項」とあるのは「法第61条の2において準用する法第41条の15第2項」と、同条第二号中「第42条の10第3項」とあるのは「第75条において準用する第42条の10第3項」と、第42条の13中「法第41条の15第1項」とあるのは「法第61条の2において準用する法第41条の15第1項」と、「別記様式第10号の3」とあるのは「別記様式第23号の3」と、同条及び第42条の15中「マンション管理士講習受講申込書」とあるのは「管理業務主任者講習受講申込書」と、同条中「法第41条の15第3項」とあるのは「法第61条の2において準用する法第41条の15第3項」と、「第42条の13」とあるのは「第75条において準用する第42条の13」と、「法第41条の15第1項」とあるのは「法第61条の2において準用する法第41条の15第1項」と、第42条の16中「法第41条の17第2項」とあるのは「法第61条の2において準用する法第41条の17第2項」と、「別記様式第10号の4」とあるのは「別記様式第23号の4」と読み替えるものとする。

（登録事項の変更の届出等）

第76条 法第59条第1項の登録を受けた者は、登録を受けた事項に変更があったときは、別記様式第24号による登録事項変更届出書を国土交通大臣に提出しなければならない。

2 国土交通大臣は、前項の届出があったときは、遅滞なく、届出があった事項を管理業務主任者登録簿に登録するとともに、その旨を登録事項の変更を届け出た者に通知しなければならない。

（管理業務主任者証の再交付等）

第77条 管理業務主任者は、管理業務主任者証を亡失し、滅失し、汚損し、又は破損したときは、国土交通大臣に管理業務主任者証の再交付を申請することができる。

2 前項の規定による再交付を申請しようとする者は、管理業務主任者証用写真を添付した別記様式第25号による管理業務主任者証再交付申請書を提出しなければならない。

3 汚損又は破損を理由とする管理業務主任者証の再交付は、汚損し、又は破損した管理業務主任者証と引換えに新たな管理業務主任者証を交付して行うものとする。

4 管理業務主任者は、管理業務主任者証の亡失によりその再交付を受けた後において、亡失した管理業務主任者証を発見したときは、速やかに、発見した管理業務主任者証を国土交通大臣に返納しなければならない。

（登録等の手数料の納付）

第79条 国に納付する法第68条に規定する手数料については、第70条第1項に規定する管理業務主任者登録申請書、第73条第1項に規定する管理業務主任者証交付申請書、第77条第2項に規定する管理業務主任者証再交付申請書及び第76条第1項に規定する登録事項変更届出書に、それぞれ収入印紙をはって納付するものとする。ただし、電子情報処理組織により法第59条第1項の登録又は管理業務主任者証の交付、有効期間の更新、再交付若しくは訂正の申請をする場合において、当該申請を行ったことにより得られた納付情報により納付するときは、現金をもってすることができる。

2 前項の規定により納付された手数料は、これを返還しない。

（準用）

第80条 第31条の規定は、管理業務主任者の登録について準用する。この場合において、「法第30条各号（第四号を除く。）」とあるのは「法第59条第1項各号（第五号を除く。）」と読み替えるものとする。

第5節 マンション管理業務

（標識の掲示）

第81条 法第71条の規定によりマンション管理業者の掲げる標識の様式は、別記様式第26号によるものとする。

（法第72条第1項の国土交通省令で定める期

間）
第82条 法第72条第1項の国土交通省令で定める期間は、1年とする。
（説明会の開催）
第83条 法第72条第1項の規定による説明会は、できる限り説明会に参加する者の参集の便を考慮して開催の日時及び場所を定め、管理事務の委託を受けた管理組合ごとに開催するものとする。
2　マンション管理業者は、前項の説明会の開催日の1週間前までに説明会の開催の日時及び場所について、当該管理組合を構成するマンションの区分所有者等及び当該管理組合の管理者等の見やすい場所に掲示しなければならない。
（重要事項）
第84条 法第72条第1項の国土交通省令で定める事項は、次に掲げるものとする。
一　マンション管理業者の商号又は名称、住所、登録番号及び登録年月日
二　管理事務の対象となるマンションの所在地に関する事項
三　管理事務の対象となるマンションの部分に関する事項
四　管理事務の内容及び実施方法（法第76条の規定により管理する財産の管理の方法を含む。）
五　管理事務に要する費用並びにその支払の時期及び方法
六　管理事務の一部の再委託に関する事項
七　保証契約に関する事項
八　免責に関する事項
九　契約期間に関する事項
十　契約の更新に関する事項
十一　契約の解除に関する事項
（法第73条第1項第八号の国土交通省令で定める事項）
第85条 法第73条第1項第八号の国土交通省令で定める事項は、次に掲げるものとする。
一　管理受託契約の当事者の名称及び住所並びに法人である場合においては、その代表者の氏名
二　マンション管理業者による管理事務の実施のため必要となる、マンションの区分所有者等の行為制限又はマンション管理業者によるマンションの区分所有者等の専有部分への立入り若しくはマンションの共用部分（建物の区分所有等に関する法律（昭和37年法律第69号）第2条第4項に規定する共用部分をいう。）の使用に関する定めがあるときは、その内容
三　法第77条に規定する管理事務の報告に関する事項
四　マンションの滅失し又は毀損した場合において、管理組合及びマンション管理業者が当該滅失又は毀損の事実を知ったときはその状況を契約の相手方に通知すべき旨の定めがあるときは、その内容
五　宅地建物取引業者からその行う業務の用に供する目的でマンションに関する情報の提供を要求された場合の対応に関する定めがあるときは、その内容
六　毎事業年度開始前に行う当該年度の管理事務に要する費用の見通しに関する定めがあるときは、その内容
七　管理事務として行う管理事務に要する費用の収納に関する事項
八　免責に関する事項
（帳簿の記載事項等）
第86条 マンション管理業者は、管理受託契約を締結したつど、法第75条の帳簿に次に掲げる事項を記載し、その事務所ごとに、その業務に関する帳簿を備えなければならない。
一　管理受託契約を締結した年月日
二　管理受託契約を締結した管理組合の名称
三　契約の対象となるマンションの所在地及び管理事務の対象となるマンションの部分に関する事項
四　受託した管理事務の内容
五　管理事務に係る受託料の額
六　管理受託契約における特約その他参考となる事項
2　前項各号に掲げる事項が、電子計算機に備えられたファイル又は磁気ディスク等に記録され、必要に応じ当該事務所において電子計算機その他の機器を用いて明確に紙面に表示されるときは、当該記録をもって法第75条に規定する帳簿への記載に代えることができる。
3　マンション管理業者は、法第75条に規定する帳簿（前項の規定による記録が行われた同項のファイル又は磁気ディスク等を含む。）を各事業年度の末日をもって閉鎖するものとし、閉鎖後5年間当該帳簿を保存しなければならない。
（財産の分別管理）

第87条 法第76条の国土交通省令で定める財産は、管理組合又はマンションの区分所有者等から受領した管理費用に充当する金銭又は有価証券とする。

2 法第76条に規定する国土交通省令で定める方法は、次の各号に掲げる場合に応じ、それぞれ当該各号に定める方法とする。

一 修繕積立金等が金銭である場合 次のいずれかの方法

　イ マンションの区分所有者等から徴収された修繕積立金等金銭を収納口座に預入し、毎月、その月分として徴収された修繕積立金等金銭から当該月中の管理事務に要した費用を控除した残額を、翌月末日までに収納口座から保管口座に移し換え、当該保管口座において預貯金として管理する方法

　ロ マンションの区分所有者等から徴収された修繕積立金（金銭に限る。以下この条において同じ。）を保管口座に預入し、当該保管口座において預貯金として管理するとともに、マンションの区分所有者等から徴収された前項に規定する財産（金銭に限る。以下この条において同じ。）を収納口座に預入し、毎月、その月分として徴収された前項に規定する財産から当該月中の管理事務に要した費用を控除した残額を、翌月末日までに収納口座から保管口座に移し換え、当該保管口座において預貯金として管理する方法

　ハ マンションの区分所有者等から徴収された修繕積立金等金銭を収納・保管口座に預入し、当該収納・保管口座において預貯金として管理する方法

二 修繕積立金等が有価証券である場合 金融機関又は証券会社に、当該有価証券（以下この号において「受託有価証券」という。）の保管場所を自己の固有財産及び他の管理組合の財産である有価証券の保管場所と明確に区分させ、かつ、当該受託有価証券が受託契約を締結した管理組合の有価証券であることを判別できる状態で管理させる方法

3 マンション管理業者は、前項第一号イ又はロに定める方法により修繕積立金等金銭を管理する場合にあっては、マンションの区分所有者等から徴収される1月分の修繕積立金等金銭又は第1項に規定する財産の合計額以上の額につき有効な保証契約を締結していなければならない。ただし、次のいずれにも該当する場合は、この限りでない。

一 修繕積立金等金銭若しくは第1項に規定する財産がマンションの区分所有者等からマンション管理業者が受託契約を締結した管理組合若しくはその管理者等（以下この条において「管理組合等」という。）を名義人とする収納口座に直接預入される場合又はマンション管理業者若しくはマンション管理業者から委託を受けた者がマンションの区分所有者等から修繕積立金等金銭若しくは第1項に規定する財産を徴収しない場合

二 マンション管理業者が、管理組合等を名義人とする収納口座に係る当該管理組合等の印鑑、預貯金の引出用のカードその他これらに類するものを管理しない場合

4 マンション管理業者は、第2項第一号イからハまでに定める方法により修繕積立金等金銭を管理する場合にあっては、保管口座又は収納・保管口座に係る管理組合等の印鑑、預貯金の引出用のカードその他これらに類するものを管理してはならない。ただし、管理組合に管理者等が置かれていない場合において、管理者等が選任されるまでの比較的短い期間に限り保管する場合は、この限りでない。

5 マンション管理業者は、毎月、管理事務の委託を受けた管理組合のその月（以下この項において「対象月」という。）における会計の収入及び支出の状況に関する書面を作成し、翌月末日までに、当該書面を当該管理組合の管理者等に交付しなければならない。この場合において、当該管理組合に管理者等が置かれていないときは、当該書面の交付に代えて、対象月の属する当該管理組合の事業年度の終了の日から2月を経過する日までの間、当該書面をその事務所ごとに備え置き、当該管理組合を構成するマンションの区分所有者等の求めに応じ、当該マンション管理業者の業務時間内において、これを閲覧させなければならない。

6 この条において、次の各号に掲げる用語の意義は、それぞれ当該各号に定めるところによる。

一 収納口座 マンションの区分所有者等から徴収された修繕積立金等金銭又は第1項

に規定する財産を預入し、一時的に預貯金として管理するための口座をいう。
二　保管口座　マンションの区分所有者等から徴収された修繕積立金を預入し、又は修繕積立金等金銭若しくは第1項に規定する財産の残額（第2項第一号イ若しくはロに規定するものをいう。）を収納口座から移し換え、これらを預貯金として管理するための口座であって、管理組合等を名義人とするものをいう。
三　収納・保管口座　マンションの区分所有者等から徴収された修繕積立金等金銭を預入し、預貯金として管理するための口座であって、管理組合等を名義人とするものをいう。

（管理事務の報告）
第88条　マンション管理業者は、法第77条第1項の規定により管理事務に関する報告を行うときは、管理事務を委託した管理組合の事業年度終了後、遅滞なく、当該期間における管理受託契約に係るマンションの管理の状況について次に掲げる事項を記載した管理事務報告書を作成し、管理業務主任者をして、これを管理者等に交付して説明をさせなければならない。
一　報告の対象となる期間
二　管理組合の会計の収入及び支出の状況
三　前二号に掲げるもののほか、管理受託契約の内容に関する事項

第89条　マンション管理業者は、法第77条第2項の規定により管理事務に関する報告を行うときは、管理事務を委託した管理組合の事業年度の終了後、遅滞なく、当該期間における管理受託契約に係るマンションの管理の状況について前条各号に掲げる事項を記載した管理事務報告書を作成し、法第77条第2項に規定する説明会を開催し、管理業務主任者をして、これを当該管理組合を構成するマンションの区分所有者等に交付して説明をさせなければならない。
2　前項の説明会は、できる限り説明会に参加する者の参集の便を考慮して開催の日時及び場所を定め、管理事務の委託を受けた管理組合ごとに開催するものとする。
3　マンション管理業者は、前項の説明会の開催日の1週間前までに説明会の開催の日時及び場所について、当該管理組合を構成するマンションの区分所有者等の見やすい場所に掲示しなければならない。

（書類の閲覧）
第90条　法第79条に規定するマンション管理業者の業務及び財産の状況を記載した書類は、別記様式第27号による業務状況調書、貸借対照表及び損益計算書又はこれらに代わる書面（以下この条において「業務状況調書等」という。）とする。
2　業務状況調書等が、電子計算機に備えられたファイル又は磁気ディスク等に記録され、必要に応じ事務所ごとに電子計算機その他の機器を用いて明確に紙面に表示されるときは、当該記録をもって法第79条に規定する書類への記載に代えることができる。この場合における法第79条の規定による閲覧は、当該業務状況調書等を紙面又は当該事務所に設置された入出力装置の映像面に表示する方法で行うものとする。
3　マンション管理業者は、第1項の書類（前項の規定による記録が行われた同項のファイル又は磁気ディスク等を含む。次項において同じ。）を事業年度ごとに当該事業年度経過後3月以内に作成し、遅滞なく事務所ごとに備え置くものとする。
4　第1項の書類は、事務所に備え置かれた日から起算して3年を経過する日までの間、当該事務所に備え置くものとし、当該事務所の営業時間中、その業務に係る関係者の求めに応じて閲覧させるものとする。

（監督処分の公告）
第91条　法第84条の規定による公告は、官報によるものとする。

（身分証明書の様式）
第92条　法第86条第2項に規定する身分を示す証明書の様式は、別記様式第28号によるものとする。

（証明書の様式）
第93条　法第88条第1項に規定する証明書の様式は、別記様式第29号によるものとする。

　　第3章　マンション管理適正化推進センター

（管理適正化業務規程の記載事項）
第94条　法第94条において準用する法第15条第2項の国土交通省令で定める事項は、次のとおりとする。
一　管理適正化業務を行う時間及び休日に関する事項
二　管理適正化業務を行う事務所に関する事

三　管理適正化業務の実施の方法に関する事項
　　四　管理適正化業務に関する秘密の保持に関する事項
　　五　管理適正化業務に関する帳簿及び書類の管理に関する事項
　　六　その他管理適正化業務の実施に関し必要な事項
　（帳簿の備付け等）
第95条　法第94条において準用する法第19条に規定する国土交通省令で定める事項は、次のとおりとする。
　　一　法第92条第1項第一号の情報及び資料の名称並びにこれらを収集した年月日
　　二　法第92条第1項第二号の技術的な支援を行った年月日及び相手方の氏名
　　三　法第92条第1項第三号の講習の名称及びこれを行った年月日
　　四　法第92条第1項第四号の指導及び助言を行った年月日並びに相手方の氏名
　　五　法第92条第1項第五号の調査及び研究の名称並びにこれらを行った年月日
　2　前項各号に掲げる事項が、電子計算機に備えられたファイル又は磁気ディスク等に記録され、必要に応じマンション管理適正化推進センターにおいて電子計算機その他の機器を用いて明確に紙面に表示されるときは、当該記録をもって法第94条において準用する法第19条に規定する帳簿への記載に代えることができる。
　3　法第94条において準用する法第19条に規定する帳簿（前項の規定による記録が行われた同項のファイル又は磁気ディスク等を含む。）は、管理適正化業務を廃止するまで保存しなければならない。
　（準用）
第96条　第10条第1項及び第2項、第11条から第14条まで、第22条並びに第23条の規定は、法第91条に規定するマンション管理適正化推進センターについて準用する。この場合において、これらの規定（第12条から第14条まで及び第22条の規定を除く。）中「試験事務」とあるのは「管理適正化業務」と、第10条第1項中「法第11条第2項」とあるのは「法第91条」と、同条第二号中「法第11条第1項に規定する試験の実施に関する事務」とあるのは「法第91条に規定する業務」と、同条第2項第一号中「定款又は寄附行為」とあるのは「寄附行為」と、第12条中「法第132条第1項」とあるのは「法第94条において準用する法第13条第1項」と、第13条第1項中「法第14条第1項前段」とあるのは「法第94条において準用する法第14条第1項前段」と、同条第2項中「法第14条第1項後段」とあるのは「法第94条において準用する法第14条第1項後段」と、第14条第1項中「法第15条第1項前段」とあるのは「法第94条において準用する法第15条第1項前段」と、「試験事務規程」とあるのは「管理適正化業務規程」と、同条第2項中「法第15条第1項後段」とあるのは「法第94条において準用する法第15条第1項後段」と、第22条中「法第22条第2項」とあるのは「法第94条において準用する法第22条第2項」と、「別記様式第2号」とあるのは「別記様式第30号」と、第23条中「法第23条第1項」とあるのは「法第94条において準用する法第23条第1項」と読み替えるものとする。

第4章　マンション管理業者の団体
（保証業務の承認申請）
第97条　指定法人は、法第97条第1項の規定により、保証業務の承認を受けようとするときは、次の各号に掲げる事項を記載した別記様式第31号による保証業務承認申請書を国土交通大臣に提出しなければならない。
　　一　名称及び住所並びに代表者の氏名
　　二　資産の総額
　2　前項の保証業務承認申請書には、次の各号に掲げる書類を添付しなければならない。
　　一　保証業務方法書
　　二　保証基金の収支の見積り書
　　三　保証委託契約約款
　3　前項第一号の規定による保証業務方法書には、保証の目的の範囲、保証限度、各保証委託者からの保証の受託の限度、保証委託契約の締結の方法に関する事項、保証受託の拒否の基準に関する事項、資産の運用方法に関する事項並びに保証委託者の業務及び財産の状況の調査方法に関する事項を記載しなければならない。
（保証業務の変更の届出）
第98条　指定法人は、前条第1項第二号に掲げる事項又は同条第2項第一号若しくは第三号に掲げる書類に記載した事項について変更があった場合においては、2週間以内に、その

旨を国土交通大臣に届け出なければならない。
（法第98条の国土交通省令で定める額）
第99条 法第98条の国土交通省令で定める額は、保証基金の額に100を乗じて得た額とする。
（準用）
第100条 第10条第1項及び第2項並びに第22条の規定は、法第95条第2項に規定する指定法人について準用する。この場合において、第10条第1項中「法第11条第2項」とあるのは「法第95条第1項」と、同項第二号中「法第11条第1項に規定する試験の実施に関する事務（以下この節において「試験事務」という。）」とあるのは「法第95条第2項各号に掲げる業務及び同条第3項に規定する業務」と、同項第三号中「試験事務」とあるのは「法第95条第2項各号に掲げる業務及び同条第3項に規定する業務」と、同条第2項第一号中「定款又は寄附行為」とあるのは「定款」と、同項第七号中「試験事務」とあるのは「法第95条第2項各号に掲げる業務又は同条第3項に規定する業務」と、第22条中「法第22条第2項」とあるのは「法第102条において準用する法第22条第2項」と、「別記様式第2号」とあるのは「別記様式第32号」と読み替えるものとする。

第5章 雑則

（法第103条第1項の国土交通省令で定める期間）
第101条 法第103条第1項の国土交通省令で定める期間は、1年とする。
（法第103条第1項の国土交通省令で定める図書）
第102条 法第103条第1項の国土交通省令で定める図書は、次の各号に掲げる、工事が完了した時点の同項の建物及びその附属施設（駐車場、公園、緑地及び広場並びに電気設備及び機械設備を含む。）に係る図書とする。
一 付近見取図
二 配置図
三 仕様書（仕上げ表を含む。）
四 各階平面図
五 二面以上の立面図
六 断面図又は矩計図
七 基礎伏図
八 各階床伏図
九 小屋伏図
十 構造詳細図
十一 構造計算書
（権限の委任）
第103条 法に規定する国土交通大臣の権限のうち、次に掲げるものは、マンション管理業者又は法第44条第1項の登録を受けようとする者の本店又は主たる事務所の所在地を管轄する地方整備局長及び北海道開発局長に委任する。ただし、第八号から第十三号までに掲げる権限については、国土交通大臣が自ら行うことを妨げない。
一 法第45条第1項の規定による登録申請書を受理すること。
二 法第46条第1項の規定により登録し、及び同条第2項の規定により通知すること。
三 法第47条の規定により登録を拒否すること。
四 法第48条第1項の規定による届出を受理し、及び同条第2項の規定により登録すること。
五 法第49条の規定により一般の閲覧に供すること。
六 法第50条第1項の規定による届出を受理すること。
七 法第51条の規定により登録を消除すること。
八 法第81条の規定により必要な指示をすること。
九 法第82条の規定により業務の全部又は一部の停止を命ずること。
十 法第83条の規定により登録を取り消すこと。
十一 法第84条の規定により公告すること。
十二 法第85条の規定により必要な報告をさせること。
十三 法第86条第1項の規定により立入検査させ、又は関係者に質問させること。
2 前項第八号、第九号及び第十一号から第十三号までに掲げる権限でマンション管理業者の支店、従たる事務所又は第52条第二号に規定する事務所（以下「支店等」という。）に関するものについては、前項に規定する地方整備局長及び北海道開発局長のほか、当該支店等の所在地を管轄する地方整備局長及び北海道開発局長も当該権限を行うことができる。
第104条 法及びこの省令に規定する国土交通大臣の権限のうち、次に掲げるものは、法第

59条の登録を受けた者又は受けようとする者及び管理業務主任者又は法第60条第2項の管理業務主任者証の交付を受けようとする者の住所地を管轄する地方整備局長及び北海道開発局長に委任する。ただし、第五号、第六号、第八号及び第十三号に掲げる権限については、国土交通大臣が自ら行うことを妨げない。
一 法第59条第1項の規定による登録をすること。
二 法第60条第1項の規定による交付の申請を受理し、同条第4項の規定による返納を受理し、同条第5項の規定による提出を受理し、及び同条第6項の規定により返還すること。
三 法第61条第1項の規定による更新の申請を受理すること。
四 法第62条第1項の規定による届出を受理すること。
五 法第64条第1項の規定により必要な指示をし、及び同条第2項の規定により事務を行うことを禁止すること。
六 法第65条の規定により登録を取り消すこと。
七 法第66条の規定により登録を消除すること。
八 法第67条の規定により必要な報告をさせること。
九 第70条第1項の規定による管理業務主任者登録申請書を受理すること。
十 第71条第1項の規定により通知し、並びに同条第2項の規定により登録を拒否し、及び通知すること。
十一 第76条第2項の規定により登録し、及び通知すること。
十二 第77条第1項の規定による再交付の申請を受理し、及び同条第4項の規定による返納を受理すること。
十三 第78条第1項の規定により通知し、及び同条第2項の規定による返納を受理すること。
十四 第80条の規定により読み替えて準用する第31条の規定による届出を受理すること。
2 地方整備局長及び北海道開発局長は、前項の規定にかかわらず、当該地方整備局長及び北海道開発局長の管轄する区域内において事務を行う管理業務主任者に対し、同項第五号及び第八号に掲げる権限を行うことができる。

　　　附　則
（施行期日）
第1条 この省令は、法の施行の日（平成13年8月1日）から施行する。
（経過措置）
第2条 法附則第4条第2項の国土交通省令で定める者並びに法附則第5条のマンションの管理に関し知識及び実務の経験を有すると認められる者は、次のいずれかに該当する者をいう。
一 管理事務に関し3年以上の実務の経験を有し、国土交通大臣が指定する講習（本条において「講習」という。）を修了し、当該講習の修了証明書の交付を受けた者
二 管理事務に関し1年以上の実務の経験を有し、かつ、宅地建物取引業に関し5年以上の実務の経験を有する者で、講習を修了し、当該講習の修了証明書の交付を受けた者
三 国土交通大臣が前各号と同等以上の知識及び実務の経験を有すると認める者
2 講習は、次のすべてに該当するものでなければならない。
一 マンションにおける良好な居住環境の確保を図ることを目的として民法第34条の規定により設立された法人で、講習を行うのに必要かつ適切な組織及び能力を有すると国土交通大臣が認める者が行う講習であること。
二 正当な理由なく受講を制限する講習でないこと。
三 国土交通大臣が定める講習の実施要領に従って実施される講習であること。
3 講習を実施する者の名称及び主たる事務所の所在地並びに講習の名称は、次のとおりとする。

講習を実施する者		講習の名称
名　称	主たる事務所の所在地	
社団法人高層住宅管理業協会	東京都港区新橋2丁目20番1号	附則第2条の規定に基づく講習

第3条 法附則第5条の国土交通大臣が指定する講習会は、次のすべてに該当するものでなければならない。

一　マンションにおける良好な居住環境の確保を図ることを目的として民法第34条の規定により設立された法人で、講習を行うのに必要かつ適切な組織及び能力を有すると国土交通大臣が認める者が行う講習会であること。

二　正当な理由なく受講を制限する講習会でないこと。

三　国土交通大臣が定める講習の実施要領に従って実施される講習会であること。

2　第1項の規定による指定を受けた講習会を実施する者の名称及び主たる事務所の所在地並びに講習会の名称は、次のとおりとする。

講習会を実施する者		講習の名称
名　称	主たる事務所の所在地	
社団法人高層住宅管理業協会	東京都港区新橋2丁目20番1号	管理業務主任者資格移行講習会

　　　附　則　〔平成13年8月10日国土交通省令第117号〕

この省令は、公布の日から施行する。

　　　附　則　〔平成18年4月28日国土交通省令第60号〕

（施行期日）

1　この省令は、会社法の施行の日（平成18年5月1日）から施行する。

（経過措置）

2　この省令の施行の際現にあるこの省令による改正前の様式又は書式による申請書その他の文書は、この省令による改正後のそれぞれの様式又は書式にかかわらず、当分の間、なおこれを使用することができる。

3　この省令の施行前にこの省令による改正前のそれぞれの省令の規定によってした処分、手続その他の行為であって、この省令による改正後のそれぞれの省令の規定に相当の規定があるものは、これらの規定によってした処分、手続その他の行為とみなす。

　　　附　則　〔平成21年5月1日国土交通省令第35号〕抄

（施行期日）

第1条　この省令は、平成22年5月1日から施行する。〔ただし書略〕

（経過措置）

第2条　管理組合から管理事務の委託を受けることを内容とする契約でこの省令の施行前に締結されたものに基づき行う管理事務については、この省令による改正後のマンションの管理の適正化の推進に関する法律施行規則（以下「新規則」という。）第87条の規定にかかわらず、その契約期間が満了するまでの間は、なお従前の例による。

別記様式　（略）

○マンション管理業者登録閲覧所の場所を定める件

〔平成14年9月18日
国土交通省告示第823号〕

マンションの管理の適正化の推進に関する法律施行規則（平成13年国土交通省令第110号）第57条第2項の規定に基づき、マンション管理業者登録簿閲覧所の場所を次のように定める。

なお、平成13年国土交通省告示第1279号（マンション管理業者登録簿閲覧所の場所を定める件）は、廃止する。

1　北海道開発局マンション管理業者登録簿閲覧所
　　北海道札幌市北区北八条西2丁目札幌第一合同庁舎　北海道開発局事業振興部建設産業課内

2　東北地方整備局マンション管理業者登録簿閲覧所
　　宮城県仙台市青葉区二日町9－15　東北地方整備局建政部計画・建設産業課内

3　関東地方整備局マンション管理業者登録簿閲覧所
　　埼玉県さいたま市北袋町1－21－2　さいたま新都心合同庁舎二号館　関東地方整備局建政部建設産業課内

4　北陸地方整備局マンション管理業者登録簿閲覧所
　　新潟県新潟市白山浦1－425－2　北陸地方整備局建政部計画・建設産業課内

5　中部地方整備局マンション管理業者登録簿閲覧所
　　愛知県名古屋市中区三の丸2－5－1　名古屋合同庁舎第二号館　中部地方整備局建政部建設産業課内

6　近畿地方整備局マンション管理業者登録簿閲覧所
　　大阪府大阪市中央区大手前1－5－44　大阪合同庁舎一号館別館　近畿地方整備局閲覧室内

7　中国地方整備局マンション管理業者登録簿閲覧所
　　広島県広島市中区八丁堀2－15　中国地方整備局建政部計画・建設産業課内

8　四国地方整備局マンション管理業者登録簿閲覧所
　　香川県高松市福岡町4－26－32　四国地方整備局建政部計画・建設産業課内

9　九州地方整備局マンション管理業者登録簿閲覧所
　　福岡県福岡市博多区博多駅東2－10－7　福岡第2合同庁舎別館　九州地方整備局建政部計画・建設産業課内

10　沖縄総合事務局マンション管理業者登録簿閲覧所
　　沖縄県那覇市前島2－21－13　沖縄総合事務局開発建設部建設行政課内

　　　附　則
この告示は、平成14年10月1日から施行する。

○マンション管理業者登録閲覧規則を定める件

〔平成13年8月1日 国土交通省告示第1280号〕

　マンションの管理の適正化の推進に関する法律施行規則（平成13年国土交通省令第110号）第57条第2項の規定に基づき、マンション管理業者登録簿閲覧所におけるマンション管理業者登録簿閲覧規則を次のとおり定める。

第1条　マンション管理業者登録簿閲覧所（以下「閲覧所」という。）におけるマンション管理業者登録簿その他の書類（以下「登録簿等」という。）の閲覧は、この規則による。

第2条　名簿等の閲覧時間は、午前9時30分から午後4時30分までとする。

第3条　閲覧所の定期休日は、行政機関の休日に関する法律（昭和63年法律第91号）第1条第1項各号に掲げる日とする。

第4条　名簿等の整理その他必要がある場合は、臨時に休日を設け、又は閲覧時間の短縮をするものとし、その旨を閲覧所に掲示する。

第5条　名簿等の閲覧は、無料とする。

第6条　名簿等を閲覧しようとするときは、備付けの閲覧簿に閲覧しようとする名簿等の件名、閲覧しようとする者の住所、職業、氏名及び年令その他必要な事項を記入しなければならない。

第7条　名簿等は、閲覧所の外に持ち出すことができない。

第8条　係員は、次の各号のいずれかに該当する者の閲覧を停止又は禁止することができる。

　一　この規則又は係員の指示に従わない者
　二　名簿等を汚損若しくはき損し、又はそのおそれがあると認められる者
　三　他人に迷惑を及ぼし、又はそのおそれがあると認められる者

○マンションの管理の適正化の推進に関する法律施行規則第69条第1項第一号の規定に基づく講習の実施要領を定める件

〔平成13年8月1日〕
〔国土交通省告示第1281号〕

マンションの管理の適正化の推進に関する法律施行規則（平成13年国土交通省令第110号）第69条第2項第三号の規定に基づき、同条第1項第一号の規定に基づく講習の実施要領を次のように定める。

第1　講習の実施回数
　講習は毎年度一回以上実施するものとする。

第2　講習の課程
　マンションの管理の適正化の推進に関する法律施行規則第69条第1項第一号の規定により国土交通大臣の指定を受けた講習（以下「講習」という。）は、講義の方法により実施するものとし、次に掲げる科目について、おおむね18時間行うものとする。
一　管理業務主任者制度の趣旨
二　管理事務の委託契約に関する事項
三　管理組合の会計の収入及び支出の調定並びに出納に関する事項
四　マンションの建物及び附属設備の維持又は修繕に関する企画又は実施の調整に関する事項
五　重要事項説明に関する事項
六　管理事務の報告に関する事項

第3　講習実施計画書の届出等
　受講料は4万円以下とするものとし、講習の実施機関は、毎年度開始前に受講料その他の講習の実施に関する事項を記載した講習実施計画書を国土交通大臣に届け出るものとする。

第4　修了証明書
　講習の実施機関は、講習を受講し、修了試験に合格した者に修了証明書を交付するものとする。

第5　講習の対象
　講習の対象は、マンションの管理の適正化の推進に関する法律（平成12年法律第149号）第59条第1項の規定による試験に合格した者とする。ただし、あらかじめ国土交通大臣がその受講を制限することについて正当な理由があると認めた場合はこの限りではない。

○マンションの管理の適正化の推進に関する法律施行規則附則第2条第1項第一号及び第二号の規定に基づく講習の実施要領を定める件

〔平成13年8月1日　国土交通省告示第1283号〕

マンションの管理の適正化の推進に関する法律施行規則（平成13年国土交通省令第110号）附則第2条第2項第三号の規定に基づき、同条第1項第一号及び第二号の規定に基づく講習の実施要領を次のように定める。

第1　講習の課程
　マンションの管理の適正化の推進に関する法律施行規則附則第2条第1項第一号及び第二号の規定により国土交通大臣の指定を受けた講習（以下「講習」という。）は、講義の方法により実施するものとし、次に掲げる科目について、おおむね18時間行うものとする。
一　管理業務主任者制度の趣旨
二　管理事務の委託契約に関する事項
三　管理組合の会計の収入及び支出の調定並びに出納に関する事項
四　マンションの建物及び付属施設の維持又は修繕に関する企画又は実施の調整に関する事項
五　重要事項説明に関する事項
六　管理事務の報告に関する事項

第2　受講料
　受講料は2万5千円以下とするものとする。

第3　修了証明書
　講習の実施機関は、講習を修了した者に修了証明書を交付するものとする。

第4　講習の対象
　講習の対象は、管理業務に関し3年以上の実務の経験を有する者又は管理事務に関し3年以上の実務の経験を有し、かつ、管理業務に密接な関連を有する業務に関し5年以上の実務の経験を有する者とする。ただし、あらかじめ国土交通大臣がその受講を制限することについて正当な理由があると認めた場合はこの限りではない。

○マンションの管理の適正化の推進に関する法律施行規則第2条第1項第三号の同項第一号又は第二号に掲げる者と同等以上の知識及び実務の経験を有すると認められる者を定める件

〔平成 13 年 8 月 1 日　国土交通省告示第1284号〕

　マンションの管理の適正化の推進に関する法律施行規則（平成13年国土交通省令第110号）附則第2条第1項第三号の同項第一号又は第二号に掲げる者と同等以上の知識及び実務の経験を有する者を次のとおり定める。

　社団法人高層住宅管理業協会が実施する管理業務主任者資格認定研修の修了試験に合格した者

○マンションの管理の適正化の推進に関する法律施行規則附則第3条第1項第一号及び第二号の規定に基づく講習会の実施要領を定める件

〔平成13年8月1日　国土交通省告示第1285号〕

マンションの管理の適正化の推進に関する法律施行規則（平成13年国土交通省令第110号）附則第3条第1項第三号の規定に基づき、同項第一号及び第二号の規定に基づく講習会の実施要領を次のように定める。

第1　講習会の実施回数
　講習会は、マンションの管理の適正化の推進に関する法律（以下「法」という。）の施行の日から起算して9月を経過する日までに、1回以上実施するものとする。

第2　講習会の科目及び時間
　マンションの管理の適正化の推進に関する法律施行規則（以下「規則」という。）附則第3条第一項の規定により国土交通大臣の指定を受けた講習会（以下「講習会」という。）の科目及び時間は、次のとおりとする。
1　講習会の科目
　マンションの管理の適正化の推進に関する法律に関する事項
2　講習会の時間
　講習会は一日で修了するものとし、講習会の時間はおおむね2時間とする。

第3　講習会実施計画書の届出等
　受講料は1万5千円以下とするものとし、講習会の実施機関は、講習会開始前に受講料その他の講習会の実施に関する事項を記載した講習会実施計画書を国土交通大臣に届け出るものとする。

第4　修了証明書
　講習会の実施機関は、講習会を修了した者に修了証明書を交付するものとする。

第5　講習会の対象
　講習会の対象は、規則附則第2条第1項各号に規定する者とする。ただし、あらかじめ国土交通大臣がその受講を制限することについて正当な理由があると認めた場合はこの限りではない。

○マンションの管理の適正化の推進に関する法律の規定に基づき、マンション管理適正化推進センターを指定する件

〔平成13年 8 月10日　国土交通省告示第1326号〕

　マンションの管理の適正化の推進に関する法律（平成12年法律第149号）第91条の規定により、マンション管理適正化推進センターの指定をしたので、同法第94条において準用する第28条第一号の規定に基づき、次のとおり告示する。

　マンション管理適正化推進センターの名称及び主たる事務所の所在地
　　財団法人マンション管理センター
　　東京都千代田区一ツ橋 2 丁目 5 番 5 号

○マンションの管理の適正化の推進に関する法律第95条第 1 項の規定に基づきマンション管理業者の団体を指定した件

〔平成13年 8 月14日　国土交通省告示第1345号〕

　マンションの管理の適正化の推進に関する法律（平成12年法律第149号）第95条第 1 項の規定により、マンション管理業者の団体の指定をしたので、次のとおり告示する。

　マンション管理業者の団体の名称及び主たる事務所の所在地
　　社団法人高層住宅管理業協会
　　東京都港区新橋 2 丁目20番 1 号

○マンションの管理の適正化の推進に関する法律第60条第2項の講習の時間等を定める件

〔平成16年2月27日
国土交通省告示第173号〕

　マンションの管理の適正化の推進に関する法律施行規則（平成13年国土交通省令第110号）第75条において読み替えて準用する第42条の4第二号及び第三号の規定に基づき、国土交通大臣が定める時間等を次のように定める。

　なお、平成13年国土交通省告示第1282号（マンションの管理の適正化の推進に関する法律第60条第2項の規定に基づく講習の実施要領を定める件）は、廃止する。

第一　登録講習科目ごとの講義時間

　マンションの管理の適正化の推進に関する法律施行規則（平成13年国土交通省令第110号。以下「規則」という。）第75条において読み替えて準用する第42条の4第二号の登録講習科目（以下「科目」という。）ごとの講義時間は、次の表の左欄※に掲げる科目ごとにおおむね同表の右欄※に掲げる時間とする。

科目	時間
マンションの管理の適正化の推進に関する法律その他関係法令に関する科目	1.5時間
管理事務の委託契約に関する科目	1時間
管理組合の会計の収入及び支出の調定並びに出納に関する科目	1.5時間
マンションの建物及び附属設備の維持又は修繕に関する企画又は実施の調整に関する科目	2時間

第二　登録講習教材の内容

　規則第75条において読み替えて準用する第42条の4第三号の国土交通大臣が定める事項は、次の表の左欄※に掲げる科目ごとに同表の右欄※に掲げる事項とする。

科目	事項
マンションの管理の適正化の推進に関する法律その他関係法令に関する科目	イ　マンションの管理の適正化の推進に関する法律の章及び節ごとの概要並びに最近の改正内容等の解説 ロ　建物の区分所有等に関する法律その他関係法令で管理事務に関係する規定の概要及び最近の改正内容等の解説
管理事務の委託契約に関する科目	イ　マンション標準管理委託契約書及びマンション標準管理規約の概要並びに最近の改正内容等の解説 ロ　管理事務の委託契約に関する最近の紛争事例等の解説
管理組合の会計の収入及び支出の調定並びに出納に関する科目	管理組合の会計処理の概要及び最近の実務動向の解説
マンションの建物及び附属設備の維持又は修繕に関する企画又は実施の調整に関する科目	イ　マンションの建物及び附属施設の点検及び検査の概要並びに最近の実務動向の解説 ロ　長期修繕計画の作成方法及び大規模修繕の実施方法の概要並びに最近の実務動向の解説
備考　登録講習教材は次に掲げるものであること。 一　管理業務主任者証の交付又は有効期間の更新を受けようとする者に対し、マンションの管理事務に関する基礎的知識の確認並びに最新の知識及び能力の習得を行うために必要かつ十分な内容と認められるものであること 二　記載された内容が新しいものであること	

　　　附　則

　この告示は、平成16年3月1日から施行する。

※告示原文は「上欄」「下欄」であるが、本書では便宜上「左欄」「右欄」とした。

◯民間事業者等が行う書面の保存等における情報通信の技術の利用に関する法律施行令（抜粋）

$$\begin{bmatrix}平成17年１月20日\\政　令　第　8　号\end{bmatrix}$$

最終改正　平成19年8月3日政令第233号

第２条　民間事業者等は、法第６条第１項の規定により同項に規定する事項の交付等を行おうとするときは、主務省令で定めるところにより、あらかじめ、当該交付等の相手方に対し、その用いる電磁的方法の種類及び内容を示し、書面又は電磁的方法による承諾を得なければならない。

２　前項の規定による承諾を得た民間事業者等は、同項の相手方から書面又は電磁的方法により電磁的方法による交付等を受けない旨の申出があったときは、当該相手方に対し、法第６条第１項に規定する事項の交付等を電磁的方法によってしてはならない。ただし、当該相手方が再び前項の規定による承諾をした場合は、この限りでない。

　　　　附　則

この政令は、平成17年４月１日から施行する。

○国土交通省の所管する法令に係る民間事業者等が行う書面の保存等における情報通信の技術の利用に関する法律施行規則（抜粋）

〔平成17年3月29日
国土交通省令第26号〕

最終改正　平成21年8月28日国土交通省令第53号

（電磁的記録による保存の方法）
第4条　民間事業者等が、法第3条第1項の規定に基づき、別表第1の上欄に掲げる法令の同表の下欄に掲げる規定に基づく書面の保存に代えて当該書面に係る電磁的記録の保存を行う場合は、次に掲げる方法のいずれかにより行わなければならない。
　一　作成された電磁的記録を民間事業者等の使用に係る電子計算機に備えられたファイル又は磁気ディスク、シー・ディー・ロムその他これらに準ずる方法により一定の事項を確実に記録しておくことができる物（以下「磁気ディスク等」という。）をもって調製するファイルにより保存する方法
　二　書面に記載されている事項をスキャナ（これに準ずる画像読取装置を含む。）により読み取ってできた電磁的記録を民間事業者等の使用に係る電子計算機に備えられたファイル又は磁気ディスク等をもって調製するファイルにより保存する方法
2　民間事業者等が、前項の規定に基づく電磁的記録の保存を行う場合は、必要に応じ電磁的記録に記録された事項を、直ちに明瞭な状態で、その使用に係る電子計算機の映像面に表示及び当該事項を記載した書面を作成することができる措置を講じなければならない。
3　別表第1の上欄に掲げる法令の同表の下欄に掲げる規定に基づき、同一内容の書面を2以上の事務所等（当該書面の保存が義務付けられている場所をいう。以下同じ。）に保存をしなければならないとされている民間事業者等が、1項の規定に基づき、当該2以上の事務所等のうち、一の事務所等に当該書面に係る電磁的記録の保存を行うとともに、当該電磁的記録に記録されている事項を他の事務所等に備え置く電子計算機の映像面に表示及び当該事項を記載した書面を作成することができる措置を講じた場合は、当該他の事務所等に当該書面の保存が行われたものとみなす。

（電磁的記録による作成の方法）
第6条　民間事業者等が、法第4条第1項の規定に基づき、別表第2の上欄に掲げる法令の同表の下欄に掲げる規定に基づく書面の作成に代えて当該書面に係る電磁的記録の作成を行う場合は、民間事業者等の使用に係る電子計算機に備えられたファイルに記録する方法又は磁気ディスク等をもって調製する方法により作成を行わなければならない。

（電磁的記録による縦覧等の方法）
第9条　民間事業者等が、法第5条第1項の規定に基づき、別表第3の上欄に掲げる法令の同表の下欄に掲げる規定に基づく書面の縦覧等に代えて当該書面に係る電磁的記録に記録されている事項の縦覧等を行う場合は、当該事項を民間事業者等の事務所等に備え置く電子計算機の映像面に表示する方法又は当該事項を記載した書類を備え置く方法により行わなければならない。

（電磁的記録による交付等の方法）
第11条　民間事業者等が、法第6条第1項の規定に基づき、別表第4の上欄に掲げる法令の同表の下欄に掲げる規定に基づく書面の交付等に代えて当該書面に係る電磁的記録に記録されている事項の交付等を行う場合は、次に掲げる方法のいずれかにより行わなければならない。
　一　電子情報処理組織を使用する方法のうち次のいずれかに該当するもの
　　イ　民間事業者等の使用に係る電子計算機と交付等の相手方の使用に係る電子計算機とを接続する電気通信回線を通じて送信し、当該相手方の使用に係る電子計算機に備えられたファイルに記録する方法
　　ロ　民間事業者等の使用に係る電子計算機に備えられたファイルに記録された事項を電気通信回線を通じて交付等の相手方の閲覧に供し、当該相手方の使用に係る電子計算機に備えられたファイルに当該事項を記録する方法
　二　磁気ディスク等をもって調製するファイルに記録したものを交付する方法

2　前項に掲げる方法は、交付等の相手方がファイルに記録された事項を出力することにより、書面を作成することができるものでなければならない。
（電磁的方法による承諾）
第12条　民間事業者等は、法第6条第1項の規定により同項に規定する事項の交付等を行おうとするときは、次に掲げる事項を当該交付等の相手方に示さなければならない。
一　前条第1項に規定する方法のうち民間事業者等が使用するもの
二　ファイルへの記録の方式

　　　附　則
（施行期日）
第1条　この省令は、平成17年4月1日から施行する。

　　　附　則〔平成21年5月1日国土交通省令第35号〕抄
（施行期日）
第1条　この省令は、平成22年5月1日から施行する。
（国土交通省の所管する法令に係る民間事業者等が行う書面の保存等における情報通信の技術の利用に関する法律施行規則の一部改正）
第5条　国土交通省の所管する法令に係る民間事業者等が行う書面の保存等における情報通信の技術の利用に関する法律施行規則（平成17年国土交通省令第26号）の一部を次のように改正する。〔次のよう略〕

別表第一（第3条及び第4条関係）（抄）

マンションの管理の適正化の推進に関する法律施行規則（平成13年国土交通省令第110号）	第87条第5項

別表第二（第5条及び第6条関係）（抄）

マンションの管理の適正化の推進に関する法律施行規則	第87条第5項

別表第三（第8条及び第9条関係）（抄）

マンションの管理の適正化の推進に関する法律施行規則	第87条第5項

別表第四（第10条及び第11条関係）（抄）

マンションの管理の適正化の推進に関する法律施行規則	第87条第5項

3　マンション管理適正化指針

○マンションの管理の適正化に関する指針

[平成13年8月1日　国土交通省告示第1288号]

　我が国におけるマンションは、土地利用の高度化の進展に伴い、職住近接という利便性や住空間の有効活用という機能性に対する積極的な評価、マンションの建設・購入に対する融資制度や税制の整備を背景に、都市部を中心に持家として定着し、重要な居住形態となっている。

　その一方で、一つの建物を多くの人が区分して所有するマンションは、各区分所有者等の共同生活に対する意識の相違、多様な価値観を持った区分所有者間の意思決定の難しさ、利用形態の混在による権利・利用関係の複雑さ、建物構造上の技術的判断の難しさなど、建物を維持管理していく上で、多くの課題を有している。

　特に、今後、建築後相当の年数を経たマンションが、急激に増大していくものと見込まれることから、これらに対して適切な修繕がなされないままに放置されると、老朽化したマンションは、区分所有者自らの居住環境の低下のみならず、ひいては周辺の住環境や都市環境の低下など、深刻な問題を引き起こす可能性がある。

　このような状況の中で、我が国における国民生活の安定向上と国民経済の健全な発展に寄与するためには、管理組合によるマンションの適正な管理が行われることが重要である。

　この指針は、このような認識の下に、管理組合によるマンションの管理の適正化を推進するため、必要な事項を定めるものである。

一　マンションの管理の適正化の基本的方向
　　マンションは、今や我が国における重要な居住形態となり、その適切な管理は、マンションの区分所有者等だけでなく、社会的にも要請されているところである。
　　このようなマンションの重要性にかんがみ、マンションを社会的資産として、この資産価値をできる限り保全し、かつ、快適な居住環境が確保できるように、以下の点を踏まえつつ、マンションの管理を行うことを基本とするべきである。
　1　マンションの管理の主体は、マンションの区分所有者等で構成される管理組合であり、管理組合は、マンションの区分所有者等の意見が十分に反映されるよう、また、長期的な見通しを持って、適正な運営を行うことが重要である。特に、その経理は、健全な会計を確保するよう、十分な配慮がなされる必要がある。また、第三者に管理事務を委託する場合は、その内容を十分に検討して契約を締結する必要がある。
　2　管理組合を構成するマンションの区分所有者等は、管理組合の一員としての役割を十分認識して、管理組合の運営に関心を持ち、積極的に参加する等、その役割を適切に果たすよう努める必要がある。
　3　マンションの管理は、専門的な知識を必要とすることが多いため、管理組合は、問題に応じ、マンション管理士等専門的知識を有する者の支援を得ながら、主体性をもって適切な対応をするよう心がけることが重要である。
　4　マンションの管理の適正化を推進するため、国、地方公共団体及びマンション管理適正化推進センターは、その役割に応じ、必要な情報提供等を行うよう、支援体制を整備、強化することが必要である。

二　マンションの管理の適正化の推進のために管理組合が留意すべき基本的事項
　1　管理組合の運営
　　　管理組合の自立的な運営は、マンションの区分所有者等の全員が参加し、その意見を反映することにより成り立つものである。そのため、管理組合の運営は、情報の開示、運営の透明化等、開かれた民主的なものとする必要がある。また、集会は、管理組合の最高意思決定機関である。したがって、管理組合の管理者等は、その意思決定にあたっては、事前に必要な資料を整備し、集会において適切な判断が行われるよう配慮する必要がある。
　　　管理組合の管理者等は、マンション管理の目的が達成できるように、法令等を遵守

し、マンションの区分所有者等のため、誠実にその職務を執行する必要がある。

2　管理規約

　管理規約は、マンション管理の最高自治規範であることから、その作成にあたっては、管理組合は、建物の区分所有等に関する法律に則り、「中高層共同住宅標準管理規約」を参考として、当該マンションの実態及びマンションの区分所有者等の意向を踏まえ、適切なものを作成し、必要に応じ、その改正を行うことが重要である。さらに、快適な居住環境を目指し、マンションの区分所有者等間のトラブルを未然に防止するために、使用細則等マンションの実態に即した具体的な住まい方のルールを定めておくことが肝要である。

　管理規約又は使用細則等に違反する行為があった場合、管理組合の管理者等は、その是正のため、必要な勧告、指示等を行うとともに、法令等に則り、その是正又は排除を求める措置をとることが重要である。

3　共用部分の範囲及び管理費用の明確化

　管理組合は、マンションの快適な居住環境を確保するため、あらかじめ、共用部分の範囲及び管理費用を明確にし、トラブルの未然防止を図ることが重要である。

　特に、専有部分と共用部分の区分、専用使用部分と共用部分の管理及び駐車場の使用等に関してトラブルが生じることが多いことから、適正な利用と公平な負担が確保されるよう、各部分の範囲及びこれに対するマンションの区分所有者等の負担を明確に定めておくことが望ましい。

4　管理組合の経理

　管理組合がその機能を発揮するためには、その経済的基盤が確立されていることが重要である。このため、管理費及び特別修繕費等について必要な費用を徴収するとともに、これらの費用を明確に区分して経理を行い、適正に管理する必要がある。

　また、管理組合の管理者等は、必要な帳票類を作成してこれを保管するとともに、マンションの区分所有者等の請求があった時は、これを速やかに開示することにより、経理の透明性を確保する必要がある。

5　長期修繕計画の策定及び見直し等

　マンションの快適な居住環境を確保し、資産価値の維持、向上を図るためには、適時適切な維持修繕を行うことが重要である。特に、経年による劣化に対応するため、あらかじめ長期修繕計画を策定し、必要な修繕積立金を積み立てておくことが必要である。

　長期修繕計画の策定及び見直しにあたっては、必要に応じ、マンション管理士等専門的知識を有する者の意見を求め、また、あらかじめ建物診断等を行って、その計画を適切なものとするよう配慮する必要がある。

　長期修繕計画の実効性を確保するためには、修繕内容、資金計画を適正かつ明確に定め、それらをマンションの区分所有者等に十分周知させることが必要である。

　管理組合は、維持修繕を円滑かつ適切に実施するため、設計に関する図書等を保管することが重要である。また、この図書等について、マンションの区分所有者等の求めに応じ、適時閲覧できるように配慮することが望ましい。

　なお、建築後相当の年数を経たマンションにおいては、長期修繕計画の検討を行う際には、必要に応じ、建替えについても視野に入れて検討することが望ましい。建替えの検討にあたっては、その過程をマンションの区分所有者等に周知させるなど透明性に配慮しつつ、各区分所有者等の意向を十分把握し、合意形成を図りながら進めることが必要である。

6　その他配慮すべき事項

　マンションが団地を構成する場合には、各棟固有の事情を踏まえながら、全棟の連携をとって、全体としての適切な管理がなされるように配慮することが重要である。

　また、複合用途型マンションにあっては、住宅部分と非住宅部分との利害の調整を図り、その管理、費用負担等について適切な配慮をすることが重要である。

三　マンションの管理の適正化の推進のためにマンションの区分所有者等が留意すべき基本的事項等

　マンションを購入しようとする者は、マンションの管理の重要性を十分認識し、売買契約だけでなく、管理規約、使用細則、管理委託契約、長期修繕計画等管理に関する事項に十分に留意する必要がある。

　また、マンションの区分所有者等は、マン

ションの居住形態が戸建てのものとは異なり、相隣関係等に配慮を要する住まい方であることを十分に認識し、その上で、マンションの快適かつ適正な利用と資産価値の維持を図るため、管理組合の一員として、進んで、集会その他の管理組合の管理運営に参加するとともに、定められた管理規約、集会の決議等を遵守する必要がある。そのためにも、マンションの区分所有者等は、マンションの管理に関する法律等に関する理解を深める必要がある。

専有部分の賃借人等の占有者は、建物又はその敷地若しくは附属施設の使用方法につき、マンションの区分所有者等が管理規約又は集会の決議に基づいて負う義務と同一の義務を負うことに十分に留意することが重要である。

四 マンションの管理の適正化の推進のための管理委託に関する基本的事項

管理組合は、マンションの管理の主体は管理組合自身であることを認識したうえで、管理事務の全部又は一部を第三者に委託しようとする場合は、その委託内容を十分に検討し、書面をもって管理委託契約を締結することが重要である。

なお、管理委託契約先を選定する場合には、管理組合の管理者等は、事前に必要な資料を収集し、マンションの区分所有者等にその情報を公開するとともに、マンション管理業者の行う説明会を活用し、適正な選定がなされるように努める必要がある。

また、管理委託契約先が選定されたときは、管理組合の管理者等は、当該契約内容を周知するとともに、マンション管理業者の行う管理事務の報告等を活用し、管理事務の適正化が図られるよう努める必要がある。

万一、マンション管理業者の業務に関して問題が生じた場合には、管理組合は、当該マンション管理業者にその解決を求めるとともに、必要に応じ、マンション管理業者の所属する団体にその解決を求める等の措置を講ずることが必要である。

五 マンション管理士制度の普及と活用について

マンションの管理は、専門的な知識を要する事項が多いため、国、地方公共団体及びマンション管理適正化推進センターは、マンション管理士制度が早期に定着し、広く利用されることとなるよう、その普及のために必要な啓発を行い、マンション管理士に関する情報提供に努める必要がある。

なお、管理組合の管理者等は、マンションの管理の適正化を図るため、必要に応じ、マンション管理士等専門的知識を有する者の知見の活用を考慮することが重要である。

六 国、地方公共団体及びマンション管理適正化推進センターの支援

マンションの管理の適正化を推進するためには、「中高層共同住宅標準管理規約」をはじめ必要な情報、資料の提供、技術的支援等が不可欠である。

このため、国及び地方公共団体は、必要に応じ、マンションの実態の調査及び把握に努め、マンションに関する情報、資料の提供について、その充実を図るとともに、特に、地方公共団体、マンション管理適正化推進センター、マンション管理士等の関係者が相互に連携をとり、管理組合の管理者等の相談に応じられるネットワークの整備が重要である。

さらに、地方公共団体は、マンション管理士等専門的知識を有する者や経験豊かで地元の実情に精通し、マンションの区分所有者等から信頼される者等の協力を得て、マンションに係る相談体制の充実を図るよう努める必要がある。

マンション管理適正化推進センターにおいては、関係機関及び関係団体との連携を密にし、管理組合の管理者等に対する積極的な情報、資料の提供を行う等、管理適正化業務を適正かつ確実に実施する必要がある。

4 マンション管理適正化法関係通達

○マンションの管理の適正化の推進に関する法律の施行について

[平成13年7月31日]
[国総動発第50号]
国土交通省総合政策局長から各団体の長あて

　マンション管理の適正化の推進に関する法律（平成12年法律第149号。以下「法」という。）は、マンションにおける良好な居住環境の確保を図り、もって国民生活の向上と国民経済の健全な発展に寄与することを目的として策定され、平成12年12月8日に公布された。また、マンション管理の適正化の推進に関する法律施行令（平成13年政令第238号）は本年7月4日に、マンション管理の適正化の推進に関する法律施行規則（平成13年国土交通省令第110号）は本年7月19日に公布された。

　これらは、いずれも本年8月1日から施行されることとなるので、下記の点に留意の上、制度の的確かつ円滑な運用に特段の配慮をされるよう、貴団体加盟の業者に対する周知徹底及び指導を行われたい。

　なお、国土交通省告示第1278号により、昭和60年建設省告示第1115号（中高層分譲共同住宅管理業者登録規程）及び昭和62年建設省告示第1035号（中高層分譲共同住宅管理業務処理準則）は廃止することとしたので留意願いたい。

記

1　本法の施行により、平成14年5月1日からは、マンション管理業を営もうとする者は国土交通大臣の登録を受けなければマンション管理業が営めなくなるが、この登録のためには、事務所ごとに管理業務主任者を置く等所要の準備が必要であるので留意されたい。

2　また、本法の施行の際現にマンション管理業を営んでいる者は平成14年4月30日までは国土交通大臣の登録を受けなくても、引き続きマンション管理業を営むことができるが、重要事項説明、管理委託契約書面の交付義務、修繕積立金等財産の分別管理等の一定の業務規制が課されることとなるので留意されたい。

○マンションの管理の適正化の推進に関する法律の施行について

〔平成13年7月31日　国総動第51号〕

国土交通省総合政策局不動産業課長から各団体の長あて

最終改正　平成21年9月9日国総動第47号

　マンションの管理の適正化の推進に関する法律（平成12年法律第149号。以下「法」という。）は平成12年12月8日に、マンションの管理の適正化の推進に関する法律施行令（平成13年政令第238号。以下「令」という。）は本年7月4日に、マンションの管理の適正化の推進に関する法律施行規則（平成13年国土交通省令第110号。以下「規則」という。）は本年7月19日に、それぞれ公布され、いずれも本年8月1日から施行される。

　法、令及び規則の実施に当たっては、平成13年7月31日付け総合政策局長通達を踏まえるとともに、下記の点に留意の上、法の目的であるマンションにおける良好な居住環境の確保を図るとともに国民生活の安定向上と国民経済の健全な発展に寄与するため、制度の的確かつ円滑な運用に特段の配慮をされるよう、貴団体加盟の業者に対する周知徹底及び指導を行われたい。

記

第一　定義について（法第2条関係）
1　管理者等の定義（法第2条第四号）
　(1)　区分所有法第25条第1項の規定により選任された管理者又は区分所有法第49条第1項の規定により置かれた理事であること。
　(2)　マンション管理業者が管理組合から委託を受けて管理受託契約を締結するにあたっては、マンション管理業者が管理組合との関係では、通常、外部の第三者として管理受託契約を締結することを想定しているものであるが、マンション管理業者が管理者等に選任された場合においても本法が適用されることとなる。

　　この場合において、法第2条第七号に規定する「管理組合から委託を受けて」の解釈については、管理者等が行使する共用部分の管理権限は、団体としてなされた意思決定に基づく団体としての委任契約の申込みの意思表示と、これに対する管理者の承諾の意思表示との合致により成立した共用部分の管理についての委託を内容とする契約に基づくものと解されるため、この場合においても「管理組合から委託を受けて」に該当し、当該管理業者についても、重要事項説明等本法の規定は当然に適用となる。

2　管理事務の定義（法第2条第六号）
　管理事務とは、マンションの管理に関する事務であって、基幹事務（①管理組合の会計の収入及び支出の調定②出納③マンション（専有部分を除く。）の維持又は修繕に関する企画又は実施の調整）を含むものであり、この管理事務には、中高層共同住宅標準管理委託契約書（昭和57年住宅宅地審議会答申）第3条　一　事務管理業務、二　管理員業務、三　清掃業務、四　設備管理業務が含まれること。

　また、管理事務には、警備業法（昭和47年法律第117号）第2条第1項に規定する警備業務及び消防法（昭和23年法律第186号）第8条の規定により防火管理者が行う業務は含まれないため、これら管理事務以外の事務に係る委託契約については、管理事務に係る管理受託契約と別個の契約にすることが望ましいこと。

3　マンション管理業及びマンション管理業者の定義（法第2条第七号及び第八号）
　マンション管理業とは、管理組合から委託を受けて、基幹事務（①管理組合の会計の収入及び支出の調定②出納③マンション（専有部分を除く。）の維持又は修繕に関する企画又は実施の調整）を含むマンションの管理事務を行う行為で業として行うもの（区分所有者等が行うものを除く。）であり、①～③から構成される基幹事務すべてを業として行うものであること。

　「業として行う」に該当するか否かについては、営利目的を要さず、また、反復継続的に管理事務を行っているかどうか等の個別の事案を総合勘案して判断すべきであること。なお、反復継続性については、契約を反復継

続するものに加え、一つの契約であってもこれに基づく業務の履行の継続性も考慮に入れる必要があることに留意する必要がある。

第二 マンション管理業について（法第3章関係）
1 マンション管理業登録（法第3章第1節）
 (1) 財産的基礎（法第47条、規則第54条及び第55条）
　　規則第54条第2項は、市場性の認められる資産の再販価格の評価額が基準資産表計上の資産額を上回る旨の証明があったとき（ある不動産について決算時は取引価格で算定していたが、事後的に当該不動産について不動産鑑定による再評価をした場合等）は、その評価額によって資産を計算することが認められるとの趣旨であること。
　　規則第55条第3項は、上記のようにして算定される基準資産額について、①公認会計士又は監査法人による監査証明を受けた中間決算による場合、又は②増資、贈与、債務免除等があったことが証明された場合で、増減があったときは、その増減した額をもって基準資産額とするとの趣旨であること。
 (2) 事務所の定義（法第45条第1項第二号、規則第52条）
　　本法の「事務所」とは、
　① 本店又は支店（商人以外の者にあっては、主事務所又は従たる事務所）
　② ①の他、継続的に業務を行うことができる施設を有する場所で、マンション管理業に係る契約の締結又は履行に関する権限を有する使用人を置くものをいう。
　　「本店」、「支店」とは、商業登記簿に本店、支店の登記がされたものであること。
　　また、本店及び支店の商業登記は当然商人のみが行うものであるが、公益法人や協同組合等商人以外の者については「本店」及び「支店」を事務所の基準とすることができないことから、民法等で「主たる事務所・従たる事務所」として取り扱われているものであること。
　　「継続的に業務を行うことができる施設を有する場所」とは、物理的にも社会通念上事務所と認識される程度の形態を備えているもので、実体上支店に類似するものをいうこと。

「契約の締結又は履行に関する権限を有する使用人」とは、支店における支店長又は支配人に相当するような者であること。
2 管理業務主任者（法第3章第2節）
 (1) 事務所ごとに設置する専任の管理業務主任者についての算定（法第56条、規則第61条及び第62条）
　イ）法第56条及び規則第62条により、人の居住の用に供する部分が5以下である法第2条第一号イに掲げる建物の区分所有者を構成員に含む管理組合から委託を受けて行う管理事務のみを行う事務所については、専任の管理業務主任者の設置義務を適用除外としているところであるが、規則第61条に規定する「管理組合」についても、人の居住の用に供する部分が5以下である法第2条第一号イに掲げる建物の区分所有者を構成員に含む管理組合を含まないものとすること。
　ロ）いわゆる「団地組合」が形成されており、その内部に複数の別の管理組合が存在している場合で、これらの組合から委託を受けて管理事務を行っている事務所に設置すべき管理業務主任者の算定においては、規則第61条に規定する「管理組合」には、当該「団地組合」のみでなく、複数の別の管理組合も含むものであること。ただし、これらの組合と一の契約をもって管理受託契約を締結している場合にあっては、これらの組合をまとめて1つの組合として算定しても差し支えないものとすること。
3 マンション管理業務（法第3章）
 (1) 重要事項説明（法第72条、規則第82条及び第83条）
　イ）法の施行日前に専有部分につき売買契約が締結された新築マンションで、当該マンションの区分所有者等全員から書面で当該マンションの管理受託契約の締結に係る同意が得られた場合にあっては、法第72条第1項の規定は適用しないものとすること。
　ロ）マンション管理業者が管理者等に選任された場合においても法第72条の規定は適用され、管理業者若しくはその代表者等（以下「管理業者等」という。）以外の管理者等が存在する場合については、

当該管理者等に対しても重要事項の説明を行う必要があること。
　　ハ）法第72条第2項に規定する「同一の条件」とは、マンションの管理業者の商号又は名称、登録年月日及び登録番号の変更等管理組合に不利益をもたらさない契約内容の変更を含むものであること。
（2）再委託の制限（法第74条）
　　法第74条は、法第2条第六号に規定する基幹事務を全て一括で再委託することの禁止を規定したものであるが、基幹事務の全てを複数の者に分割して委託する場合についても再委託を禁止するものであること。
（3）財産の分別管理（法第76条、規則第87条）
　　イ）規則第87条第6項第二号及び第三号は、保管口座又は収納・保管口座の名義人として「管理組合等を名義人とするものをいう」と規定しているが、管理組合が法人化されておらず管理組合に管理者等が置かれていない場合においては、管理者等が選任されるまでの比較的短い期間に限って、「○○マンション管理組合管理代行○○管理会社名義」としても差し支えないものとすること。
　　　なお、この後管理組合理事長が選任されたときには速やかに当該理事長名義とするべきものであること。
　　ロ）マンション管理業者が管理者等に選任された場合においても法第76条の規定は適用され、規則第87条第6項第二号に定める保管口座及び同項第三号に定める収納・保管口座においては管理組合又はその管理者等を名義人とすることとされているが、管理組合が法人化されていない場合は管理業者名義としても差し支えないものとすること。
　　　ただし、本法の趣旨にかんがみれば、管理業者等が管理組合の管理者であり、管理組合が法人化している場合は管理組合名義、法人化されておらず管理業者以外の者も管理者に選任されている場合は当該者の名義とすることが望ましいこと。
（4）管理事務の報告（法第77条、規則第88条）
　　マンション管理業者が管理者等に専任された場合においても法第77条の規定は適用され、管理業者以外の管理者等が存在するときは、当該者に対して管理事務の報告をすることが望ましいこと。
（5）証明書の携帯等（法第88条、規則第93条）
　　法第88条に規定する「使用人その他の従業者」には、マンション管理業者が管理事務を委託した別の管理業者における当該管理事務の従業者も含むものとすることが望ましいこと。
第三　その他（法雑則関係等）
（1）設計図書の交付（法第103条、規則第101条）
　　法第103条に規定する「分譲した」とは、新築工事が完了した後において区分所有権の目的である部分を最初に分譲したときであること。
（2）管理組合の自立的な運営は、マンションの区分所有者等の全員が参加し、その意見を反映することにより成り立つものであるため、情報の開示、運営の透明化等開かれた民主的なものとする必要がある。また、管理組合を構成するマンションの区分所有者等は、管理組合の一員としてその役割を十分認識して管理組合の運営に関心を持ち、積極的に参加する等、その役割を適切に果たすよう努める必要がある。
　　このことから、宅地建物取引業者は、自ら売主となってマンションを分譲する場合において、マンションの管理が円滑に管理組合に引き継がれるよう、必要な情報提供等に努めるものとすること。

※マンションの管理の適正化の推進に関する法律施行規則の一部を改正する省令の施行等について（抄）
〔平成21年9月9日　国総動第47号〕

第二　関係通達の一部改正関係
1　「マンションの管理の適正化の推進に関する法律の施行について」（平成13年7月31日付け国総動第51号）を次のように改正する。
　　記第二3(3)イ中「規則第87条第2項は、財産分別管理の方法として「管理組合又はその管理者等を名義人とする口座において預貯金として管理する方法」」を「規則第87条第6項第二号及び第三号は、保管

口座又は収納・保管口座の名義人として「管理組合等を名義人とするものをいう」」に改める。
　記第二3(3)ロ）中「規則第87条第2項」を「規則第87条第6項第二号に定める保管口座及び同項第三号に定める収納・保管口座」に改める。

○マンションの管理の適正化の推進に関する法律の施行に伴う新規分譲マンションの売買時における暫定的な管理受託契約の適正化について

〔平成13年8月29日〕
〔国 総 動 第 86 号〕

国土交通省総合政策局不動産業課長から各業界団体の長あて

　マンションの管理の適正化の推進に関する法律（平成12年法律第149号。以下「法」という。）が本年8月1日をもって施行され、マンション管理業者は法第72条の規定により、管理受託契約を締結する前にマンションの区分所有者等に管理受託契約の内容等の重要事項を説明すべきこととされたところであるが、貴団体におかれても、法の趣旨を踏まえ、下記に留意の上、遺憾のないように取り計らわれたい。

記

　管理組合とマンション管理業者との管理受託契約の締結にあたっては、法第72条の規定により、新たに建設されたマンションの建設工事の完了の日から1年を経過するまでの間に契約期間が満了するものについては重要事項説明がなくても契約が締結できることとなるが、一方、当該契約期間が新たに建設されたマンションの建設工事の完了の日から1年を超えるものについては説明会を開催し、重要事項説明をすべきこととなる。

　当該管理受託契約がいわゆる停止条件付き契約（建物の引渡しと同時に所定の管理受託契約が締結されることを約する等の契約）として成立するときも同様に法第72条の規定が適用となることから、当該停止条件付き契約の期間については建設工事の完了の日から1年以下とする必要があること。

　なお、法第72条第1項に規定する「建設工事の完了の日」とは、建築基準法施行規則（昭和25年建設省令第40号）別記第19号様式（完了検査申請書）第3面中の「工事完了年月日」を基準とするものであること。

○マンション管理業務主任者の登録に係る「実務経験」について

〔平成13年12月13日
国 総 動 第 145 号〕

国土交通省総合政策局不動産業課長から各団体の長あて

マンションの管理の適正化の推進に関する法律（平成12年法律第149号。以下「法」という。）第59条第1項に規定する「管理事務に関し国土交通省令で定める期間以上の実務経験」とは、法第2条第八号に規定するマンション管理業者（以下単に「マンション管理業者」という。）、「中高層分譲共同住宅管理業者登録規程（昭和60年建設省告示第1115号」）に基づく中高層分譲共同住宅管理業者又はそれ以外の者であって法第2条第六号に規定する管理事務を業として行う者（以下「マンション管理業者等」という。）としての経験又はマンション管理業者等の下で勤務していた経験をいうものであり、下記のとおり取り扱うこととしたので、これに十分留意され、貴団体加盟業者に対する周知徹底及び指導を行われたい。

記

第一 実務経験証明書の記入について

　実務の経験を有することの証明は、法施行規則別記様式第18号の証明書によって行うこととなる。この証明は、登録をしようとする者が勤務している（又は勤務していた）マンション管理業者等（法人である場合にはその代表者）が行うが、証明を受けようとする者が個人業者又は法人業者の役員である場合には、他のマンション管理業者等又はマンション管理業者等がマンションの管理委託契約を締結した管理組合（以下単に「管理組合」という。）等が行うものとすること。また、勤務していたマンション管理業者等が廃業している等のやむを得ない事由がある場合においては、管理組合、又は高層住宅管理業協会（勤務していたマンション管理業者等が高層住宅管理業協会に所属していた場合に限る。）等が行うこと。

　実務経験先の従業者証明書番号の欄には、法第88条第1項の規定により、携帯していた証明書の番号を記載すること（ただし、実務経験先がマンション管理業者でない場合は記載の必要はないものとする。）。

　実務経験の期間の計算は月単位で行うこととし、一月に満たない日数については、30日を一月として計算すること。また、この実務の経験については、マンション管理業務主任者試験の合格の前後を問わないものであること。

第二 実務経験として算入する業務の内容

　管理事務の実務経験として認められるものは、法第2条第六号に規定する基幹事務（①管理組合の会計の収入及び支出の調定②出納③マンション（専有部分を除く。）の維持又は修繕に関する企画又は実施の調整）のうち①から③のいずれかの事務に関するもの（管理組合収支予算案及び収支決算案の作成、管理組合収支状況の報告、管理組合会計帳簿の作成、区分所有者に対する管理費等の収納、管理費等滞納者に対する督促、月次入金・未入金の報告、長期修繕計画案の作成、更新及び修繕資金計画案の作成・更新、保守点検等の企画・調整に関する業務等）であり、管理組合又は区分所有者等と直接の接触がある部門に所属した期間を算入するものとし、当該部門に所属した場合であっても単に補助的な事務に従事したものは含めないこと。

　よって、単に清掃業務を行っていたなど基幹事務以外のマンションの管理に関する事務にのみ従事したことは管理事務の実務経験としては認められないこと。

第三 虚偽の申請等について

　虚偽の証明書を添付する等不正の手段により法第59条の登録を受けた者については、登録後当該事実が判明した時点において当該登録が取り消されること（法第65条第1項第二号及び同条第2項第二号）。

第四 実務経験と同等以上の能力を有すると認める者について

(1) 法施行規則第69条第1項第一号に規定する国土交通大臣が指定する講習（実務講習）については、法施行規則第69条第3項の規定により、同条第1項第一号の規定による指定を受けた者は「社団法人高層住宅管理業協会」とされ、当該者が行う講習は「管理業務主任者資格登録に係る実務講習」

とされたこと。
(2) 法施行規則第69条第1項第二号に規定する「国若しくは地方公共団体の出資により設立された法人」とは、法第90条及び他の法令の規定により、法の適用について国又は地方公共団体とみなされマンション管理業の登録を受けることを要しないものであること。

○マンションの管理の適正化の推進に関する法律第72条に規定する重要事項の説明等について

〔平成14年2月28日
国総動第309号〕

国土交通省総合政策局不動産業課長から各業界団体の長あて

最終改正 平成21年9月9日国総動第47号

　マンションの管理の適正化の推進に関する法律（平成12年法律第149号。以下「法」という。）第72条に規定する重要事項の説明（以下「重要事項説明」という。）等については、「マンションの管理の適正化の推進に関する法律の施行について」（平成13年7月31日付け国総動第51号国土交通省総合政策局不動産業課長通達」という。）以下「施行通達第二3(1)等によりその運用が図られているところであるが、これに加え、下記の事項に十分留意され、貴団体加盟業者に対する周知徹底及び指導を行われたい。

記

第一　重要事項説明について
1　説明すべき重要事項について
　　施行規則第84条各号に掲げる重要事項は、マンション管理業者が管理組合を構成するマンションの区分所有者等及び当該管理組合の管理者等に説明すべき事項を限定的に列挙したものであるが、これ以外にも場合によっては説明するのが望ましい事項があり得ること。
2　重要事項説明書について
(1)　重要事項説明書の様式
　　重要事項説明については、重要事項を記載した書面（以下「重要事項説明書」という。）を交付して管理業務主任者が行わなければならないこととされているが、別添様式のとおり、重要事項説明書の様式を作成したので、参考とされたい。
　　また、重要事項説明書の作成に際しては、別添様式第六面記載要領を参考とされたい。
(2)　重要事項説明書への「記名押印」
　　イ）　法第72条第5項において、管理業務主任者は重要事項説明書に記名押印をすべきこととされているが、この場合において「記名」されるべき管理業務主任者は、原則として、重要事項について十分に調査検討し、それらの事項が真実に合致し誤り及び記載漏れがないかどうか等を確認した者であって、実際に当該重要事項説明書をもって重要事項説明を行う者であること。
　　ロ）　また「記名」については、署名と異なり、当該管理業務主任者以外の者によりなされ又は印刷によっても差し支えないが、「押印」については当該管理業務主任者が自らが行わなければならないこと。
　　ハ）　区分所有者等に対して交付すべき書面については、その全てが「記名押印」をした書面（以下「原本」という。）であるべきものであるが、区分所有者等の数が膨大である等業務に支障をきたす場合にあっては、管理者等に交付した原本のコピーをもって、区分所有者等に対して交付すべき書面に代えることができるものであること。なお、管理者等がいない場合にあっては、区分所有者等のうちいずれか2名に対して原本を交付し、他の区分所有者等に対しては原本のコピーをもって交付すべき書面に代えることができるものであること。また、これらの場合においては、原本を交付した者の氏名を区分所有者等に交付すべき書面に明記すること。
3　重要事項を説明すべき者について
　　重要事項の説明については、事務所ごとに置かれる法第56条第1項の成年者である「専任の」管理業務主任者が行うことが望ましいこと。
4　重要事項説明の相手方について
　　いわゆる「団地組合」が形成されており、その内部に複数の別の管理組合が存在している場合でこれらの組合からそれぞれ委託を受けて管理事務を行っている場合にあっては、重要事項説明は、それぞれの管理組合の管理者等及び区分所有者等に対して行わなければ

ならないこと。
5 「従前の管理受託契約と同一の条件」について

　法第72条第2項に規定する「同一の条件」には、施行通達第二3(1)ハの「マンション管理業者の商号又は名称、登録年月日及び登録番号」の変更に加え、以下に関しての契約内容の軽微な変更も含むものであること。
(1) 従前の管理受託契約と管理事務の内容及び実施方法（法第76条の規定により管理する財産の管理の方法を含む。以下同じ。）を同一とし、管理事務に要する費用の額を減額しようとする場合
(2) 従前の管理受託契約に比して管理事務の内容及び実施方法の範囲を拡大し、管理事務に要する費用の額を同一とし又は減額しようとする場合
(3) 従前の管理受託契約に比して管理事務に要する費用の支払いの時期を後に変更（前払いを当月払い若しくは後払い、又は当月払いを後払い）しようとする場合
(4) 従前の管理受託契約に比して更新後の契約期間を短縮しようとする場合
(5) 管理事務の対象となるマンションの所在地の名称が変更される場合

6 その他

　都市再開発法（昭和44年法律第38号）に基づき新たに建設された再開発ビル（同法第2条第六号に規定する施設建築物をいう。以下同じ。）が法第2条第一号に規定するマンションである場合においては、第一種市街地再開発事業については都市再開発法に規定する権利変換期日以降、第二種市街地再開発事業については任意買収又は収用がなされた時点以降再開発ビルの建築工事完了日前までに当該再開発ビルの区分所有者等となる予定の者に対して行った重要事項説明に相当するものについては、本法第72条に基づく重要事項説明とみなすことができること。

第二 「契約成立時の書面の交付」について
1 法第73条に規定する「契約成立時の書面の交付」については、当初契約と同様に更新契約の際にも行う必要があること。
2 更新契約の際には、当初契約又は前回更新契約（以下「当初契約等」という。）から変更した部分以外の部分について当初契約等において交付した書面の当該部分のコピーを貼り付けることにより、当該更新契約において交付すべき契約成立時の書面としても差し支えないこと。
3 法第73条第2項に規定する「記名押印」については、第一2(2)ロ）及びハ）と同様の解釈によるものとし、当該マンション管理業者が当該管理組合の管理者等である場合又は当該管理組合に管理者等が置かれていない場合において区分所有者等に対して交付すべき書面については、その全てが原本であるべきものであるが、区分所有者等の数が膨大である等業務に支障をきたす場合にあっては、区分所有者等のうちいずれか2名に対して原本を交付し、他の区分所有者等に対しては原本のコピーをもって交付すべき書面に代えることができるものであること。また、これらの場合においては、原本を交付した者の氏名を区分所有者等に交付すべき書面に明記すること。

第三 「専任の管理業務主任者」の専任性について
1 法第56条第1項の「専任」とは、原則として、マンション管理業を営む事務所に常勤（マンション管理業者の通常の勤務時間を勤務することをいう。）して、専らマンション管理業に従事する状態をいう。ただし、当該事務所がマンション管理業以外の業種を兼業している場合等で、当該事務所において一時的にマンション管理業の業務が行われていない間に他の業種に係る業務に従事することは差し支えないものとすること。
2 「専任の管理業務主任者」は、宅地建物取引業法（昭和27年法律第176号）第15条第1項に規定する「専任の取引主任者」を兼務できないこと。ただし、「専任でない管理業務主任者」が「専任の取引主任者」を兼務すること及び「専任の管理業務主任者」が「専任でない取引主任者」を兼務することは差し支えないこと。

　また、マンション管理業の事務所が建築士事務所、建設業の営業所等を兼ね、当該事務所における管理業務主任者が建築士法、建設業法等の法令により専任を要する業務に従事しようとする場合、及び個人のマンション管理業者が管理業務主任者となっているマンション管理業の事務所において、当該個人が同一の場所において土地家屋調査士、行政書士等の業務をあわせて

行おうとする場合等については、他の業種の業務量等を斟酌のうえ専任と認められるものを除き、専任の管理業務主任者とは認められないこと。

別紙様式 （略）

※マンションの管理の適正化の推進に関する法律施行規則の一部を改正する省令の施行等について（抄）

$$\begin{bmatrix} 平成21年9月9日 \\ 国総動第47号 \end{bmatrix}$$

第二　関係通達の一部改正関係
2　「マンションの管理の適正化の推進に関する法律第72条に規定する重要事項の説明等について」（平成14年2月28日付け国総動第309号）を次のように改正する。
　別添様式中第四面、第五面及び第六面を本通達の別添様式第四面、第五面及び第六面のように改める。
　別添様式（略）

○マンションの管理の適正化の推進に関する法律に基づく財産の分別管理等について

〔平成14年4月24日　国総動第88号〕

国土交通省総合政策局不動産業課長から各業界団体の長あて

最終改正　平成21年9月9日国総動第47号

マンションの管理の適正化の推進に関する法律（平成12年法律第149号。以下「法」という。）第76条等に規定する財産の分別管理等については、「マンションの管理の適正化の推進に関する法律の施行について」（平成13年7月31日付け国総動第51号国土交通省総合政策局不動産業課長通達。以下「施行通達」という。）第二3(3)等によりその運用が図られているところであるが、これに加え、下記の事項に十分留意され、貴団体加盟業者に対する周知徹底及び指導を行われたい。

記

第一　有価証券の保管について

　　法施行規則第87条第2項第二号に規定する有価証券とは、小切手、各種債券（国債証券、社債券等）、商品券等私法上の財産権を化体する証券で、その権利の行使が証券によってされるべきもの等をいうものであり、MMF及び積立型マンション保険に係る証券等もこれに含まれるものであること。よって、これらについては、同条に規定する方法で適切に分別管理を行うものとすること。

第二　変更契約の際の重要事項説明について

　　法第72条第1項に規定する「管理組合から管理事務の委託を受けることを内容とする契約（中略）を締結しようとするとき」とは、新たに管理受託契約を締結する場合のみでなく、当初の管理受託契約に係る変更契約を締結する場合もこれに該当すること。

　　ただし、法第72条第2項の「同一の条件」による変更契約である場合は、「同一の条件」で更新契約を締結しようとする場合と同様の取り扱いとして差し支えないこと。

　　なお、「同一の条件」の定義については、施行通達及び「マンションの管理の適正化の推進に関する法律第72条に規定する重要事項の説明等について」（平成14年2月28日付け国総動第309号国土交通省総合政策局不動産業課長通達）を参照されたい。

※マンションの管理の適正化の推進に関する法律施行規則の一部を改正する省令の施行等について（抄）

〔平成21年9月9日　国総動第47号〕

第二　関係通達の一部改正関係

3　「マンションの管理の適正化の推進に関する法律に基づく財産の分別管理等について」（平成14年4月24日付け国総動第88号）を次のように改正する。

　「第一　財産の分別管理について」を「第一　有価証券の保管について」に改める。

　記第一1を削る。

　記第一2中「2　有価証券の保管について」を削り、「法施行規則第87条第2項」を「法施行規則第87条第2項第二号」に改める。

○マンションの管理の適正化の推進に関する法律施行規則の一部を改正する省令の施行等について

〔平成21年9月9日〕
〔国総動第47号〕
国土交通省総合政策局不動産業課長から関係業界団体の長あて

　マンションの管理の適正化の推進に関する法律施行規則の一部を改正する省令（平成21年国土交通省令第35号。以下「一部改正省令」という。）が平成21年5月1日に公布され、マンションの管理の適正化の推進に関する法律施行規則（平成13年国土交通省令第110号。以下「規則」という。）別記様式の改正規定を除き、平成22年5月1日から施行されることとなった。

　については、下記の点に留意の上、制度の的確かつ円滑な運用に配慮されるよう、貴団体加盟の業者に対する周知徹底及び指導を行われたい。

　また、一部改正省令の施行に伴い、下記第二のとおり、関係通達の一部を改正するので、これらについても遺漏のないよう取り計らわれたい。

記

第一　一部改正省令関係
1　改正趣旨
　平成13年8月1日に施行されたマンションの管理の適正化の推進に関する法律（平成12年法律第149号。以下「法」という。）により、マンション管理業者の登録制度を創設するなどマンションの管理の適正化を推進する措置が講じられたところであるが、マンション管理業者が管理組合から委託を受けて行う出納業務において、一部のマンション管理業者の横領事件等により管理組合の財産が毀損されるという事態が依然生じている。
　こうしたことから、管理組合財産の毀損リスクを低減するため、
(1)　収納口座と保管口座との分離を明確にした上で、毎月、その月分として徴収された修繕積立金等金銭から当該月中に管理事務に要した費用を控除した残額を、翌月末日までに収納口座から保管口座へ移し換えることを義務付けること
(2)　収納口座は、マンション管理業者が管理組合の出納業務を行う上で日常的に関与する頻度が高いため、マンション管理業者に管理組合等の印鑑、預貯金の引出用のカードその他これらに類するものを管理することを認める一方、こうした場合の収納口座における毀損リスクを回避するため、マンションの区分所有者等から徴収される一月分の修繕積立金等金銭の合計額以上の額につき有効な保証契約を締結することをマンション管理業者に義務付けること
(3)　保管口座は、主に修繕積立金を保管するための口座であるため、支払等は日常的には発生せず、口座残高も多額となる場合が多いことから、保管口座の名義は管理組合等を名義人とし、マンション管理業者が当該口座に係る印鑑及び預貯金の引出用のカードその他これらに類するものを管理することを禁止すること
(4)　収納口座と保管口座を設けない場合には、収納・保管口座において預貯金として管理する方法とすること
(5)　上記の措置の実効性を確保するため、マンション管理業者に対し、毎月、会計の収入及び支出の状況に関する書面の作成及び管理組合等への交付を義務付けること
等の措置を講ずるものである。
2　財産の分別管理について
(1)　規則第87条第2項第一号関係
　①　規則第87条第2項第一号イ又はロの管理の方法は、毎月、その月分として徴収された修繕積立金等金銭又は同条第1項に規定する財産（金銭に限る。以下「第1項に規定する財産」という。）から当該月中の管理事務に要した費用を控除した残額を、翌月末日までに収納口座から保管口座に移し換えることを規定している。ここでの「その月分として徴収された修繕積立金等金銭又は第1項に規定する財産」とは、「その月分」の該当月の末日までに、その月分として徴収された修繕積立金等金銭又は第1項に規定する財産をいう。ただし、同条第5項で規定

する管理組合の会計の収入及び支出の状況に関する書面（以下「5項書面」という。）の内容を確定させる前までに、その月分の修繕積立金等金銭又は第1項に規定する財産として収納口座に預入された金銭を含めることを妨げない。なお、その月分及びその月分より前の分の修繕積立金等金銭又は第1項に規定する財産の滞納金が収納口座に預入されたときは、速やかに保管口座に移し換えること。

　また、「当該月中の管理事務に要した費用」とは、当該月において管理事務に要した費用として支出した金銭をいう。ただし、当該月に行った管理事務に要した費用であって翌月内に支出する金銭のうち5項書面の内容の確定時までにその支出額が確定したものを含めることを妨げない。当然この場合は、当該費用は翌月に行う管理事務に要した費用の算出には含めない。

② 　修繕積立金等金銭又は第1項に規定する財産を収納口座に預入する場合において、規則第87条第3項各号のいずれにも該当し、かつ、その月分として徴収された修繕積立金等金銭又は第1項に規定する財産から当該月中の管理事務に要した費用を控除した残額を引き続き当該収納口座において管理することを管理組合等が承認している場合には、同条第2項第一号イ又はロに規定する方法としてその月分として徴収された修繕積立金等金銭又は第1項に規定する財産から当該月中の管理事務に要した費用を控除した残額を、翌月末日までに収納口座から保管口座に移し換え、当該保管口座において預貯金として管理しているものと解して差し支えない。

③ 　一部改正省令の施行後に収納口座とする口座に管理組合等の剰余金がある場合には、その月分の修繕積立金等金銭が最初に収納口座に預入され次第、当該剰余金は、速やかに保管口座に移し換えるべきである。ただし、収納口座の名義人が管理組合等である場合には、各管理組合の実情に応じて、マンション管理業者が管理組合と協議をして、当該剰余金のうち管理組合が承認した必要最低限の額を収納口座に残すことは差し支えない。

④ 　修繕積立金等金銭をマンション管理業者又はマンション管理業者から委託を受けた者がマンションの区分所有者等から徴収する場合の当該マンション管理業者又はマンション管理業者から委託を受けた者を名義人とする口座は、収納口座に該当するものであること。

　このことから、マンション管理業者又はマンション管理業者から委託を受けた者が保管口座又は収納・保管口座に預入するためマンションの区分所有者等から修繕積立金又は修繕積立金等金銭を徴収する場合は、規則第87条第2項第一号ロ又はハに規定する方法には該当せず、同号イの方法により管理する必要があること。ただし、当該修繕積立金又は修繕積立金等金銭がマンションの区分所有者等からマンション管理業者が受託契約を締結した管理組合等の保管口座又は収納・保管口座に直接預入される場合は、この限りではない。

(2) 規則第87条第3項関係

① 　規則第87条第3項に規定する保証契約とは、マンション管理業者が第三者との間で締結する契約であって、当該マンション管理業者が管理組合に対して修繕積立金等金銭の返還債務を負うこととなったときに当該第三者がその返還債務を保証することを内容とする契約であり、保証契約の対象となる「マンションの区分所有者等から徴収される一月分の修繕積立金等金銭又は第1項に規定する財産の合計額」とは、原則として、マンションの区分所有者等から毎月又はそれ以外で定期的に徴収されるべき修繕積立金等金銭又は第1項に規定する財産の額をいい、臨時に要する費用として特別に徴収される金銭は含まないものとする。

② 　規則第87条第3項第一号において修繕積立金等金銭又は第1項に規定する財産がマンションの区分所有者等からマンション管理業者が受託契約を締結した管理組合等を名義人とする収納口座に直接預入される場合を規定しているが、これは、マンション管理業者と金融機関が預金口座振替契約を締結し、修繕積立金等金銭又は第1項に規定する財産をマン

ションの各区分所有者等の口座から管理組合等を名義人とする収納口座に振り替える場合などが該当するものであること。
③ 「有効な保証契約」とは、マンション管理業者が保証契約を締結していなければならないすべての期間にわたって、規則第87条第3項に規定する保証契約を締結していることが必要であるとの趣旨である。したがって、管理委託契約の契約期間の途中で保証契約の期間が満了する場合には、当該保証契約の更新等をしなければならない。
(3) 規則第87条第4項関係
規則第87条第4項においてマンション管理業者が保管口座又は収納・保管口座に係る管理組合等の印鑑、預貯金の引出用のカードその他これらに類するものは管理してはならないと規定されているが、これは、マンション管理業者が管理組合等の預貯金を自らの裁量で払い出すことを禁止する趣旨であり、インターネットバンキングに係るパスワードの保持等それをもってマンション管理業者が管理組合等の預貯金を自らの裁量で払い出すことができる方法も、当然のことながら、本規定により禁止されること。
なお、保管口座又は収納・保管口座に係る管理組合等が管理する印鑑とは別に当該口座に係る印鑑をマンション管理業者が管理する場合で、管理組合等が管理する印鑑とマンション管理業者が管理する印鑑が揃って初めて当該口座から修繕積立金等金銭が引き出せる方式となっている場合は、マンション管理業者が当該口座に係る印鑑を管理していないものとみなしても差し支えないこと。
(4) 規則第87条第5項関係
5項書面とは、一般会計、修繕積立金会計等委託者たる管理組合の会計区分ごとの収支状況及び収納状況が確認できる書面をいう。
なお、マンション管理業者が管理者等に選任された場合において、マンション管理業者以外の管理者等が存在するときは、当該者に対して5項書面を交付することが望ましいこと。
3 契約の成立時の書面の交付について（法第73条）
(1) 保証契約について
規則第87条第3項に規定する保証契約は、管理受託契約の内容に関わるものであるから、法第73条第1項第二号に該当し、同条に基づく契約成立時の書面に、a．保証する第三者の名称、b．保証契約の名称、c．保証契約の額及び範囲、d．保証契約の期間、e．更新に関する事項、f．解除に関する事項、g．免責に関する事項、h．保証額の支払に関する事項等保証契約の内容を記載すべきものである。また、原則として、当該契約の保証書や保証契約の締結を証する書面を添付すべきである。なお、fからhまでに関する項目は、この保証書等を添付することにより、これらが確認できる場合には、記載を省略することができること。
(2) 預貯金通帳等の保管について
預貯金通帳等の保管については、法第76条の規定により管理する財産の管理の方法として、収納口座、保管口座又は収納・保管口座ごとに、保管現物（預貯金通帳、印鑑等）の種類とその保管者（マンション管理業者、管理組合）を法第73条に規定する契約の成立時の書面に明記することが望ましいこと。
第二　関係通達の一部改正関係
1 「マンションの管理の適正化の推進に関する法律の施行について」（平成13年7月31日付け国総動第51号）を次のように改正する。
記第二3(3)イ中「規則第87条第2項は、財産分別管理の方法として「管理組合又はその管理者等を名義人とする口座において預貯金として管理する方法」」を「規則第87条第6項第二号及び第三号は、保管口座又は収納・保管口座の名義人として「管理組合等を名義人とするものをいう」」に改める。
記第二3(3)ロ中「規則第87条第2項」を「規則第87条第6項第二号に定める保管口座及び同項第三号に定める収納・保管口座」に改める。
2 「マンションの管理の適正化の推進に関する法律第72条に規定する重要事項の説明等について」（平成14年2月28日付け国総動第309号）を次のように改正する。
別添様式中第四面、第五面及び第六面を本通達の別添様式第四面、第五面及び第六面の

ように改める。
3 「マンションの管理の適正化の推進に関する法律に基づく財産の分別管理等について」（平成14年4月24日付け国総動第88号）を次のように改正する。
　「第一　財産の分別管理について」を「第一　有価証券の保管について」に改める。
　記　第一1を削る。
　記　第一2中「2　有価証券の保管につい

て」を削り、「法施行規則第87条第2項」を「法施行規則第87条第2項第二号」に改める。

〔新旧対照表〕

○マンションの管理の適正化の推進に関する法律の施行について（平成13年7月31日付け国総動第51号）（抄）

（傍線の部分は改正部分）

改　正　後	改　正　前
第二　マンション管理業について（法第3章関係）	第二　マンション管理業について（法第3章関係）
3　マンション管理業務（法第3章）	3　マンション管理業務（法第3章）
(3) 財産の分別管理（法第76条、規則第87条） イ）<u>規則第87条第6項第二号及び第三号は、保管口座又は収納・保管口座の名義人として「管理組合等を名義人とするものをいう」</u>と規定しているが、管理組合が法人化されておらず管理組合に管理者等が置かれていない場合においては、管理者等が選任されるまでの比較的短い期間に限って、「○○マンション管理組合管理代行○○管理会社名義」としても差し支えないものとすること。 　なお、この後管理組合理事長が選任されたときには速やかに当該理事長名義とするべきものであること。 ロ）マンション管理業者が管理者等に選任された場合においても法第76条の規定は適用され、<u>規則第87条第6項第二号に定める保管口座及び同項第三号に定める収納・保管口座においては管理組合又はその管理者等を名義人とすることとされている</u>が、管理組合が法人化されていない場合は管理業者名義としても差し支えないものとすること。 　ただし、本法の趣旨にかんがみれば、管理業者等が管理組合の管理者であり、管理組合が法人化している場合は管理組合名義、法人化されておらず管理業者以外の者も管理者に選任されている場合は当該者の名義とすることが望ましいこと。	(3) 財産の分別管理（法第76条、規則第87条） イ）<u>規則第87条第2項は、財産の分別管理の方法として「管理組合又はその管理者等を名義人とする口座において預貯金として管理する方法」</u>と規定しているが、管理組合が法人化されておらず管理組合に管理者等が置かれていない場合においては、管理者等が選任されるまでの比較的短い期間に限って、「○○マンション管理組合管理代行○○管理会社名義」としても差し支えないものとすること。 　なお、この後管理組合理事長が選任されたときには速やかに当該理事長名義とするべきものであること。 ロ）マンション管理業者が管理者等に選任された場合においても法第76条の規定は適用され、<u>規則第87条第2項においては管理組合又はその管理者等を名義人とすることとされている</u>が、管理組合が法人化されていない場合は管理業者名義としても差し支えないものとすること。 　ただし、本法の趣旨にかんがみれば、管理業者等が管理組合の管理者であり、管理組合が法人化している場合は管理組合名義、法人化されておらず管理業者以外の者も管理者に選任されている場合は当該者の名義とすることが望ましいこと。

○マンションの管理の適正化の推進に関する法律第72条に規定する重要事項の説明等について（平成14年2月28日付け国総動第309号）（抄）

第二　関係通達の一部改正関係
2　「マンションの管理の適正化の推進に関する法律第72条に規定する重要事項の説明等について」（平成14年2月28日付け国総動第309号）を次のように改正する。
　　別添様式中第四面、第五面及び第六面を本通達の別添様式第四面、第五面及び第六面のように改める。

別記様式〔略〕

〔新旧対照表〕

○マンションの管理の適正化の推進に関する法律に基づく財産の分別管理等について（平成14年4月24日付け国総動第88号）（抄）

（傍線の部分は改正部分）

改　正　後	改　正　前
第一　有価証券の保管について （削る）	第一　財産の分別管理について 1　修繕積立金等金銭の保管について (1)　印鑑及び通帳の同時保管の禁止について 　　法施行規則第87条第4項においては、管理組合等を名義人とする預貯金通帳（以下単に「通帳」という。）と当該預貯金通帳に係る管理組合等の印鑑（以下単に「印鑑」という。）のマンション管理業者による同時保管の禁止を規定しているところであるが、これは、マンション管理業者が管理組合等の預貯金を自らの裁量で払出すことを禁止する趣旨であり、マンション管理業者によるキャッシュカードの保管やインターネットバンキングに係るパスワードの保持等それをもってマンション管理業者が管理組合等の預貯金を自らの裁量で払出すことができる方法も、当然のことながら、同条により禁止されること。 　　なお、管理組合等を名義人とする口座（以下「管理組合等口座」という。）について、通帳と印鑑と管理業者の保管する当該通帳に係る印鑑が発行されており、その全てが揃って初めて当該口座から修繕積立金等金銭が引き出せる方式となっている場合は、通帳と印鑑を同時に保管していないものとみなしても差し支えないこと。 (2)　財産の分別管理の類型について 　　修繕積立金等の財産の分別管理については、法施行規則第87条第2項及び第4項に規定する方式を原則とし、例外的に、所定の保全措置を講じる前提で同条第3項及び第5項に規定する「収納代行方式」及び「支払一任代行方式」を定めているところであるが、法

	施行後の実態にかんがみ、以下に示すような方式で分別管理を行っている場合は、それぞれ所定の方式とみなして法令の規定を適用すること。
なお、管理組合が集金代行会社（マンション管理業者を除く。）に修繕積立金等金銭の収納を委託した場合は、管理組合等が当該修繕積立金等金銭を直接徴収したものと、管理組合から修繕積立金等金銭の収納について委託を受けたマンション管理業者が集金代行会社に当該修繕積立金等金銭の収納を委託した場合は、マンション管理業者が当該修繕積立金等金銭を直接徴収したものとみなすこととする。
	イ）収納代行方式（法施行規則第87条第3項）とみなされる方式
マンション管理業者が、管理組合から委託を受けてマンションの区分所有者等から徴収した修繕積立金等金銭を当該マンション管理業者を名義人とする口座に預入し、マンション管理業者がマンションの区分所有者等から当該修繕積立金等金銭を徴収してから一月以内に当該修繕積立金等金銭を管理組合等口座に移し換え、法施行規則第87条第4項に適合した方法により管理事務を行う方式及びこれに準ずる方式
	ロ）支払一任代行方式（法施行規則第87条第5項）とみなされる方式
マンション管理業者が、管理組合から委託を受けてマンションの区分所有者等から徴収した修繕積立金等金銭を当該マンション管理業者を名義人とする口座に預入し、その全額をマンション管理業者が当該修繕積立金等金銭を管理組合等口座に移し換え、法施行規則第87条第4項に適合した方法により管理事務を行い、かつ、マンション管理業者がマンションの区分所有者等から当該修繕積立金等金銭を徴収してから一月以内に、このうち修繕積立金を修繕積立金を管理するための管理組合等口座に移し換える方式及びこれに準ずる方式
（削る）
法施行規則第87条第2項第二号に規定する有価証券とは、小切手、各種債券（国債証券、社債券等）、商品券等私法上の財産権を化体する証券で、その権利の行使が証券によってされるべきもの等をいうものであり、ＭＭＦ及び積立型マン	2　有価証券の保管について
法施行規則第87条第2項に規定する有価証券とは、小切手、各種債券（国債証券、社債券等）、商品券等私法上の財産権を化体する証券で、その権利の行使が証券によってされるべきもの等をいうものであり、ＭＭＦ及び積立型マ

ション保険に係る証券等もこれに含まれるものであること。よって、これらについては、同条に規定する方法で適切に分別管理を行うものとすること。

ンション保険に係る証券等もこれに含まれるものであること。よって、これらについては、同条に規定する方法で適切に分別管理を行うものとすること。

5 マンション管理担当部局一覧

●国土交通省及び関係団体

名　　　称	郵便番号	住　　　所	電話番号
(1)　管理業関係			
国土交通省総合政策局不動産業課	100-8918	東京都千代田区霞ヶ関2-1-3	03-5253-8111
北海道開発局事業振興部建設産業課	060-8511	札幌市北区北8条西2丁目 札幌第1合同庁舎16階	011-709-2311
東北地方整備局建政部計画・建設産業課	980-8602	仙台市青葉区二日町9番15号	022-225-2171
関東地方整備局建政部建設産業第二課	330-9724	さいたま市中央区新都心2番地1 さいたま新都心合同庁舎2号館6階	048-601-3151
北陸地方整備局建政部計画・建設産業課	950-8801	新潟市中央区美咲町1丁目1番1号 新潟美咲合同庁舎1号館	025-280-8880
中部地方整備局建政部建設産業課	460-8514	名古屋市中区三の丸2-5-1 名古屋合同庁舎2号館	052-953-8119
近畿地方整備局建政部建設産業課	540-8586	大阪市中央区大手前1-5-44 大阪合同庁舎第1号館	06-6942-1141
中国地方整備局建政部計画・建設産業課	730-0013	広島市中区八丁堀2番15号	082-221-9231
四国地方整備局建政部計画・建設産業課	760-8554	高松市サンポート3番33号	087-851-8061
九州地方整備局建政部計画・建設産業課	812-0013	福岡市博多区博多駅東2丁目10-7 福岡第2合同庁舎	092-471-6331
沖縄総合事務局開発建設部建設産業・地方整備課	900-0006	那覇市おもろまち2丁目1番1号 那覇第2地方合同庁舎2号館	098-866-0031
㈳高層住宅管理業協会	105-0001	港区虎ノ門1-13-3 虎ノ門東洋共同ビル	03-3500-2721
(2)　マンション管理 　　　全般・管理規約等			
国土交通省住宅局市街地建築課マンション政策室	100-8918	千代田区霞ヶ関2-1-3	03-5253-8111
㈶マンション管理センター本部	101-0003	千代田区一ツ橋2-5-5 岩波書店一ツ橋ビル7階	03-3222-1517 　　　　　1519
〃　　　　北海道支部	060-0001	札幌市中央区北1条西2-9 オーク札幌ビル4階	011-208-9116
〃　　　　名古屋支部	460-0002	名古屋市中区丸の内2-2-15 東照ビル2階	052-219-0656

㈶マンション管理センター大阪支部	541-0042	大阪市中央区今橋2-3-21 今橋藤浪ビル3階	06-4706-7560
〃　　　　福岡支部	802-0085	北九州市小倉北区吉野町13-1-106	093-932-7058
(3)　消費者相談			
国民生活センター相談部	108-8602	港区高輪3-13-22	03-3446-0999

新しいマンション標準管理委託契約書の手引き

2010年5月28日　第1版第1刷発行

編著　管理委託契約書研究会

発行者　松　林　久　行

発行所　株式会社 大成出版社
東京都世田谷区羽根木1—7—11
〒156-0042　電話03（3321）4131㈹
http://www.taisei-shuppan.co.jp/

Ⓒ2010　管理委託契約書研究会　　　　　印刷　信教印刷
落丁・乱丁はおとりかえいたします。
ISBN978-4-8028-2950-2

大成出版社図書のご案内

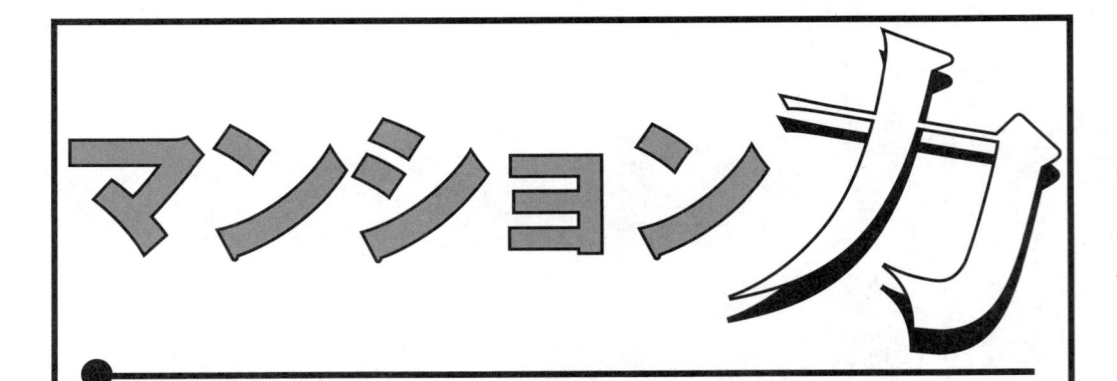

マンション力

マンションが日本を変える

A5判・180頁
定価2,310円（本体2,200円）
図書コード2852・送料実費

川崎達之（前・社団法人高層住宅管理業協会理事長）◎ 監修
飯田太郎・大越　武・伊能　肇 ◎ 共著

マンションが社会の中で果たす役割はますます大きくなりつつあります。
今やマンションが日本を変えるといっても過言ではありません。本書はマンションの社会に与える「力」を考えると共に、黒住昌昭氏（社団法人高層住宅管理業協会理事長）をはじめ**マンション事業に係るトップ24人**の取材を通して、新しい企業行動を伝え、明日のマンションと都市生活を提言。
マンションの建設、販売、管理等に係る方々のみならず、これから就職活動を行う学生にとってのマンション業界研究としても使える必携の書です。

------- 関連図書 -------

マンション管理方式の多様化への展望

A5判・300頁
定価3,045円（本体2,900円）
図書コード2806・送料実費

玉田弘毅・齊藤広子・大杉麻美・冨田路易 ◎ 共著

株式会社 大成出版社
〒156-0042　東京都世田谷区羽根木1-7-11
TEL 03-3321-4131　FAX 03-3325-1888
ホームページ　http://www.taisei-shuppan.co.jp/
※ホームページでもご注文いただけます。